IFCT062PO

ISTQB – CERTIFIED TESTER ADVANCED TEST ANALYST: PREPARATION COURSE

IFCT062PO

ISTQB – CERTIFIED TESTER ADVANCED TEST ANALYST: PREPARATION COURSE

Alejandro J. Canosa Ferreiro

La ley prohíbe
fotocopiar este libro

IFCT062PO - ISTQB. CERTIFIED TESTER ADVANCED TEST ANALYST: PREPARATION COURSE
Thema: UMZT Pruebas y verificación de software
Bisac: COM051230
© Alejandro J. Canosa Ferreiro
© De la edición: Ra-Ma 2024

Editado por:
RA-MA Editorial
Calle Jarama, 3A, Polígono Industrial Igarsa
28860 PARACUELLOS DE JARAMA, Madrid
Teléfono: 91 658 42 80
Fax: 91 662 81 39
Correo electrónico: *editorial@ra-ma.com*
Internet: *www.ra-ma.es* y *www.ra-ma.com*
ISBN: 978-84-1036-063-1
Depósito legal: M-22471-2024
Maquetación: Antonio García Tomé
Diseño de portada: Antonio García Tomé
Filmación e impresión: Safekat
Impreso en España en octubre de 2024

*Dedicado a mi madre María Ferreiro Tallón,
a mi difunto padre Juan Manuel Canosa Vázquez,
a mi adorada hija Isabella Canosa Puentes
y a todos los amigos que siempre me apoyaron en momentos difíciles
como José Cabezuelo, Alfonso Fernández o Marcos y Félix Felpeto.*

ÍNDICE

1

INTRODUCCIÓN A ISTQB

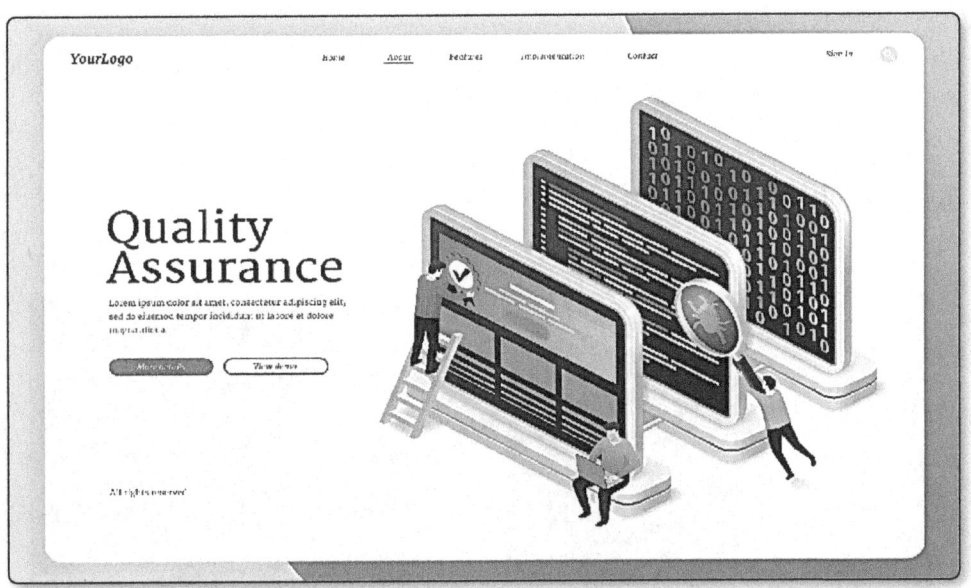

ISTQB significa *International Software Testing Qualification Board* que significa en *español Junta Internacional de Calificación de Pruebas de Software*; este organismo internacional tiene varias certificaciones y la más básica y que necesitas sacarte para escalar en el resto de las certificaciones es **ISTQB CTFL** que significa *ISTQB Certified Tester Foundation Level* que significa en español *Nivel Básico de Probador Certificado*.

Este libro te prepara para esta certificación y aún más, aprenderás todo lo necesario para aprobar la certificación, no solo te enseñaré todo el contenido para aprobar sino que aprenderás aún más de lo que necesitas y mediante ejemplos, cuestionarios, exámenes basados en exámenes de prueba reales iras al examen con una probabilidad del 99% de aprobar porque además te daré trucos, te indicaré los tipos de preguntas del examen, el patrón que tienen, técnicas para aprender los conceptos y todo lo que te ayudará en el examen para aprobar.

¿Por qué comprar este libro?, por varias razones:

▸ Estoy certificado en ISTQB nivel básico versión 4.0, el examen para el que te preparo, que es la última versión.

▸ Tengo más de 8 años de experiencia en pruebas y calidad de software.

▸ Te daré todas las técnicas, consejos, trucos y lo que no tienes que hacer para que como mucho, en 2 semanas apruebes el examen.

Y ahora sin más dilación bienvenido al maravilloso mundo de las pruebas de software, abre tu mente porque entras en un mundo mágico.

1.1 HISTORIA DE ISTQB

ISTQB nace en Edimburgo en noviembre de 2002 pero se registra en Bélgica.

ISTQB es el organismo más reconocido para certificar a los tester del mundo y tiene más de 570.000 personas certificadas a nivel mundial.

Esta organización se encarga de definir un esquema de certificación internacional de tester. Suministra el plan de estudios y el glosario para la creación de las guías para la acreditación y evaluación de los profesionales del testing a cargo de los comités de cada país; el manual de referencia se encuentra en la URL **https:// ISTQB. com** y se denomina **Syllabus**, para la versión actual es el *Syllabus versión 4.0* pero en este libro ampliamos la información y los ejemplos mucho más para asegurarnos que aprobareis el examen.

ISTQB tiene distintos comités a lo largo del mundo, tiene hasta 51 comités a lo largo del mundo, algunos de ellos son los siguientes:

- **SSTQB** que es el comité de España.
- **HASTQB** que es el comité de Hispanoamérica.
- **ASTQB** es el comité de Estados Unidos.
- **UKITB** es el comité de Reino Unido y la República de Irlanda.

Si quieres saber todos los comités existentes puedes ir a la siguiente URL donde podrás ver los países que tienen comité, aunque al ser este libro en español me imagino que lo compraran hispanohablantes así que se certificaran en Latinoamérica o España.

https://www.istqb.com/istqb-national-boards/

Cada uno de estos comités se encarga de hacer las siguientes tareas:

- Realizar las traducciones de los exámenes y del manual de referencia que es el **Syllabus.**
- Generar el certificado.
- Conseguir proveedores locales.
- Crear los exámenes.

1.2 NIVELES DE ISTQB Y CERTIFICACIONES

ISTQB tiene distintos niveles, en la imagen de abajo podemos ver todos los módulos y niveles que existen el de **Agile**, el de **Core** y el de **Specialist** y como base de todos y necesario el **FOUNDATION LEVEL.**

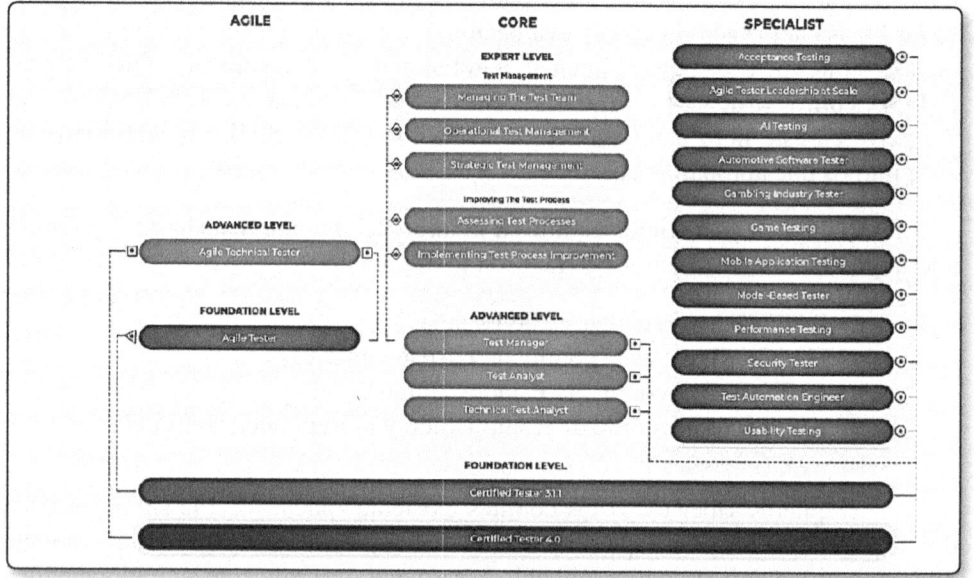

Imagen cuyo origen es ISTQB.org

El nivel fundamental es el **FOUNDATION LEVEL,** que tiene dos exámenes el *Certified Tester 3.1.1* que ya en mayo desaparecerá, podéis certificaros en idioma español hasta el mes de noviembre del 2024 pero no te lo recomiendo, y el *Certified Tester 4.0* que es el que tratamos en este libro y que es la última versión sacada en este año 2024.

El nombre del certificado es el *ISTQB Certified Tester Foundation Level (CTFL)* y la URL donde está el Syllabus cuyo nombre es **ISTQB CTFL Syllabus v4.0** que está en inglés es la siguiente.

https://www.istqb.org/certifications/certified-tester-foundation-level

En la imagen de abajo podéis ver todo el contenido que entra.

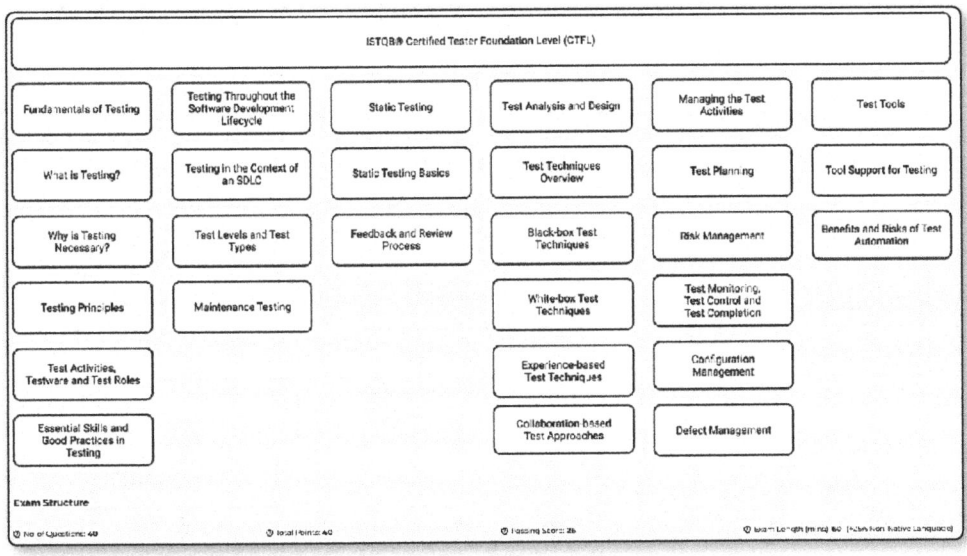

Imagen cuyo origen es ISTQB.org

Podéis echarle un vistazo, pero mi libro es mucho más completo y os recomiendo que estudies por aquí porque pondré muchos más ejemplos tanto teóricos como prácticos de todo el contenido, porque en el **Syllabus** apenas hay, y más contenido para profundizar en lo que aprendéis, además que pondré exámenes para cada módulo para que entendáis los conceptos bien y veáis si los entendéis de verdad y exámenes muy parecidos al que os tendréis que enfrentar en la realidad.

Después del nivel **FOUNDATION LEVEL** que es el básico una vez lo apruebes podrás acceder a tres módulos:

Módulo Agile

Enfocado en las pruebas en metodologías de desarrollo ágiles como *SCRUM, Kanban o XP*; está dividido en dos niveles **Foundation Level** y **Advanced Level**:

- ▶ **Foundation Level:** en este nivel que tendrá su propio manual o Syllabus te preparan para certificarse en la siguiente certificación:

    - **Agile Tester**: aprenderás todos los conceptos necesarios para hacer pruebas en proyectos ágiles; la certificación para evaluarte en este contenido en particular *es ISTQB Foundation Level Agile Tester (CTFL-AT)* y el contenido que tendrás que estudiar y del que te evaluaran es el que se ve en la imagen de abajo y podrás estudiarlo en esta guía llamada **CTFL-AT Syllabus 2014 v1.0** que está en inglés que la puedes encontrar en la siguiente URL *https://www.istqb.org/certifications/agile-tester*

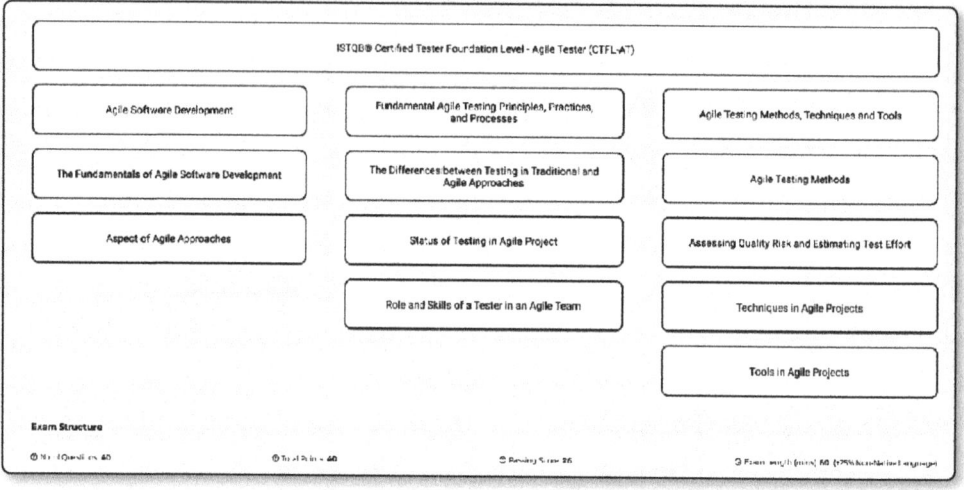

Imagen cuyo origen es ISTQB.org

Si te interesa esta temática tengo distintos libros con esta temática como *SCRUM y Metodologías ágiles para proyectos digitales, SCRUM, Gestión de proyectos con SCRUM, Metodología de gestión y desarrollo de proyectos de software con SCRUM, Certified Scrum Master* o *Certified Scrum Developer* y 3 más, todos ellos en FNAC y más tiendas como Amazon o el Corte Inglés, si me buscas por mi nombre y apellidos los encontraras muy fácil, son libros enfocados para la formación para el empleo.

▶ **Advanced Level**: en este nivel tendrá sus propios **Syllabus** y tenemos 1 certificación que es la siguiente:

• **Agile Technical Tester:** en este nivel aprenderás las habilidades de pruebas técnicas que son fundamentales para trabajar en organizaciones o proyectos que utilizan un enfoque ágil, su certificación es *ISTQB Advanced Level Agile Technical Tester (CTAL-ATT)* y el **Syllabus** donde podremos prepararnos para esta certificación es **CTAL-ATT Syllabus v1.1** que está en inglés y está en la siguiente URL.

https://www.istqb.org/certifications/agile-technical-tester

En la imagen de abajo podéis ver todo el contenido que entra y el número de preguntas que hay y cuantas tendrás que acertar para aprobar el examen.

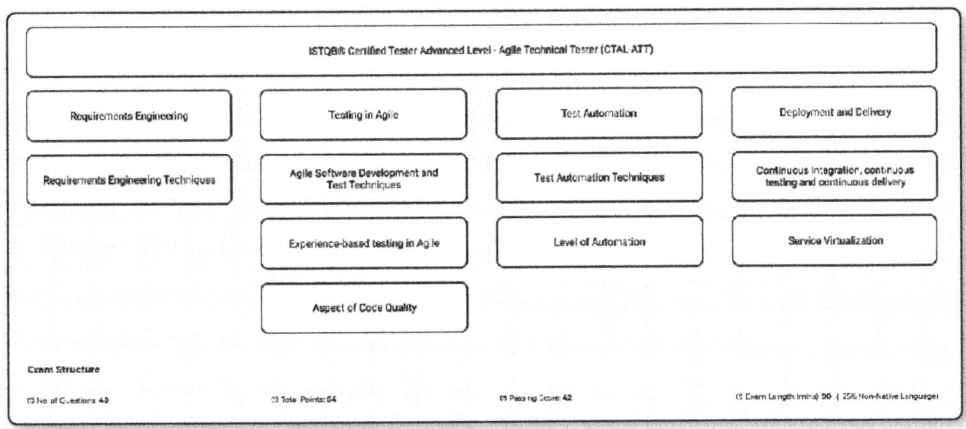

Imagen cuyo origen es ISTQB.org

En el módulo **Core** tenemos los niveles **Advanced Level** y **Expert Level.**

En el nivel **Advanced Level** tenemos las certificaciones siguientes:

▸ **Technical Test Analityst:** proporciona una introducción a las habilidades de pruebas técnicas que son fundamentales en muchas empresas. Estas habilidades incluyen pruebas basadas en riesgos, pruebas de caja blanca, análisis estático y pruebas dinámicas, pruebas no funcionales y automatización de pruebas y su certificación es *ISTQB Certified Tester Advanced Level-Technical Test Analist (CTAL-TTA)* y el **Syllabus** donde podremos prepararnos para esta certificación es el **CTAL-TTA Syllabus v4.0** que está en inglés y está en la siguiente URL.

https://www.istqb.org/certifications/technical-test-analyst

En la imagen de abajo podemos ver todo el contenido que entra en esta certificación y la información del examen.

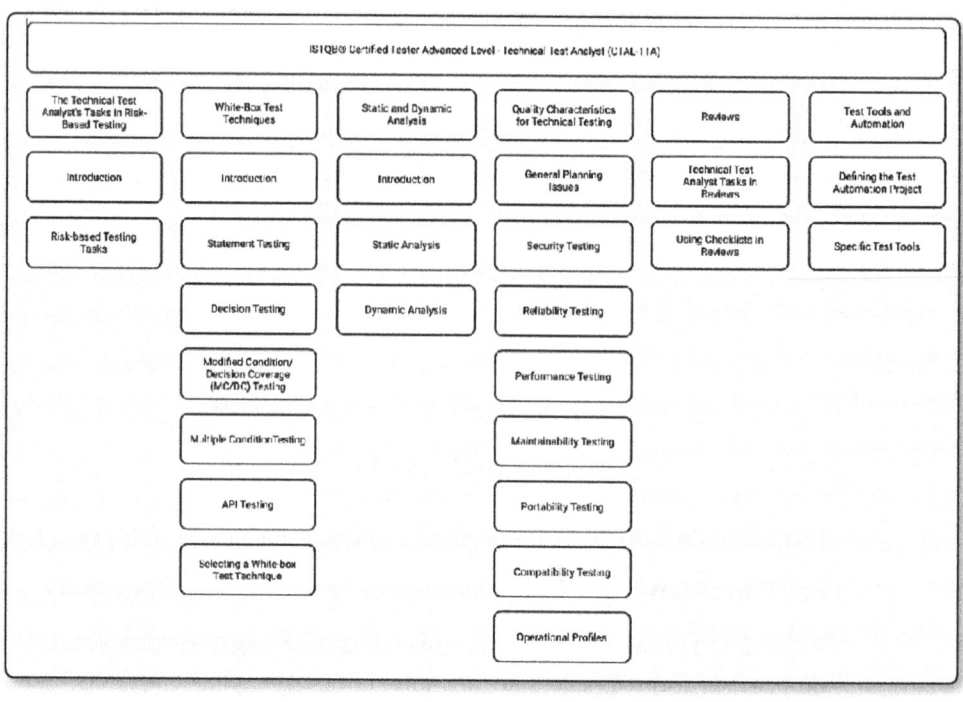

Imagen cuyo origen es ISTQB.org

▶ **Test Analyst**: proporciona las habilidades necesarias para realizar pruebas de software estructuradas y exhaustivas a lo largo del ciclo de vida del desarrollo de software y las responsabilidades del analista de pruebas y su certificación es *ISTQB Advanced Level Test Analyst (CTAL-TA)* y el **Syllabus** para aprobar esta certificación es **CTAL-TA Syllabus v3.1.2** que está en inglés y la **URL** donde está es.

https://www.istqb.org/certifications/test-analyst

En la imagen de abajo podemos ver todo el contenido que entra en esta certificación y la información del examen.

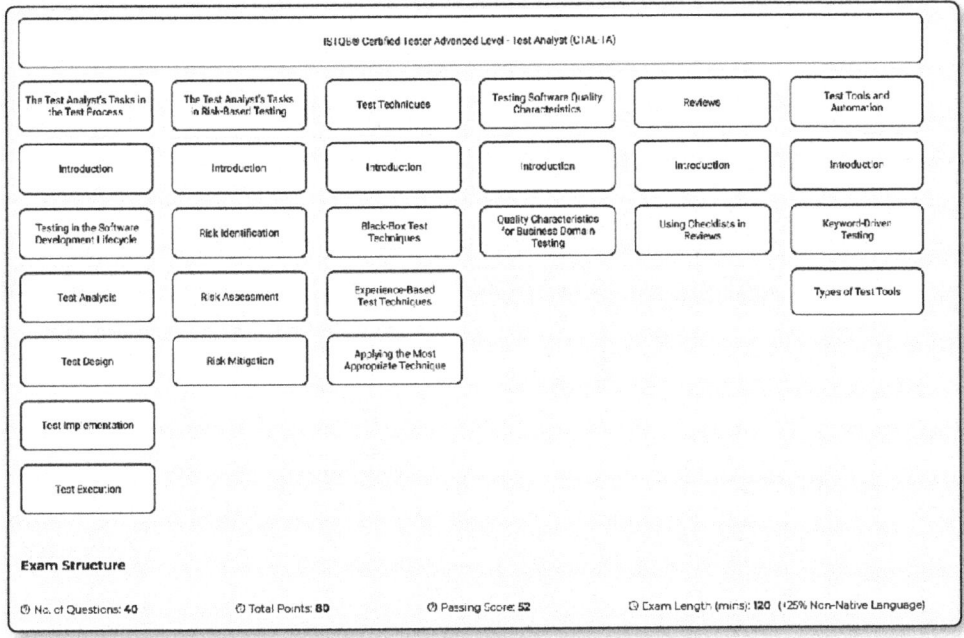

Imagen cuyo origen es ISTQB.org

▶ **Test Manager**: proporciona el conocimiento y las competencias para encargarte de la responsabilidad de gestionar todas las actividades de prueba a lo largo del ciclo de vida del desarrollo de software. Cubre todo, desde cómo diseñar un enfoque de prueba adecuado para el proyecto basado en la estrategia de prueba de la organización hasta la creación de un equipo de prueba o las competencias de prueba para completar las pruebas necesarias. Su certificación es *ISTQB Advanced Level Test Manager (CTAL-TM)* y el **Syllabus** para aprobar esta certificación es **CTAL TM 2012 Syllabus v2.0** que está en inglés y la **URL** donde está es

https://www.istqb.org/certifications/test-manager

En la imagen de abajo podemos ver todo el contenido que entra en esta certificación y la información del examen.

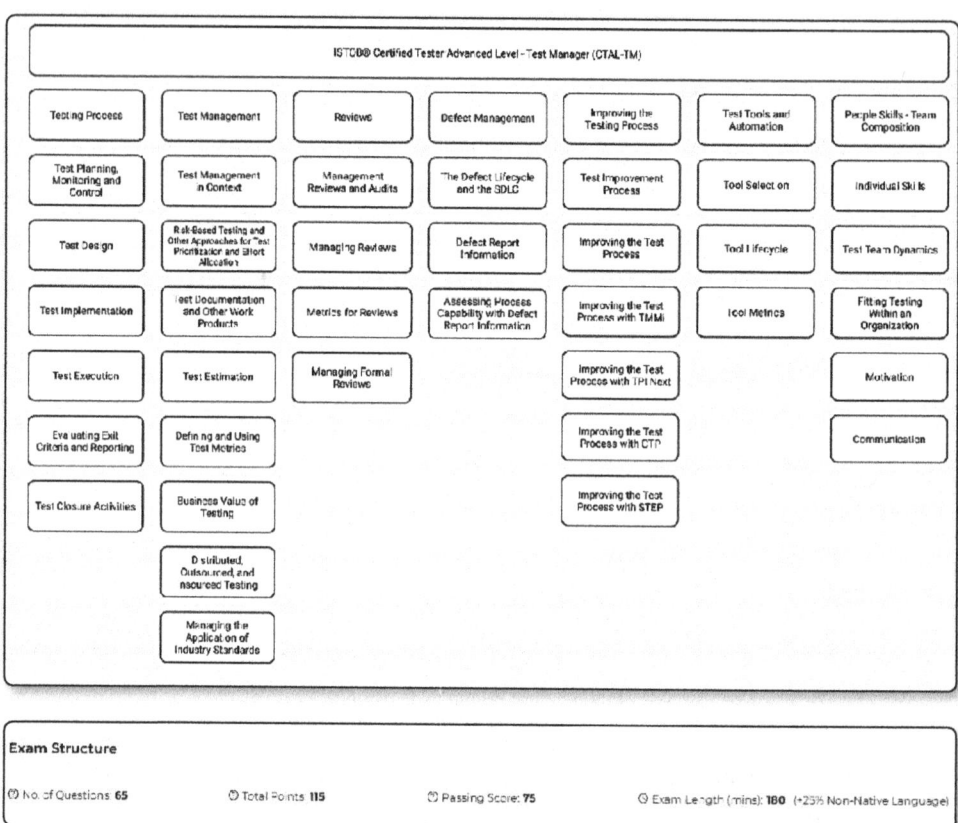

Imagen cuyo origen es ISTQB.org

En el nivel **Advanced Level** dividimos las certificaciones en 2 certificaciones *ISTQB Expert Level Improving the Test Process (CTEL-ITP) y ISTQB Expert Level Test Management (CTEL-TM).*

Para sacarse la certificación *ISTQB Expert Level Improving the Test Process (CTEL-ITP)* vas a necesitar sacarte las dos certificaciones siguientes.

Implementing Test Process Improvement: ayuda a que la persona aprenda a realizar mejoras dentro del proceso de pruebas. Su certificado es *ISTQB Improving the Test Process–Implementing Test Process Improvement (CTEL-ITP-ITPI)* y para poder tener este certificado debe tener los siguientes antes:

- La certificación Certified Tester Foundation Level (CTFL).
- La certificación Advanced Level Test Manager (CTAL-TM).
- Al menos 5 años de experiencia práctica en pruebas.
- Al menos 2 años de experiencia en la industria en el tema específico de nivel experto.

Su **Syllabus** es **CTEL-ITP Syllabus v1.0** que está en inglés y la **URL** donde está es.

https://www.istqb.org/certifications/test-process-improvement

En la imagen de abajo podemos ver todo el contenido que entra en esta certificación.

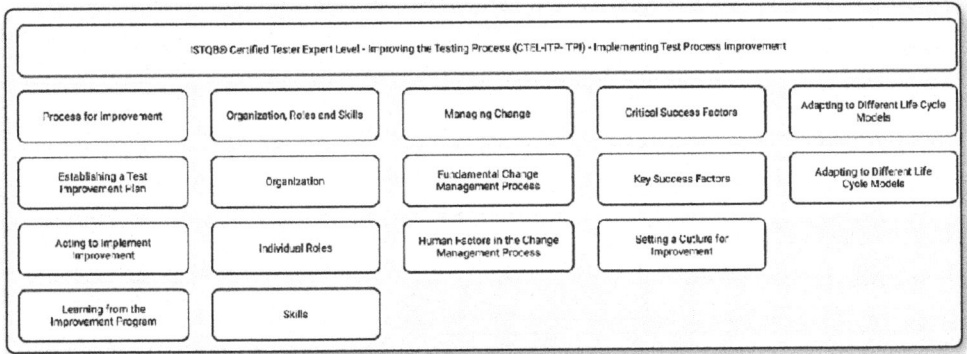

Imagen cuyo origen es ISTQB.org

Assesing Test Process: te prepara para evaluar y asesorar sobre la mejora del proceso de prueba. Su certificación es **ISTQB Improving the Test Process– Assessing the Test Process (CTEL-ITP-ATP)** y para presentarte a este certificado debes tener lo siguiente:

- ▸ La certificación Certified Tester Foundation Level (CTFL).
- ▸ La certificación Advanced Level Test Manager (CTAL-TM).
- ▸ Al menos 5 años de experiencia práctica en pruebas.
- ▸ Al menos 2 años de experiencia en la industria en el tema específico de nivel experto.

Su **Syllabus** es **CTEL-ITP Syllabus v1.0** que está en inglés y la URL donde está es.

https://www.istqb.org/certifications/test-processes-assessor

En la imagen de abajo podemos ver todo el contenido que entra en esta certificación.

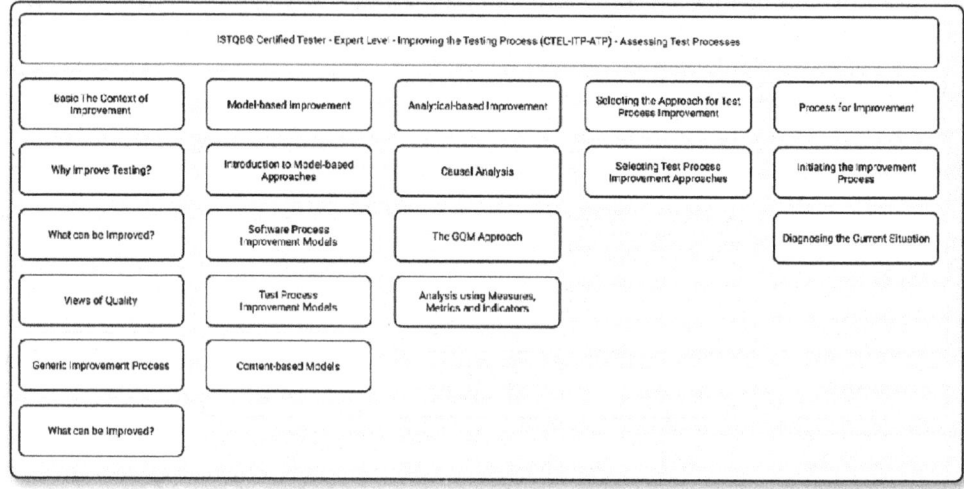

Imagen cuyo origen es ISTQB.org

Para sacarte la *certificación ISTQB Expert Level Test Management (CTEL-TM)* vas a necesitar sacarte las 3 siguientes certificaciones.

Strategic Test Management: considera el propósito de las pruebas, y la relación entre la política de prueba, la estrategia de prueba y los objetivos de la prueba, además aborda métricas de las pruebas e integración de herramientas dentro de la empresa. Su certificación es *Certified Tester Expert Level Test Management Strategic Test Management (CTEL-TM-SM)* y para presentarte a este certificado debes tener lo siguiente:

- La certificación Certified Tester Foundation Level (CTFL).
- La certificación Advanced Level Test Manager (CTAL-TM).
- Al menos 5 años de experiencia práctica en pruebas.
- Al menos 2 años de experiencia en la industria en el tema específico de nivel experto.

Su **Syllabus** es **CTEL-TM Syllabus 2011 v1.0** que está en inglés y la **URL** donde está es.

https://www.istqb.org/certifications/strategic-test-management

En la imagen de abajo podemos ver todo el contenido que entra en esta certificación.

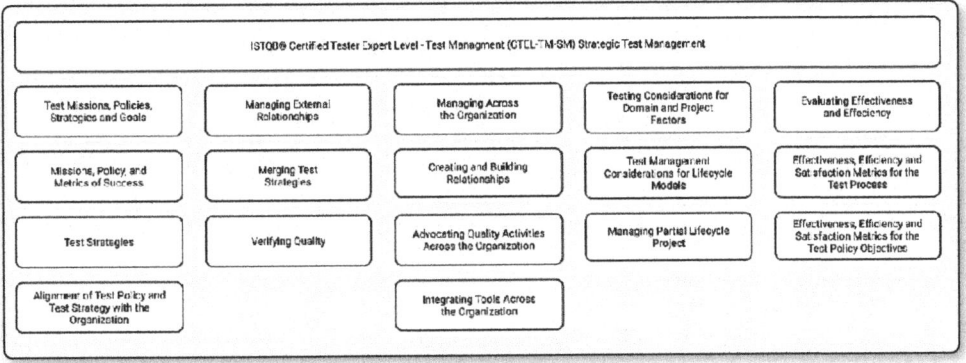

Imagen cuyo origen es ISTQB.org

Operational Test Management: considera las habilidades necesarias para que el gerente de pruebas gestione las relaciones con terceros, los aspectos contractuales, de comunicación, de integración y de verificación de calidad. Su certificado es *Certified Tester Expert Level Test Management Operational Test Management (CTEL-TM-OTM)* y para presentarte a este certificado debes tener lo siguiente:

- La certificación Certified Tester Foundation Level (CTFL).

- La certificación Advanced Level Test Manager (CTAL-TM).

- Al menos 5 años de experiencia práctica en pruebas.

- Al menos 2 años de experiencia en la industria en el tema específico de nivel experto.

Su **Syllabus** es **CTEL-TM Syllabus 2011 v1.0** que está en inglés y la **URL** donde está es.

https://www.istqb.org/certifications/operational-test-management

En la imagen de abajo podemos ver todo el contenido que entra en esta certificación.

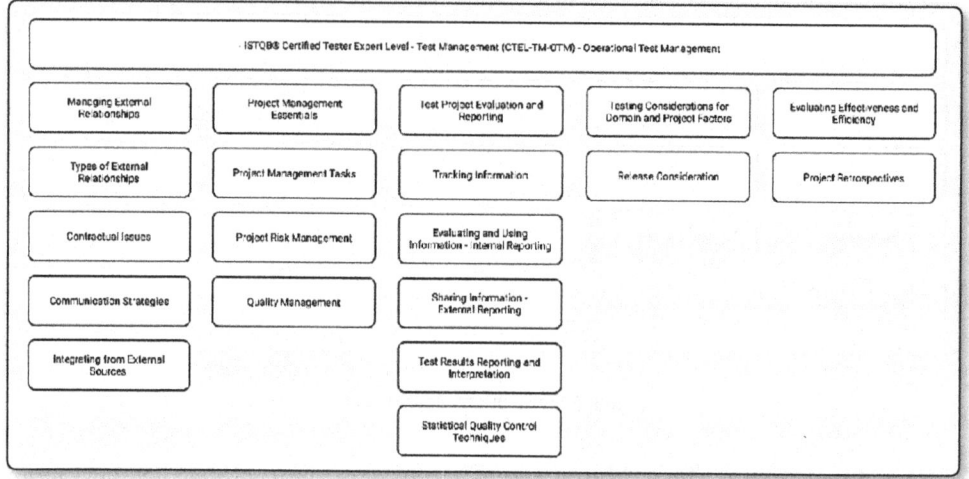

Imagen cuyo origen es ISTQB.org

Managing The Test Team: esta certificación considera las habilidades de gestión de personas que son una parte crítica del rol del gerente de pruebas e imprescindibles para construir, desarrollar y liderar equipos de pruebas en las empresas y proyectos. Su certificado *ISTQB CTEL-TM- Managing the Test Team* y para presentarte a este certificado debes tener lo siguiente:

- ▸ La certificación Certified Tester Foundation Level (CTFL).
- ▸ La certificación Advanced Level Test Manager (CTAL-TM).
- ▸ Al menos 5 años de experiencia práctica en pruebas.
- ▸ Al menos 2 años de experiencia en la industria en el tema específico de nivel experto.

Su **Syllabus** es **CTEL-TM Syllabus 2011 v1.0** que está en inglés y URL donde está es.

https://www.istqb.org/certifications/managing-the-test-team

En la imagen de abajo podemos ver todo el contenido que entra en esta certificación.

Imagen cuyo origen es ISTQB.org

En el módulo **Specialist** hay 12 certificaciones que te especializan en distintos tipos de pruebas y necesitas tener el certificado *Certified Tester Foundation Level* para poder presentarte a cualquiera de estas 12 certificaciones que son las siguientes.

Acceptance Testing: a los conceptos, prácticas y métodos para utilizar con las partes interesadas en las pruebas de aceptación del usuario (UAT), las pruebas de aceptación contractuales y regulatorias, así como las pruebas alfa y beta. Su certificado es *ISTQB Acceptance Testing (CT-AcT)* y su **Syllabus** es **CT-AcT Syllabus v1.0** que está en inglés y la URL donde está es.

https://www.istqb.org/certifications/acceptance-tester

En la imagen de abajo podemos ver todo el contenido que entra en esta certificación y del examen.

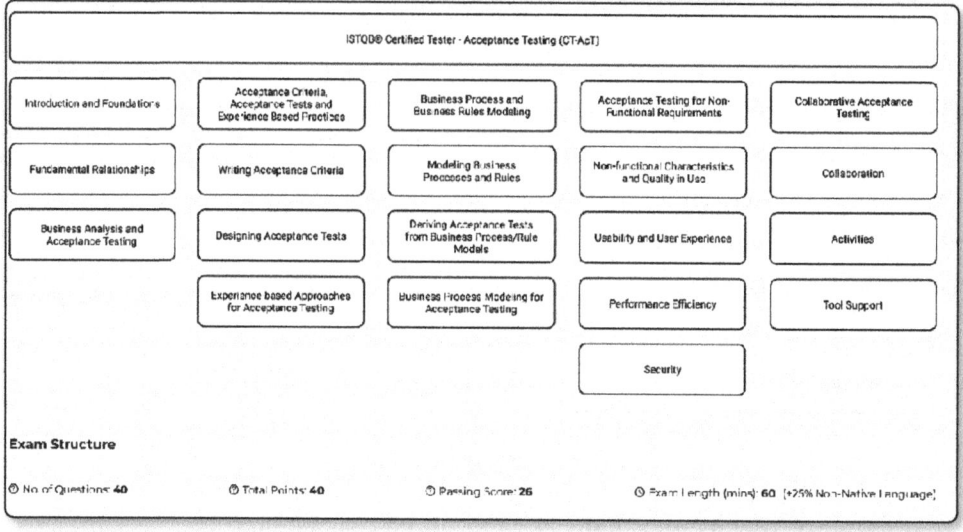

Imagen cuyo origen es ISTQB.org

Agile Tester Leadership at Scale: se centra en cómo organizar y mejorar la calidad y las pruebas en múltiples equipos en un proyecto ágil y también cubre cómo abordar la calidad y las pruebas a un nivel estratégico en la empresa para lograr una mayor agilidad empresarial en una organización. Su certificación es *ISTQB Agile Test Leadership at Scale (CT-ATLaS)* y su **Syllabus** es **CT-ATLaS Syllabus v2.0** que está en inglés y la URL donde está es.

https://www.istqb.org/certifications/agile-test-leadership-at-scale

En la imagen de abajo podemos ver todo el contenido que entra en esta certificación y del examen.

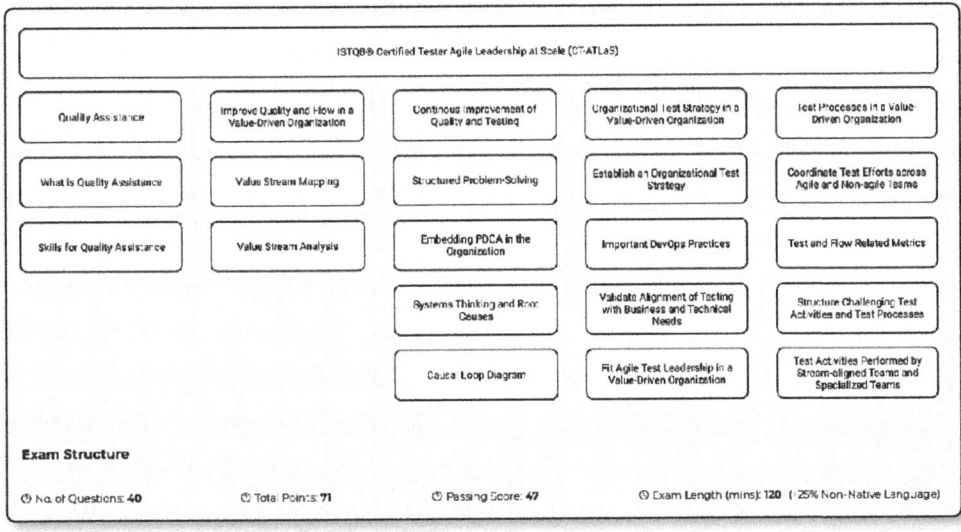

Imagen cuyo origen es ISTQB.org

AI Testing: nos ayuda a comprender la inteligencia artificial más específicamente la prueba de sistemas basados en **IA** y el uso de **IA** en las pruebas. Su certificación es *ISTQB AI Testing (CT-AI)* y su **Syllabus** es **CT-AI Syllabus v1.0** que está en inglés y la **URL** donde está es.

https://www.istqb.org/certifications/artificial-inteligence-tester

En la imagen de abajo podemos ver todo el contenido que entra en esta certificación y del examen.

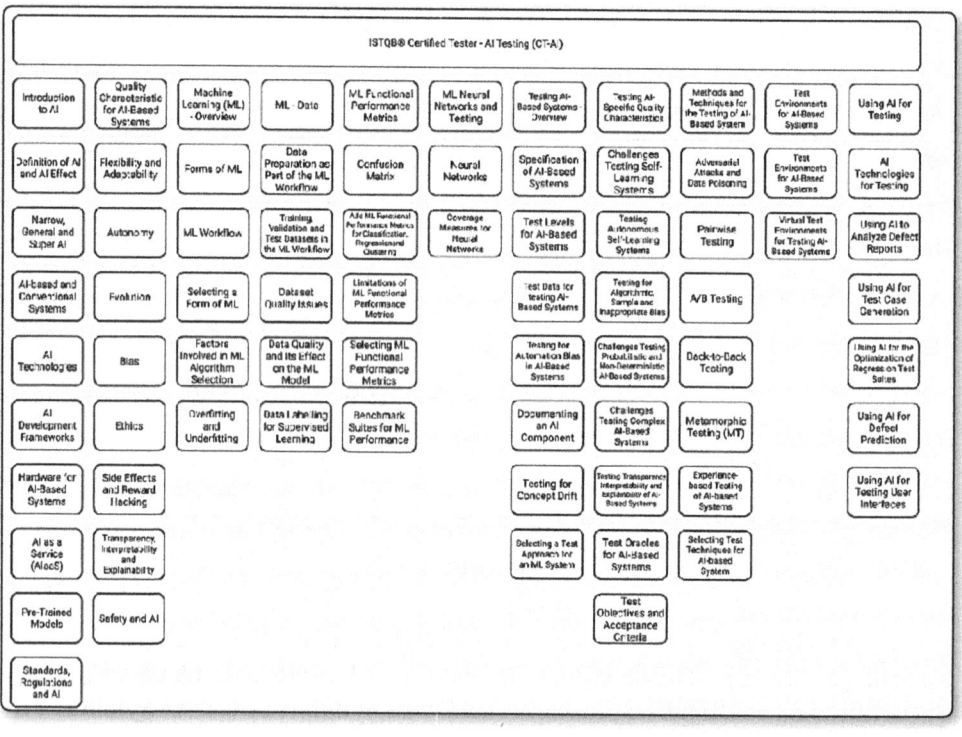

Imagen cuyo origen es ISTQB.org

Automotive Software Tester: aprenderás los requisitos específicos para "probar sistemas E/E" en el entorno automotriz sobre la base de estándares establecidos (Automotive SPICE®, ISO 26262, AUTOSAR®, etc.). También aprenderás pruebas en entornos virtuales y técnicas de prueba estáticas y dinámicas para automóviles. Su certificación es *ISTQB Certified Tester Automotive Software Tester (CT-AuT)* y su **Syllabus** es **CT-AuT Syllabus v1.0** que está en inglés y la URL donde está es.

https://www.istqb.org/certifications/automotive-software-tester

En la imagen de abajo podemos ver todo el contenido que entra en esta certificación y del examen.

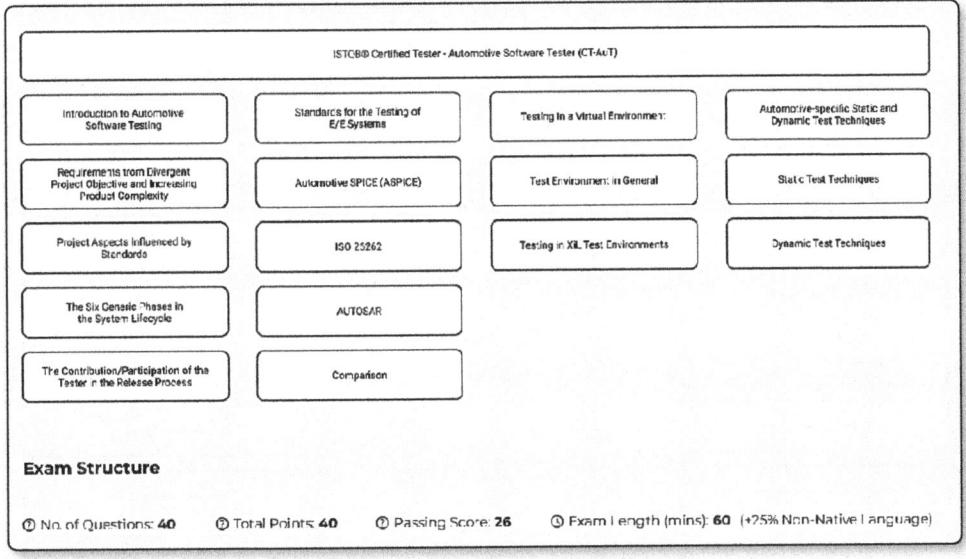

Imagen cuyo origen es ISTQB.org

Gambling Industry Tester: aprenderás los conceptos clave de la industria del juego y los diferentes tipos de pruebas comunes a la industria del juego. Su certificación es *ISTQB Gambling Industry Tester (CT-GT)* y su **Syllabus** es CT-GT **Syllabus v1.0** que está en inglés y la URL donde está es.

https://www.istqb.org/certifications/gambling-tester

En la imagen de abajo podemos ver todo el contenido que entra en esta certificación y del examen.

ISTQB® Certified Tester - Gambling Industry Tester (CT-GT)		
Introduction to the Gambling Industry	The Gambling Industry Ecosystems	Testing in the Gambling Industry
Objectives and Overview	Testing phases within the Gambling Software Development Lifecycle	Math Testing
Gambling Activities and Artifacts	The Gambling Ecosystem	Platform Testing
Types of Gambling		Casino System Testing
Key Concepts in the Gambling Industry		Protocol Testing
Gambling Industry Metrics		Hardware Testing
Gambling Software Development Lifecycle		Remote Gambling Testing
		System and Network Security Testing
		Jackpot Controller Testing
		Online Gambling Testing

No. of Questions: **40**   Total Points: **40**   Passing Score: **26**   Exam Length (mins): **60** (+25% Non-Native Language)

Imagen cuyo origen es ISTQB.org

Game Testing: se centra en la comprensión y las habilidades necesarias para realizar y gestionar pruebas en todos los niveles en proyectos de juegos y videojuegos y también analizar los riesgos del proyecto de juegos. Su certificación es *ISTQB Game Testing* y su **Syllabus** es **CT-GaMe Syllabus v1.0.1** que está en inglés y la **URL** donde está es.

https://www.istqb.org/certifications/game-testing

En la imagen de abajo podemos ver todo el contenido que entra en esta certificación y del examen.

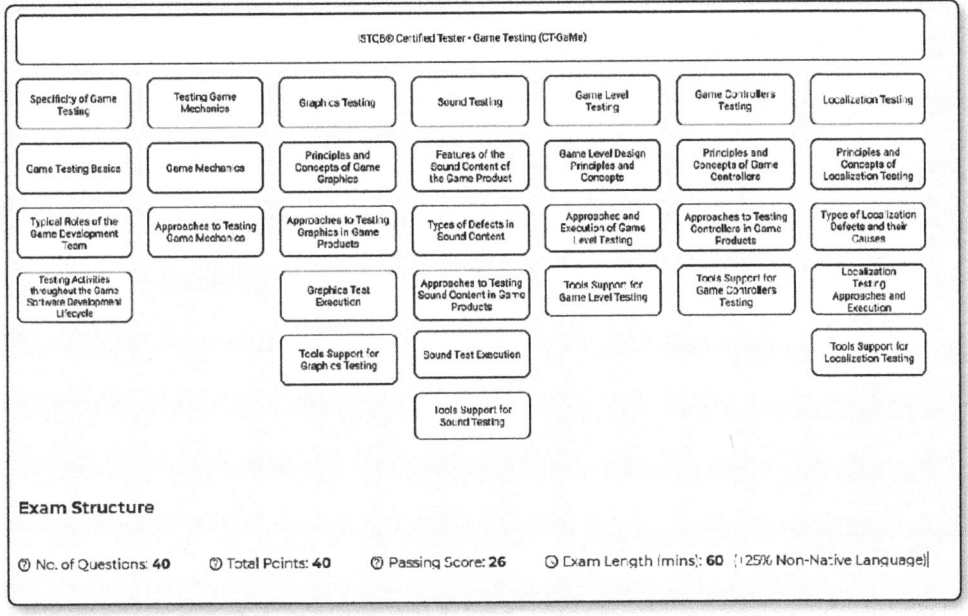

Imagen cuyo origen es ISTQB.org

Mobile Application Testing: aprenderás los métodos, técnicas y herramientas que un tester puede utilizar para probar aplicaciones móviles o app's. Su certificación es *ISTQB Mobile. Application Testing (CT-MAT)* y su Syllabus es **CT-MAT Syllabus v1.0** que está en inglés y la **URL** donde está es.

https://www.istqb.org/certifications/mobile-tester

En la imagen de abajo podemos ver todo el contenido que entra en esta certificación y del examen.

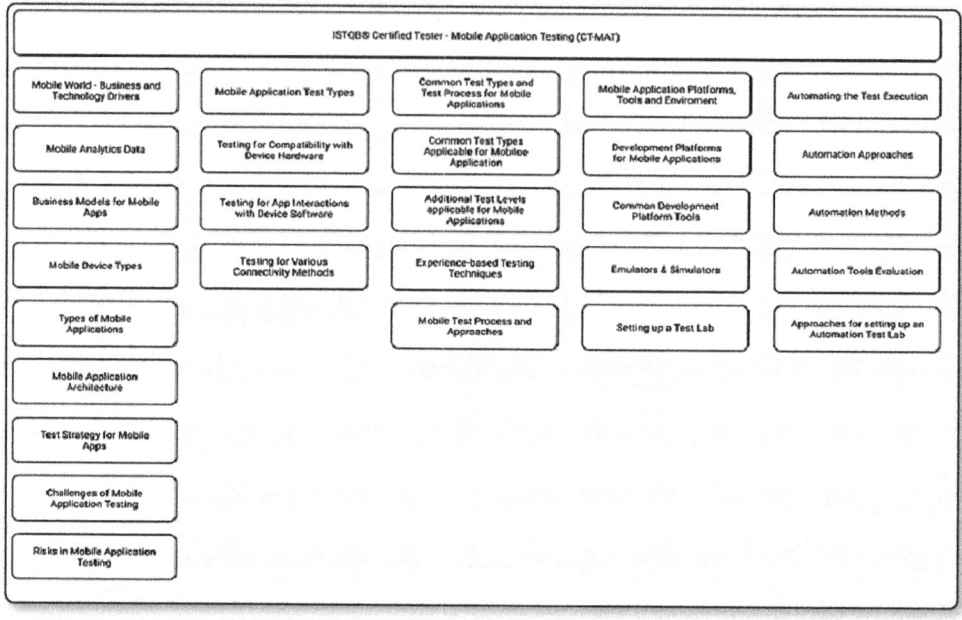

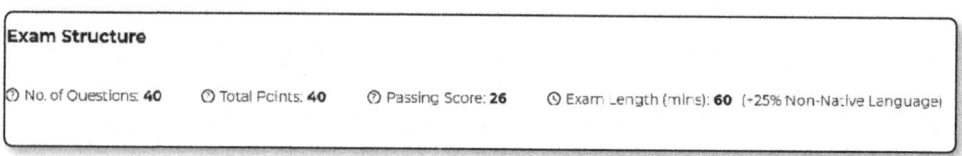

Imagen cuyo origen es ISTQB.org

Model-Based Tester: aprenderás a realizar pruebas mediante el uso de modelos para las pruebas. Utiliza técnicas de diseño de pruebas, como la partición de equivalencia, el análisis de valores límite, las pruebas de tablas de decisiones, etc. Su certificación es *ISTQB Model-Based Testing (CT-MBT) y* su **Syllabus** es **CT-MAT Syllabus v1.1** que está en inglés y la URL donde está es.

https://www.istqb.org/certifications/model-based-tester

En la imagen de abajo podemos ver todo el contenido que entra en esta certificación y del examen.

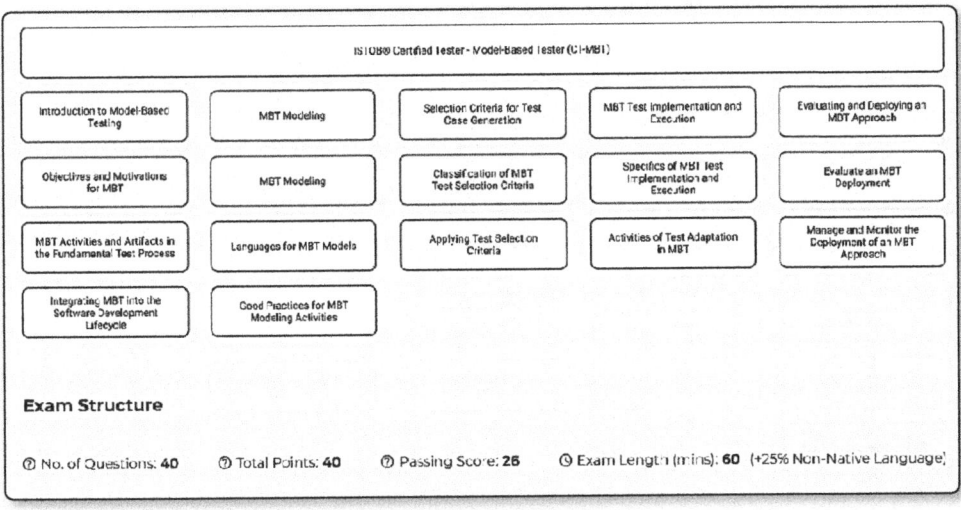

Imagen cuyo origen es ISTQB.org

Performance Testing: aprenderás lo fundamental de las pruebas de desempeño o rendimiento, incluidos aspectos técnicos, conceptos básicos, mediciones, actividades, tareas y herramientas. Su certificado es *ISTQB Performance Testing (CT-PT)* y su **Syllabus** es **CT-PT Syllabus 1.0** que está en inglés y la **URL** donde está es.

https://www.istqb.org/certifications/performance-tester

En la imagen de abajo podemos ver todo el contenido que entra en esta certificación y del examen.

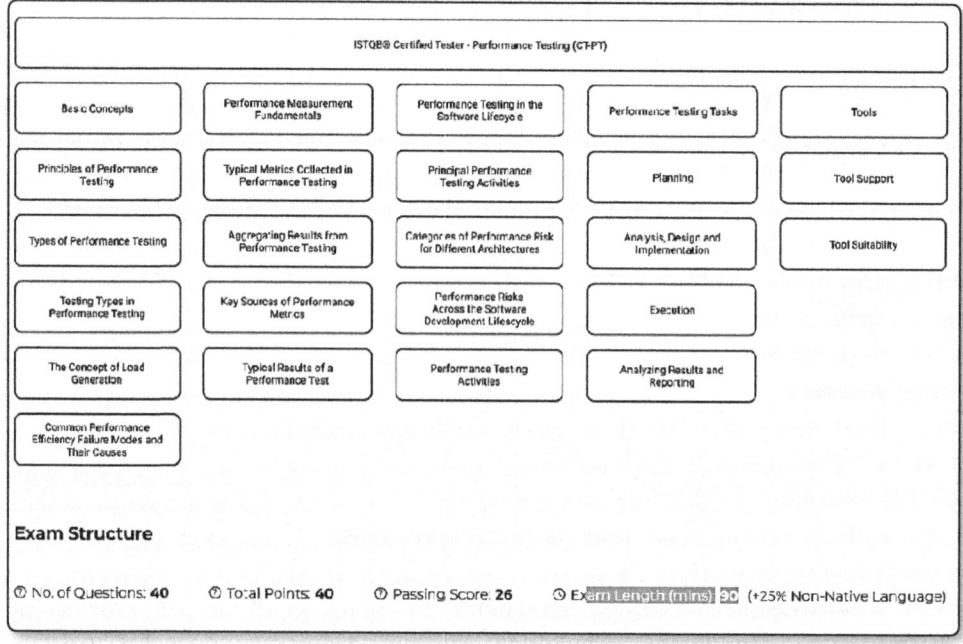

Imagen cuyo origen es ISTQB.org

Security Tester: aprenderás a planificar, realizar y evaluar pruebas de seguridad desde múltiples perspectivas, incluidos el riesgo, los requisitos, las vulnerabilidades y la ingeniería social que se basa en factores humanos. También aprenderás herramientas y estándares de prueba de seguridad. Su certificado es *ISTQB Security Tester (CT-SEC)* y su **Syllabus** es **CT-SEC Syllabus v1.0** que está en inglés y la **URL** donde está es.

https://www.istqb.org/certifications/security-tester

En la imagen de abajo podemos ver todo el contenido que entra en esta certificación y del examen.

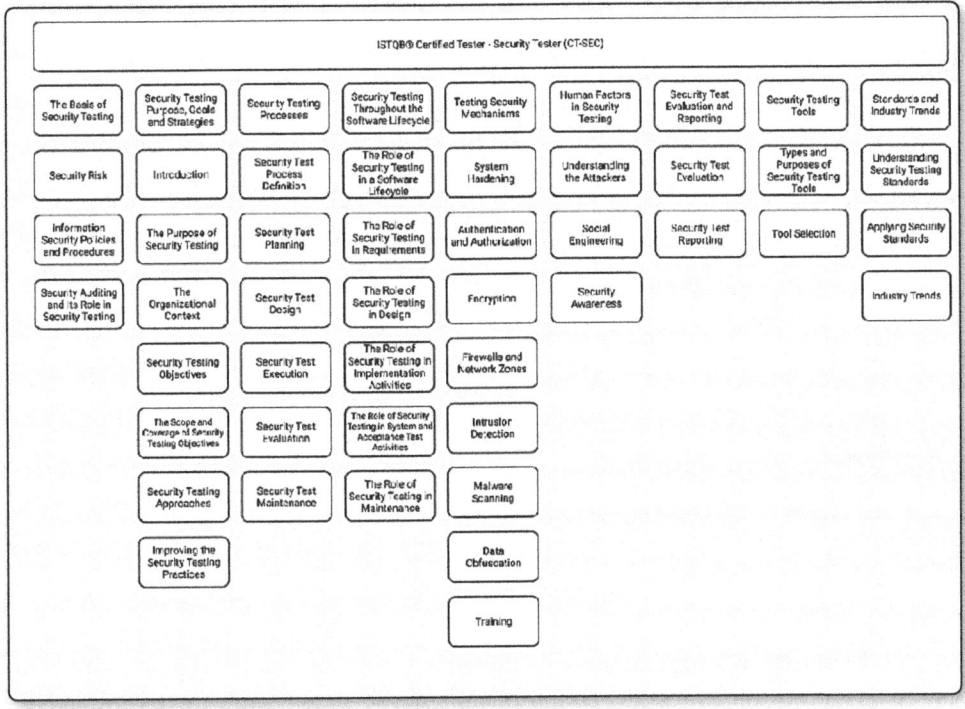

Imagen cuyo origen es ISTQB.org

Test Automatation Enginer: aprenderás el diseño, desarrollo y mantenimiento de soluciones de automatización de pruebas. También aprenderás los conceptos, métodos, herramientas y procesos para automatizar pruebas funcionales y la relación de esas pruebas con la gestión de pruebas, la gestión de configuración, la gestión de defectos, los procesos de desarrollo de software y el control de calidad, también aprenderás cómo aplicar la automatización de pruebas para distintos ciclos de desarrollo de software, distintos tipos de aplicaciones y tipos de pruebas. Su certificado es *ISTQB Test Automation Engineer (CT-TAE)* y su **Syllabus** es **CT-TAE Syllabus v1.0** que está en inglés y la **URL** donde está es.

https://www.istqb.org/certifications/test-automation-engineer

En la imagen de abajo podemos ver todo el contenido que entra en esta certificación y del examen.

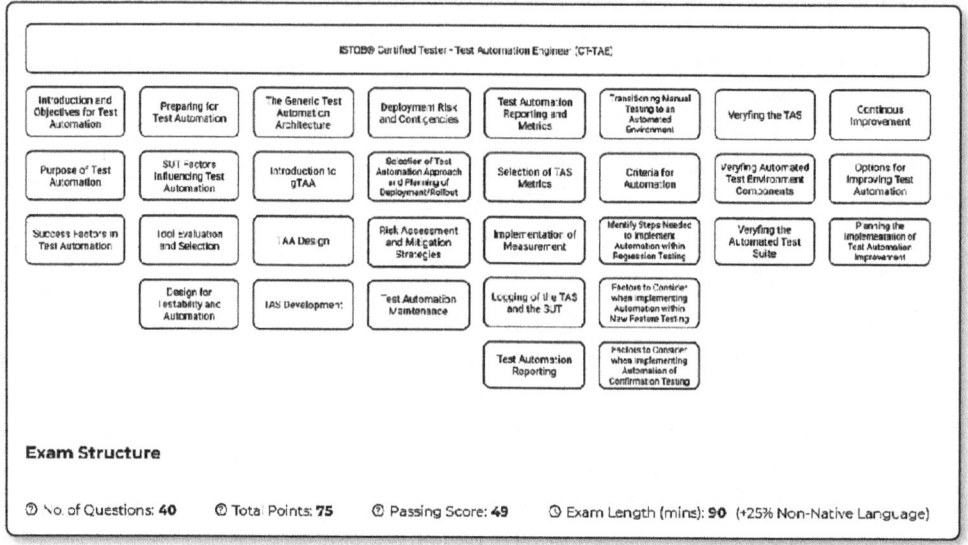

Imagen cuyo origen es ISTQB.org

Usability Testing: aprenderás métodos y enfoques de prueba de usabilidad. Cubre los procedimientos de configuración desde el enfoque de usabilidad, la experiencia del usuario y la accesibilidad, así como los estándares y riesgos relevantes para la usabilidad. Su certificado es *ISTQB Certified Tester Usability Tester (CT-UT)* y su **Syllabus** es **CT-UT Syllabus v1.0** que está en inglés y la **URL** donde está es.

https://www.istqb.org/certifications/usability-tester

En la imagen de abajo podemos ver todo el contenido que entra en esta certificación y del examen.

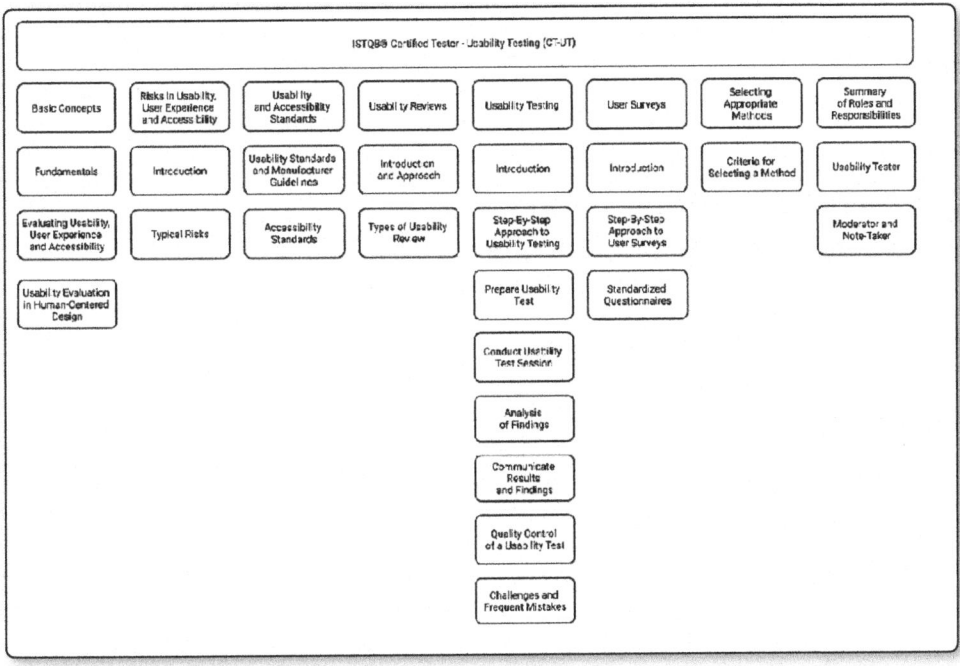

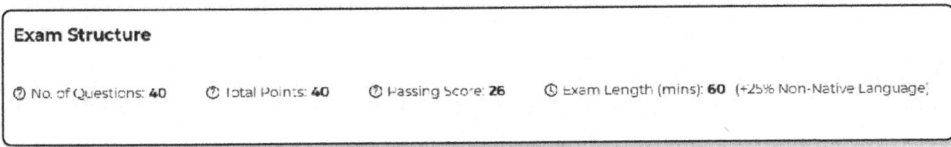

Imagen cuyo origen es ISTQB.org

Son muchas certificaciones, pero mi consejo es que después de que te saques la certificación de **ISTQB Foundational Level** te saques una de las del módulo de especialista, para mí las 5 más importantes en orden de importancia serian:

1. ISTQB Test Automation Engineer (CT-TAE).
2. ISTQB Performance Testing (CT-PT).
3. ISTQB Security Tester (CT-SEC).
4. ISTQB Certified Tester Usability Tester (CT-UT).
5. ISTQB Mobile Application Testing (CT-MAT).

1.3 CAMBIOS DE LA VERSIÓN 3.1 A LA VERSIÓN 4.0

Es el mayor cambio desde que se fundó ISTQB, se cambia porque muchos de los proyectos que se crean actualmente utilizan un marco ágil así que ISTQB quiso actualizarse.

Los cambios solo se aplican en el nivel **Foundation** no al resto de niveles.

La nueva versión es la 4.0 y la antigua es la 3.1. El examen de la versión 3.1 estará vigente hasta el 9 de mayo del 2024 en versión inglesa la versión no inglesa estará vigente hasta el 9 de noviembre de 2024.

Las características del examen son iguales en la versión 3.1 que 4.0. Voy a ir indicando los cambios por módulos.

Módulo 1

▶ Las actividades de prueba se les llama procesos de prueba en la nueva versión.

▶ Cambia la sección de psicología de pruebas a habilidades del tester.

▶ También cambia el objetivo que pasa de ser encontrar defectos a prevenir los defectos.

▶ Los roles también cambian en este módulo, hay de gestión y de testing.

Módulo 2

▶ Ya no se habla de testing como algo realizado en la fase final sino algo que se realiza en todas las fases del ciclo de vida de desarrollo del software.

▶ Se introducen conceptos de **DevOps.**

▶ Se introducen conceptos de metodologías ágiles.

Módulo 3

▶ Se centra en el **feedback** continuo que ocurre en los proyectos de metodologías ágiles.

Módulo 4

▸ Se hace hincapié en aquellas técnicas que más necesitamos para diseñar casos de prueba en metodologías ágiles y ya las demás técnicas se enseñan en niveles superiores.

▸ Nos permite que nos involucremos más en historias de usuario, criterios de aceptación y checklist.

Módulo 5

▸ Se tiene en cuenta la planificación de las pruebas, la integración entre niveles de prueba.

▸ Se habla de pirámide de pruebas.

▸ Se habla de cuadrantes de pruebas.

Módulo 6

▸ Se le da más importancia a las herramientas de colaboración y las herramientas de DevOps.

1.4 POR QUÉ CERTIFICARTE EN ISTQB FOUNDATION LEVEL

La certificación **ISTQB** junto con **TMAP** es la única certificación a nivel personal de calidad de software, las empresas pueden conseguir otras certificaciones como la **ISO 9001** pero a nivel personal como **tester** o ingeniero de calidad estas dos son las únicas con importancia a nivel mundial.

Además, si estas en la red social de **LinkedIn** o en el portal de empleo de **Infojobs** te darás cuenta de que cada vez más empresas piden esta certificación para trabajar en el sector de IT, si no tienes experiencia es fundamental que te saques esta certificación y si ya la tienes puede ser una buena opción para subir de categoría, pedir más dinero o acceder a puestos de consultoría o líder de pruebas.

Por último, recomiendo sacar esta certificación porque por ahora la certificación es de por vida, si te sacas la ISTQB Foundation Level 4.0 no tienes necesidad de volver a sacártela, aunque cada 3 años o 4 seguramente sacaran una nueva versión, pero tú ya estarás certificado y no es obligatorio aunque si recomendable sacarse la nueva versión porque siempre añaden un poco más de contenido, no es mucho, por lo que si te sacaste la certificación en la versión 3.1 la 4.0 te costará muy poco esfuerzo.

1.5 SECTORES Y PUESTOS QUE VALORAN LA CERTIFICACIÓN ISTQB FOUNDATION LEVEL

Todos los sectores necesitan expertos en QA y en control de calidad porque en todos los sectores se está desarrollando continuamente proyectos tecnológicos, nuevas aplicaciones, mejora continua de aplicación ya existentes para no perder la cuota de mercado frente a nuevas aplicaciones por lo tanto esos expertos deben certificar su conocimiento no solo tener experiencia sino también demostrar que tienen los conocimientos y habilidades necesarias para realizar su labor; existen certificaciones para puestos de especialistas, para pruebas en metodologías ágiles y para tener un conocimiento avanzado o de experto en pruebas y aseguramiento de la calidad pero para acceder a esas certificaciones es necesario el certificado **ISTQB Foundation Level** que es el que te permitirá, si no tienes experiencia, comenzar a trabajar en este sector, es parecido al **CCNA** de Cisco para redes y productos de este fabricante.

Por lo tanto, es necesario este certificado para hacer carrera en esta parte de la informática, pero dependiendo de en qué pruebas quieres ser experto o sector te convendrá una certificación u otra.

- ☞ Si todos los proyectos en los que estas son de metodologías ágiles deberías sacarte la certificación **ISTQB Foundation Level Agile Tester.**

- ☞ Si quieres ser líder de pruebas deberías sacarte la certificación **ISTQB Advanced Level Test Manager (CTAL-TM).**

- ☞ Si quieres ser el responsable de la calidad de los proyectos de una empresa necesitarías la certificación **ISTQB Expert Level Test Management (CTEL-TM)** que está compuesta de 3 certificaciones que tendrías que aprobar.

- ☞ Si quieres especializarte en pruebas para el sector automotriz sería la certificación **ISTQB Certified Tester Automotive Software Tester (CT-AuT).**

- ☞ Si quieres dedicarte a probar juegos, necesitarías la certificación **ISTQB Game Testing.**

- ☞ Si quieres ser experto en pruebas de rendimiento la certificación sería **ISTQB Performance Testing (CT-PT).**

- ☞ Si quieres ser experto en pruebas de seguridad la certificación que necesitas es **ISTQB Security Tester (CT-SEC)** o **CEH,** pero es de otra organización y es más práctico para realizar pruebas de penetración.

- ☞ Si quieres ser experto en pruebas de usabilidad la certificación que necesitas es **ISTQB Certified Tester Usability Tester (CT-UT).**

▶ Si quieres ser experto en la automatización de pruebas en todo tipo de pruebas, metodologías de desarrollo y niveles de prueba sería la certificación **ISTQB Test Automation Engineer (CT-TAE).**

Como puedes ver tienes certificaciones para cada sector que te interese solo tienes que decidir qué dominio o sector te interesa más.

1.6 COMO ESTUDIAR ESTE LIBRO

Las partes más importantes para aprobar el examen de **ISTQB Foundation 4.0** son los temas del 2 al 8 pero hay frases o secciones que están en color gris y es porque son muy importantes porque suelen aparecer en los exámenes reales o son conceptos que debes tener muy claro.

Estudia cada módulo por separado y haz el examen del módulo, te permitirá comprobar si has comprendido todo correctamente y si te van quedando conceptos muy claros.

Las secciones pueden ser de tres tipos:

▶ K1 que son conceptos para memorizar.
▶ K2 conceptos a comprender.
▶ K3 conceptos para aplicar.

En las secciones de este libro te indicaré dónde debes comprender y entender muy bien el contenido que esté en gris, dónde tienes que memorizar el contenido que te ponga en gris, no tienes que memorizarlo exactamente con esas palabras, pero sí el concepto que encierra y la última será la sección de aplicar donde tiene que aprender a aplicar esos conceptos en ejercicios, exámenes iguales o muy parecidos al examen que tendrás que aprobar.

Las palabras en negrita son palabras que debes comprender su significado porque se utilizarán como base en el examen o son conceptos generales de tecnología que deberías saber; las palabras en cursiva son conceptos muchos de ellos que no son de **QA,** pero pueden ser de desarrollo de software, **DevOps** y que deberías investigar por internet o comprando y utilizando mi libro **Scrum. Teoría e implementación práctica**.

Las secciones de este libro en cursiva son ejemplos para comprender conceptos importantes y soluciones a exámenes o prácticas.

Dentro de las secciones en gris aquellas que son resaltadas o en cursiva son la parte más importante de esas secciones en gris.

Cada tema tiene un glosario donde muchas de esas palabras aparecerán, entiende su significado, también palabras en negrita porque son empresas, certificaciones o conceptos que no entran en el examen pero que deberías investigar más porque no está de más saber sobre el tema.

Cuando hayan terminado de estudiar todo, vuelve a repasar el libro y haz algunos de los exámenes de ejemplo, son muy parecidos a los exámenes reales.

Por último comentar que está claro que **ISTQB** ha visto un filón en todo el mundo del control de calidad y aseguramiento de calidad teniendo cursos dados por ellos, bastante caros claramente y teniendo todo un mundo de certificaciones para validar los conocimientos pero amigos míos gracias a este libro te ahorraras mucho dinero y además te garantizo que cuando lo termines estarás preparado tanto para aprobar el examen como para empezar a trabajar como un tester, así que sin más dilación comenzamos con el maravilloso mundo de la calidad de software y que como los Jedi detectaban y controlaban la fuerza, tu detectaras y controlaras los defectos del software.

Que la fuerza os acompañe padawans.

MÓDULO 1 DE ISQTB FOUNDATION. FUNDAMENTOS DE LAS PRUEBAS

Para poder realizar pruebas a las distintas aplicaciones y productos de trabajo vamos a necesitar una base y para esto es este módulo, para que aprendas todo lo fundamental del testing.

2.1 ¿QUÉ ES PROBAR?

El software o las aplicaciones son algo que todo el mundo utiliza hoy en día y por lo tanto hay que probarlo porque cuando un software no funciona las consecuencias pueden ser las siguientes:

▸ Pérdidas económicas (porque los clientes no pueden acceder al sistema y por lo tanto dejas de ofrecerles el servicio lo que te hace perder dinero).

▸ Perdidas de clientes (porque pueden irse a la competencia, mucha gente se ha pasado de **WhatsApp** a **Telegram** por no estar de acuerdo con su política de privacidad).

▸ Pérdida de marca (no tiene buena imagen y por lo tanto sus ventas se reducen, lo peor que le puede pasar a una tienda online es que ataquen su base de datos y accedan a los datos de tarjetas de crédito, la pérdida de imagen y las indemnizaciones pueden ser millonarias si se demuestra que no cumplían con leyes y normas de seguridad).

▸ Costes de mantenimiento (si ocurren errores en producción vas a tener que gastar recursos y por lo tanto dinero en solucionar esos problemas).

▶ Puede provocar accidentes o muertes (software médico, de transporte como aviones, coches, trenes, un fallo de ese software puede ser catastrófico provocando accidentes con decenas o centenares de muertes).

Las pruebas de software son un conjunto de actividades para descubrir defectos y evaluar la calidad de los **artefactos de software,** como pueden ser *especificaciones, historias de usuario, modelos de base de datos.* Estos artefactos a partir de ahora los llamaremos **objetos de prueba.**

Quiero comentarte que aquel texto que veas que está en gris debes memorizarlo porque suelen ser cosas que entran en el examen de ISTQB y por lo tanto será un punto dentro de los 26 puntos que tendrás que conseguir para aprobar.

Un ejemplo de una prueba sería una tienda virtual donde el cliente tiene el requisito de que el usuario cuando se registra tenga que validar el móvil y su correo y aceptar la política de privacidad de la tienda, pero a cambio tendrá un descuento del 25% en todos los productos de la tienda durante un mes excepto los que están ya en oferta.

Las pruebas serían:

▶ *Probar que al registrarse se pide el correo y el móvil, que el cliente puede validar correctamente esos dos datos y que se guarde en el sistema correctamente.*

▶ *También se tendría que probar que ese descuento se aplica sólo a los nuevos clientes registrados sólo por un mes, el 25% y no más y que no se aplica a productos ya en oferta.*

2.1.1 Percepciones erróneas de las pruebas (Comprender)

Hay varios conceptos erróneos que se tienen de las pruebas que paso a describir:

▶ Las pruebas no solo consisten en ejecutar pruebas (ejecutar el software y comprobar que el resultado actual es igual al esperado por la prueba*). Las pruebas de software* incluyen otras actividades que deberían estar en consonancia con el ciclo de vida de desarrollo de software, por ejemplo, la obtención de requerimientos al inicio del proyecto debería comprobarse que está explicado como quiere el cliente para no tener problemas más adelante.

▶ Otro error común es creer que las pruebas solo consisten en **verificar el objeto de prueba,** que sería verificar que el sistema cumple con los requisitos especificados, pero las pruebas también incluyen la **validación,** que consiste en *comprobar si el sistema cumple con las necesidades de los usuarios y con los* **stakeholders.**

Los **stakeholders** son aquellos que están interesados en el proyecto o el software que se está construyendo, clientes, inversores, analistas de negocio, etc.

2.1.2 Conceptos importantes (Recordar)

Otra cosa muy importante es diferenciar entre pruebas estáticas y pruebas dinámicas.

Las pruebas dinámicas implican la ejecución del software mientras que las pruebas estáticas no necesitan la ejecución del software e incluyen revisiones y análisis estáticos.

Las pruebas dinámicas utilizan técnicas de prueba y enfoques de prueba para diseñar los casos de prueba.

Las pruebas además de las actividades técnicas deben ser planificadas, gestionadas, estimadas, monitoreadas y controladas.

Por último, hay que comentar que los testers o probadores deben utilizar distintas herramientas como son **Jira, XRay, Confluence, JUnit,** pero al final lo más importante son los conocimientos, experiencia y habilidades del testers.

2.1.3 Objetivos de las pruebas (Recordar)

Las pruebas tienen una serie de objetivos, apréndelos bien porque siempre cae una pregunta en el examen sobre este tema, los objetivos de las pruebas son los siguientes:

▶ **Evaluar los productos de trabajo.**

Como **requisitos, historias de usuario,** diseños de **clases** con **UML, código fuente,** modelos de base de datos con **diagramas de entidad-relación.**

▶ **Encontrar fallas y encontrar defectos.**

Con encontrar fallas me refiero a que una aplicación muestre un mensaje de error al pulsar un botón o que el botón no haga nada al hacer clic.

▶ **Garantizar la cobertura requerida de un objeto de prueba.**

Es decir que probemos todo el objeto de prueba al completo o al menos la parte que nuestro líder crea que es imprescindible probar para cumplir con un mínimo de nivel de calidad.

▶ **Verificar si se han cumplido los requisitos especificados.**

Es decir, si el cliente quiere que el login sea con usuario y contraseña y con un login en una red social como puede ser **Instagram** si no se puede hacer el login con Instagram no se está cumpliendo el requisito del cliente.

▶ **Verificar que un objeto de prueba cumple con los requisitos contractuales, legales y reglamentarios.**

Requisitos contractuales seria que el contrato dice que la aplicación tiene que responder como máximo en 4 segundos si los usuarios son los esperados, si no lo cumple, no está cumpliendo ese requisito contractual.

Un requisito legal sería que en una página web cada formulario tiene que indicar algún texto relacionado con la **LOPD Y RGPD,** si no lo tiene es que no cumple ese requisito legal.

▶ **Proporcionar información a las partes interesadas para permitirles tomar decisiones.**

La información podría mostrarse mediante un informe **de progreso de pruebas** o **informe de finalización de pruebas.**

▶ **Generar confianza en la calidad del objeto de prueba.**

Los clientes muchas veces necesitan demostraciones de que el software se está realizando correctamente y según sus necesidades y las pruebas pueden ser una forma perfecta para darles confianza.

▶ **Validar si el objeto de prueba está completo y funciona según lo esperado por las partes interesadas.**

Esto es lo que se hace muchas veces con **las pruebas de aceptación** de las que ya hablaremos pero que verifican que están todos los requisitos implementados como quiere el cliente lo que aumenta su satisfacción y confianza en el producto y su manera de trabajar.

Pero al final esto son objetivos genéricos luego cada prueba tiene un objetivo según el contexto, por ejemplo:

*En las pruebas de estrés que son un tipo de pruebas no funcionales de rendimiento el cliente puede querer saber cómo se comportará su sistema en un momento determinado, por ejemplo, en el **Black Friday**, imaginemos que su tienda tiene 1000 usuarios cada día y hacen 30 compras simultáneamente pero en esos días hay 3000 usuarios online y hacen 90 compras simultáneamente, ¿cómo se comportará el sistema teniendo 3 veces más carga de trabajo que un día normal?, ¿cuánto tiempo de respuesta tendrá la tienda por cada acción y cuánto tiempo tardará en finalizar todo el camino de compra el cliente?, si excede mucho del tiempo normal de respuesta de la página, y lo ideal son 3 segundos, los clientes se irán a otra tienda que tenga los mismos precios y si eso ocurre habrá que aumentar la memoria del servidor o quizás hacer un **clúster** de servidores .*

2.1.4 Probar y depurar (Comprender)

Las pruebas y la **depuración** son actividades separadas.

Las **pruebas dinámicas** desencadenan fallas causadas por defectos en el software (en su código fuente muchas veces).

Las **pruebas estáticas** encuentran defectos directamente en el objeto de prueba.

Cuando las **pruebas dinámicas** desencadenan una falla, la depuración se ocupa de encontrar las causas de esta falla que será el defecto o defectos, analizar esas causas y eliminarlas para que desaparezca el defecto.

El proceso de depuración tiene los siguientes pasos:

1. Reproducción de una falla.

2. Diagnostico (que sería encontrar la causa raíz).

3. Corregir la causa.

Las **pruebas de confirmación** ayudan a comprobar que las correcciones resolvieron el problema y lo ideal es que la misma persona que realizo la prueba inicial y que encontró el fallo realice la prueba de confirmación.

También es recomendable realizar **pruebas de regresión** para comprobar si estas correcciones generaron fallas en otras partes del objeto de prueba.

Cuando una **prueba estática** detecta un defecto, la depuración se encarga de eliminarlo sin necesidad de realizar un diagnóstico porque estas pruebas encuentran directamente el defecto en el objeto de prueba y no pueden causar fallas al no ser pruebas en las que se ejecuta el software.

Un ejemplo de depuración es lo que hace un desarrollador cuando está creando una aplicación, la ejecuta y le salta un fallo, empieza a ejecutar las instrucciones del código una a una hasta que salta la falla, en ese caso analiza el mensaje técnico de la falla y soluciona el problema, la ejecución de la aplicación la primera vez es la prueba y la segunda vez es la prueba de confirmación sólo que   lo hace él y no un probador como es habitual.

2.2 ¿PORQUÉ ES NECESARIO PROBAR?

Las pruebas forman parte del control de calidad, y ayudan a lograr los objetivos acordados dentro del alcance, el tiempo y la calidad pactados.

Las pruebas ayudan al éxito de un proyecto, pero también que todas las partes interesadas pongan sus habilidades para ayudar al proyecto, pero respondamos a la pregunta siguiente.

2.2.1 ¿Cómo contribuyen las pruebas al éxito del proyecto? (Comprender)

Las pruebas contribuyen al éxito del proyecto de las siguientes maneras:

☛ Proporcionan un medio rentable para detectar defectos, estos defectos se pueden eliminar con la depuración que no es una actividad de prueba, pero indirectamente al encontrar estos defectos se ayuda a mejorar la calidad del objeto de prueba.

▸ Las pruebas permiten detectar la calidad del objeto de prueba en distintas fases del ciclo de vida de desarrollo de software permitiendo decidir si se pasa a la siguiente etapa del ciclo de desarrollo en metodologías secuenciales o si se toma la decisión de entregar en caso de metodologías ágiles.

▸ Las pruebas proporcionan a los usuarios una representación indirecta del desarrollo que se está haciendo y los probadores aseguran que las necesidades de los usuarios se tengan en cuenta a lo largo del ciclo de vida de desarrollo. Te preguntaras por qué no meter a usuarios dentro del equipo de proyecto, pues la razón es porque el coste sería muy alto y porque los usuarios adecuados no suelen tener disponibilidad, por eso se utilizan testers además de por su experiencia y conocimientos.

▸ Las pruebas también son necesarias para cumplir con requisitos contractuales, legales, estándares o políticas que esté utilizando la empresa.

Esta sección no es especialmente importante en el examen, aprende por encima en qué favorece el éxito del proyecto las pruebas, pero no le des demasiada importancia.

La siguiente sección sí es importante que la aprendas porque suele caer una pregunta de esto.

2.2.2 Pruebas y aseguramiento de calidad (Recordar)

Las **pruebas** y el **aseguramiento de calidad** pueden parecer lo mismo y de hecho mucha gente cree que son lo mismo, pero no son lo mismo.

Las pruebas son una forma de control de calidad cuyas siglas son en inglés **QC** y el aseguramiento de calidad cuyas siglas son en inglés **QA,** este último está más enfocado al proceso de las pruebas y de desarrollo, pero expliquemos por partes.

El **control de calidad** es un enfoque correctivo orientado al producto que se enfoca en aquellas actividades que dan niveles apropiados de calidad y por eso las pruebas son una parte importante del control de calidad.

QA es un enfoque preventivo orientado a procesos, lo que se busca es mejorar los procesos y se centra en la implantación. Se basa en la idea que si se realiza un buen proceso y se sigue correctamente se construirá un buen producto.

El aseguramiento de calidad se aplica tanto en los procesos de desarrollo de software como a los procesos de prueba y es responsabilidad de todos en un proyecto.

Los resultados de las pruebas sirven para ser utilizados por **QA** y **QC,** pero con los siguientes enfoques:

- ► QC los utiliza para corregir defectos.
- ► QA los utiliza para tener un **feedback** de cómo se están implementando los procesos de desarrollo y de pruebas.

*Un ejemplo sería la aplicación de **Scrum** para los procesos de desarrollo con un **scrum master** que controle que se aplica correctamente esta metodología ágil y utilizar la norma **ISO 9001** para aplicar los mejores estándares de calidad.*

En mi libro **Scrum. Teoría e implantación práctica** hablo de **Scrum** y de **ISO 9000** y **ISO 9001** y como, aunque no lo dejé muy claro la diferencia, **ISO 9000** es un estándar para la gestión de la calidad de cualquier empresa y **ISO 9001** para la gestión de empresas que desarrollen productos o servicios.

2.2.3 Error, defecto, fallo y causa raíz (Comprender)

Las personas cometen **errores**, esos errores generan **defectos** o bugs que a su vez pueden generar **fallas** porque no siempre un defecto genera una falla.

Los miembros de un equipo pueden cometer errores por diferentes razones:

- ► La presión del tiempo.
- ► La complejidad del producto de trabajo.
- ► La falta de experiencia en el sector.
- ► La falta de conocimiento en labores de testing.
- ► Tener que trabajar en varios proyectos a la vez.
- ► Por cansancio.

Los defectos pueden encontrarse en los siguientes sitios:

- ► En la especificación de requisitos.
- ► Scripts de prueba.
- ► En el código fuente.
- ► En algún archivo de soporte como archivo de compilación, en el archivo de instalación, etc.

Los defectos si no se detectan en las primeras fases **del ciclo de vida de software** generan artefactos con defectos en fases posteriores y eso afecta a la calidad y al coste del desarrollo y hasta a los tiempos de entrega porque esos defectos hay que solucionarlos y requiere repetir partes de esas fases para realizar esa tarea.

Cuando se ejecuta un defecto en el código, el sistema puede hacer algo que no debería y eso es una **falla**. Algunos defectos cuando se ejecutan pueden generar una **falla**, otros solo generan una **falla** en circunstancias específicas y otros nunca generan una **falla**.

Por ejemplo, imaginemos que tenemos dos campos uno donde se indica las comunidades y otro donde se indican las provincias y son dos campos obligatorios en el formulario.

Si por ejemplo en la comunidad de Galicia hay un defecto donde no se hace consulta a la base de datos para traer las provincias de esa comunidad, siempre va a haber un fallo cuando al seleccionar la comunidad gallega no muestre ninguna provincia cuando se espera que se muestre los datos de las provincias.

Las fallas no siempre son producidas por **errores** y **defectos** también pueden ser generadas por condiciones ambientales como radiaciones que afecta al **firmware** del componente.

La **causa raíz** es la razón fundamental para la aparición de un problema. El análisis de la **causa raíz** nos sirve para identificar la causa raíz cuando aparece una falla o se identifica un defecto.

Una manera de prevenir **defectos** o **fallas** es eliminar la **causa raíz** de ese **defecto** o **falla**.

Supongamos que nuestros desarrolladores no siguen unas prácticas buenas de codificación porque son principiantes, pues herramientas de pruebas estáticas como **SonarQube** nos puede ayudar a prevenir errores típicos como mala **reutilización**, algoritmos muy costosos o cosas así.

Un ejemplo de estos conceptos sería el siguiente:

Un teléfono que suena cerca distrae a un programador, lo que le hace programar incorrectamente la lógica que verifica el límite superior de una variable de entrada. Más tarde, durante la prueba del sistema, un evaluador nota que este campo de entrada acepta valores de entrada no válidos.

*El teléfono que suena y distrae al programador haciendo que programe incorrectamente la lógica es **la causa raíz.***

*La lógica incorrecta que verifica el límite superior es el **defecto**.*

*Aceptar entradas no válidas es un **caso de prueba no exitoso** porque se supone que el resultado esperado es que no supere ese límite superior.*

*El pensamiento incorrecto que resultó en poner el defecto en el código es el **error**.*

*Y al enviar el formulario el sistema devolverá un mensaje de error que es la **falla** porque seguramente la base de datos no acepte el valor que introducimos y que no debería haberse enviado.*

2.3 PRINCIPIOS DE LAS PRUEBAS (COMPRENDER)

Básicamente hay 7 principios fundamentales en el testing que son los siguientes:

1. **Las pruebas muestran la presencia, no la ausencia de defectos**

   Las pruebas demuestran que hay defectos en el objeto de prueba, pero no pueden demostrar que no hay defectos. Las pruebas reducen la probabilidad de que los defectos que se encuentran en el objeto de prueba no se encuentren, pero incluso cuando no se encuentran defectos, las pruebas no prueban que el objeto de prueba está correcto totalmente, ¿y por qué ocurre esto?, pues porque no podemos probar un objeto de prueba completamente, siempre habrá una posibilidad que no tuvimos en cuenta.

2. **Las pruebas exhaustivas son imposibles**

   Probar un objeto de prueba totalmente es imposible salvo en casos triviales. Lo fundamental no es probar un objeto de prueba de manera profunda sino utilizar técnicas de prueba, priorizar los casos de prueba y realizar pruebas basadas en riesgo para enfocar las pruebas.

   Todo esto ayuda a que se hagan aquellas pruebas más importantes para el cliente y que pueden afectar más al negocio del cliente y al nivel de satisfacción.

3. **Las pruebas tempranas ahorran tiempo y dinero**

   Los defectos que se eliminan al principio del ciclo de vida de desarrollo de software o **SDLC** no causaran defectos en trabajos derivados. El costo de la calidad se reducirá al realizar pruebas tempranas ya que más adelante en las fases más avanzadas del **SDLC** o ciclo de vida de desarrollo de software se encuentran menos fallas y defectos.

Para encontrar defectos cuanto antes, es muy importante realizar pruebas estáticas y pruebas dinámicas lo más pronto posible.

SDLC por si alguien no lo entendió es el ciclo de vida de desarrollo de software, pero en inglés.

4. **Los defectos se agrupan**

La mayoría de los defectos encontrados o la mayoría de las fallas que ocurren de un sistema se agrupan en un pequeño grupo de componentes. Esto es lo que se llama **principio de Pareto**.

El **principio de Pareto** dice que el 80% de los defectos y fallas se encuentran en el 20% de los componentes.

5. **Las pruebas se desgastan**

Si las pruebas se repiten muchas veces, cada vez son menos eficientes para encontrar nuevos defectos.

Las acciones que se puede hacer para superar ese efecto tan habitual son las siguientes:

- Modificar las pruebas existentes, por ejemplo, cambiando el orden de las pruebas cuando se pueda.

- Modificar los datos de las pruebas, añadiendo datos diferentes pero válidos.

- Crear nuevas pruebas donde se prueben características que quizás no se tuvieron en cuenta como de seguridad, rendimiento o usabilidad.

Hay un caso en el que repetir las mismas pruebas puede ser beneficioso como son las pruebas de regresión automatizadas.

6. **Las pruebas dependen del contexto**

No existe un enfoque que se pueda aplicar universalmente. Las pruebas siempre se realizan de manera diferente en diferentes contextos.

No es lo mismo las pruebas en metodologías ágiles que en metodologías clásicas, por ejemplo.

7. Falacia de la ausencia defectos

Una falacia es un concepto erróneo y esperar que la verificación del software garantice el éxito de una aplicación es una falacia.

Probar todos los requisitos especificados y solucionar todos los defectos encontrados aún puede generar un sistema que no cumpla las necesidades y expectativas de los usuarios, que no le ayude a lograr los objetivos comerciales que se haya marcado el cliente y tampoco que el sistema que le entregamos sea mejor que el que tenga su competencia.

Por eso es tan importante la validación porque no solo comprueba que los requisitos que pidió el cliente están en el sistema sino también que cumple con sus necesidades y expectativas.

Por ejemplo, supongamos que hemos creado una tienda virtual preciosa pero la competencia usa la IA para aprender que precios y características de móviles son los que los clientes de nuestra web miran para decidir comprar un smartphone, pues tendrá una ventaja competitiva porque ellos sabrán qué precios y características están entre las preferencias y compraran esos productos que tienen eso y por lo tanto tendrán más ventas y más sensación que esa tienda tiene más calidad y los entiende mejor.

*Un ejemplo con respecto a uno de los principios más importantes y que ocurre en proyectos reales en cuando las pruebas de regresión son las mismas hace mucho tiempo, no se han agregado nuevos casos de prueba a pesar de que hay nuevas funcionalidades en la aplicación y los datos son los mismos, esto provoca que las pruebas de regresión no sean efectivas y no encuentren defectos y se basan en el **quinto principio las pruebas y se desgastan**, esto lo viví yo en un proyecto para una empresa del sector textil que ahora no está muy bien la verdad.*

Otro ejemplo es cuando haciendo pruebas encuentras un fallo en un formulario, por regla general cuando se encuentra un fallo en ese formulario suele haber más y esto cumple con el cuarto principio los defectos se agrupan porque hay esos fallos debido a defectos en el código del servidor o del cliente.

2.4 ACTIVIDADES, TESTWARE Y ROLES DE LAS PRUEBAS

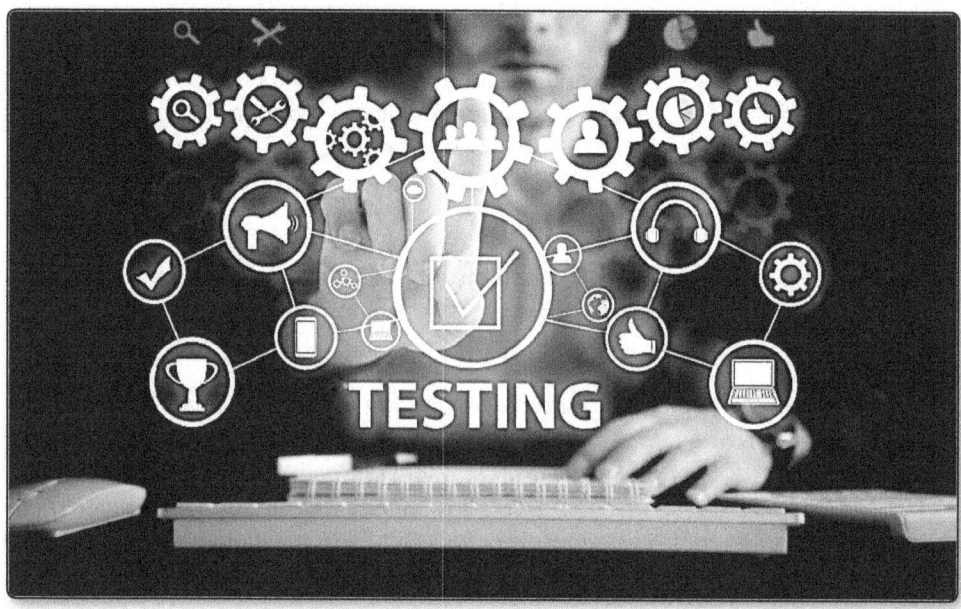

Las actividades de prueba forman parte de un proceso de prueba. Las actividades de prueba, como se implementan y cuando ocurren normalmente se deciden como parte de la planificación de prueba. Este proceso de prueba, sus actividades, tareas, su contexto, los roles de prueba y más conceptos los trataré en las siguientes secciones.

2.4.1 Actividades y tareas de prueba (COMPRENDER)

El proceso de prueba está formado por grupos de actividades, estas actividades suelen realizarse de manera iterativa o en paralelo. Estas actividades de prueba se suelen adaptar al sistema y al proyecto y son las siguientes:

Planificación

La planificación de la prueba consiste en definir los objetivos de la prueba y posteriormente seleccionar el enfoque que mejor logre los objetivos cumpliendo las limitaciones del contexto general.

El monitoreo y control de la prueba

El monitoreo de pruebas implica la comprobación continua de todas las actividades de prueba y la comprobación del progreso real con el plan de pruebas, que ya veremos que es.

El control de pruebas implica tomar las acciones necesarias para cumplir con los objetivos de las pruebas.

El análisis de las pruebas

En el análisis de prueba es fundamental analizar el objeto de prueba para identificar que se tiene que probar y priorizar las condiciones de prueba asociadas junto con los riesgos.

La **base de prueba,** que son los inputs de entrada para poder realizar las pruebas, y los **objetos de prueba**, que son lo que se va a probar, también se van a evaluar para detectar defectos y también si pueden probarse.

El análisis de prueba utiliza las técnicas de prueba y responde a la pregunta ¿qué vamos a probar?

El diseño de las pruebas

Se elaboran las condiciones de prueba en **casos de prueba** y la creación del testware **cartas de prueba.**

Las **cartas de prueba** son una declaración concisa que define el alcance, los objetivos y la estrategia de una sesión de prueba.

Un **caso de prueba** es conjunto de acciones que se ejecutan para verificar una característica o funcionalidad particular de una aplicación de software.

En esta actividad también identificamos la cobertura de elementos que sirve para indicar las entradas de los casos de prueba, es decir los tipos de datos que necesitaremos.

Las técnicas de prueba se utilizan en esta actividad también. El diseño de prueba también incluye lo siguiente:

- Definición de los requisitos de datos de prueba.
- El diseño del entorno de prueba.
- Identificación de infraestructura necesaria para las pruebas.
- Herramientas necesarias para las pruebas.

Por ejemplo supongamos que nosotros queremos probar que los usuarios de una tienda de ropa puedan acceder correctamente a su página de usuario, pues necesitaremos lo primero definir cómo tiene que estar preparado y configurado el entorno de prueba, qué datos necesitamos en la base de datos, unos usuarios y contraseñas de distintos roles cliente normal, cliente premium(pero solo especificar cuantos usuarios y sus roles en la siguiente actividad ya conseguiremos los datos reales aquí solo se indica el tipo de usuario y los que necesitaremos de cada tipo), también los casos de prueba que prueben características funcionales como que te redirecciona a la página del cliente en función de su rol y no funcionales como que la página tiene certificado SSL, que la página se ve igual en los navegadores Edge como Chrome y que el tiempo de carga de la página de inicio sea de máximo 3 segundos por ejemplo y que se visualiza correctamente en cualquier smartphone.

En definitiva, el diseño de la prueba indica ¿cómo probamos?

Implementación de la prueba

Incluye crear o adquirir el **testware** necesario para la ejecución de la prueba como puede ser los datos de la prueba.

Los casos de prueba se pueden organizar en procedimientos de prueba o estrategias de prueba y generalmente en juegos de prueba formados por varios **casos de prueba**.

Se crean scripts de prueba manuales y automatizados, que no son más que pasos que hay que realizar con los resultados esperados y los datos que se necesitan.

Los juegos de prueba se priorizan y se organizan dentro de un cronograma de ejecución de prueba.

En esta actividad es donde el entorno de prueba es construido y verificado para configurarse correctamente.

La ejecución de pruebas

Se ejecuta las pruebas de acuerdo con el cronograma de ejecución de pruebas y pueden ser pruebas ejecutadas manualmente o automatizadas.

Los resultados reales de las pruebas se comparan con los resultados esperados.

Los resultados de las pruebas se registran en un sistema como puede ser **Jira** o **Azure DevOps** para luego analizarlos y ver los defectos y sus causas.

Actividades de finalización de pruebas

Esto suele ocurrir cuando finaliza un **hito** en el proyecto:

- Entrega del proyecto.
- Al final de una iteración.
- Finalización del nivel de prueba.

En esta actividad cualquier **testware** que pueda ser útil se guarda o se entrega a los equipos adecuados como aquellos que se encargan de prevenir defectos.

En entorno de prueba se deja en un estado acordado y las actividades de prueba se analizan para identificar lecciones aprendidas y mejoras para las siguientes iteraciones, entregas o proyectos.

Por último, hay que comentar que los informes de finalización de la prueba se entregan en esta actividad y se entregan a las partes interesadas o **stakeholders**.

2.4.2 El proceso de las pruebas en contexto (Comprender)

Las actividades de prueba son una parte de los procesos de desarrollo llevados a cabo dentro de una organización.

Las pruebas son financiadas por las partes interesadas y su objetivo es ayudar a satisfacer las necesidades comerciales de las partes interesadas o **stakeholders.**

Estas pruebas dependen de varios factores contextuales que pasaré a exponer:

- **Partes interesadas**
  - Necesidades de las partes interesadas.
  - Expectativas de las partes interesadas.
  - Requisitos de las partes interesadas.
  - Cooperación de las partes interesadas.

- **Miembros del equipo**
  - Habilidades de los miembros del equipo.
  - Conocimientos de los miembros del equipo.
  - Nivel de experiencia de los miembros del equipo.
  - Disponibilidad del equipo.
  - Necesidades de capacitación del equipo.

▶ **Dominio del negocio**

- Criticidad del objeto de prueba.
- Riesgos identificados.
- Necesidades del mercado.
- Regulaciones legales específicas.

▶ **Factores técnicos**

- Tipo de software.
- Arquitectura del producto.
- Tecnología utilizada.

▶ **Limitaciones del proyecto**

- Alcance del proyecto.
- Tiempo que durará el proyecto.
- Presupuesto del proyecto.
- Recursos del proyecto.

▶ **Factores organizativos**

- Estructura organizativa.
- Políticas existentes.
- Prácticas utilizadas.
- Estándares de calidad utilizados.

▶ **Ciclo de vida de desarrollo de software**

- Prácticas de ingeniería.
- Métodos de desarrollo.
- Patrones de diseño.

▶ **Herramientas**

- Disponibilidad.
- Usabilidad
- Cumplimiento.

Estos factores de contexto afectarán a como se harán las pruebas en la estrategia de prueba, grado de automatización de pruebas, nivel requerido de cobertura, nivel de detalle de documentación de la prueba o informes.

2.4.3 Testware (Comprender)

El **testware** son los productos de trabajo de salida de las **actividades de pruebas**. Cada organización genera sus propios productos y los organiza como mejor les conviene, pero podemos tener una serie de productos de trabajo para cada actividad de prueba.

Los productos de trabajo que salen de la **planificación de prueba** serian:

- Plan de pruebas.
- Cronograma de pruebas.
- Registro de riesgos.
- Criterios de entrada y salida.

El **registro de riesgo** es una lista de riesgos junto con la probabilidad del riesgo, el impacto del riesgo y la información sobre la mitigación del riesgo.

En **plan de pruebas** suele contener el cronograma de pruebas, el registro de riesgos y los criterios de entrada y salida.

Los productos de trabajo que salen del **monitoreo y control de pruebas** serian:

- Informes de progreso de prueba.
- Documentación de directivas de control.
- Información de los riesgos.

Los productos de trabajo que salen del **análisis de prueba** serian:

- Condiciones de prueba priorizadas.
- Criterios de aceptación.
- Informes de defectos con respecto a los defectos en la base de prueba (los inputs de entrada de las pruebas).

Los productos de trabajo que salen del **diseño de prueba** serían:

- Casos de prueba priorizados.
- Cartas de prueba.
- Items de cobertura.
- Requisitos de datos de pruebas.
- Requisitos de entorno de pruebas.

Los productos de trabajo que salen de la **implementación de la prueba** serían:

- Procedimientos de prueba.
- Scripts de prueba automatizados.
- Conjunto de pruebas.
- Datos de prueba.
- Cronograma de ejecución de prueba.
- Elementos del entorno de pruebas como pueden ser controladores, simulaciones, virtualización de servicios.

Los productos de trabajo que salen de la **ejecución de la prueba** serian:

- Registros de las pruebas.
- Informes de defectos.

Los productos de trabajo que salen de la **finalización de la prueba** serian:

- Informe de finalización de la prueba.
- Recomendaciones para mejora de proyecto.
- Iteraciones posteriores.
- Lecciones aprendidas.
- Solicitudes de cambio en por ejemplo la pila del producto o producto backlog.

2.4.4 Trazabilidad entre la base de prueba y el testware (Comprender)

Es importante para mantener un monitoreo y control de pruebas adecuado crear y mantener durante todo el proceso de la prueba la trazabilidad entre los elementos de base de la prueba (aquello que utilizamos para definir la cobertura de la prueba), el **testware** asociado con elementos de base de prueba (casos de prueba, riesgos de la prueba, etc.), resultados de la prueba y defectos detectados.

La trazabilidad ayuda a la evaluación de la cobertura, por lo que es muy útil si se definen criterios de cobertura medibles en la base de la prueba.

Los criterios de cobertura nos ayudan a ver si se están cumpliendo los objetivos de la prueba.

Por ejemplo, la trazabilidad de los casos de prueba con respecto a los requisitos puede verificar si los requisitos están cubiertos por los casos de prueba.

Otro ejemplo de los resultados de la prueba con respecto a los riesgos lo podemos utilizar para evaluar el nivel de riesgo residual en un objeto de prueba.

Los beneficios de la trazabilidad serían los siguientes:

- Evaluar la **cobertura de la prueba**.
- Determinar el **impacto** de los cambios.
- Facilitar la **auditoría** de las pruebas.
- Ayuda a cumplir los **criterios de gobierno** de TI.
- Ayuda a entender los **informes de progreso** y *finalización de la prueba.*
- Ayuda a comunicar la información técnica de las pruebas a las partes interesadas de una manera más comprensible.
- Ayuda a evaluar la calidad del producto, del proceso de pruebas y del progreso del proyecto.

2.4.5 Roles en las pruebas (Comprender)

En **ISTQB** hablan de 2 roles, **gestión de pruebas** y **rol de pruebas**; las actividades de estos roles dependen de los siguientes factores:

- Contexto del proyecto.
- Las habilidades de las personas.
- De la organización.

El rol de gestión de prueba es el responsable del proceso de prueba y es el que lidera al grupo y las actividades de prueba.

Las actividades fundamentales del rol de gestión de pruebas seria planificación de pruebas, monitoreo y gestión de pruebas y finalización de pruebas.

La gestión de pruebas depende del contexto por ejemplo si estamos en un proyecto ágil la gestión de pruebas puede ser manejada por el equipo.

Las actividades fundamentales del rol de prueba serian análisis de pruebas, diseño de pruebas, implementación de pruebas y ejecución de pruebas.

El rol de gestión de pruebas pueden realizarlo el líder de equipo, director del departamento de pruebas, director de desarrollo.

También hay que comentar que una persona puede realizar el rol de gestión de pruebas y rol de pruebas al mismo tiempo, de hecho, eso es lo que suele suceder en la mayor parte de los proyectos, el líder de pruebas suele tener el doble de trabajo que el resto y su sueldo no suele ser mucho más alto.

2.5 HABILIDADES ESENCIALES Y BUENAS PRÁCTICAS EN LAS PRUEBAS

La habilidad es la capacidad de hacer algo bien y suele depender del conocimiento, la experiencia y aptitud de uno.

Los testers deberían de tener una serie de habilidades para poder realizar bien su trabajo y en la siguiente sección hablaremos de eso.

2.5.1 Habilidades genéricas requeridas para las pruebas (Comprender)

Las habilidades genéricas que debería tener un probador para poder realizar correctamente su trabajo serían las siguientes:

- ▶ Conocimiento en pruebas para utilizar técnicas de prueba y tener mayor efectividad.

- ▶ Rigurosidad, curiosidad, atención a los detalles, ser metódico; esto ayudara a encontrar defectos complicados de ver.

- ▶ Buenas habilidades de comunicación, escucha activa**, ser capaz de trabajar en equipo**; esto ayudara a discutir defectos y ser capaz de comunicar información de una manera entendible.

- ▶ Pensamiento analítico, pensamiento crítico y creatividad.

- ▶ Conocimientos técnicos para poder utilizar herramientas de testing, por ejemplo.

- ▶ **Conocimientos del dominio** o sector para poder entender y comunicarse con usuarios finales; por ejemplo, cuando trabaje para un proyecto de justicia algunos términos y conceptos eran difíciles de entender para los que nunca habíamos trabajado en ese sector.

Es importante tener mano izquierda a la hora de informar de defectos porque puede verse como una crítica al producto y al autor, por eso los defectos y las fallas y todo ese tipo de información debe decirse de una manera constructiva.

De todas estas los **skills** más importantes para realizar las pruebas y por lo tanto para un probador serían:

- ▶ *Tener conocimiento del dominio o sector, por ejemplo, si vas a probar un juego ser un gamer experimentado.*

- ▶ *Tener pensamiento crítico para no dar por supuesto todo lo que te dicen los demás miembros del proyecto y poner en tela de juicio todo.*

- ▶ *Ser un buen jugador de equipo, porque hoy en día las metodologías de desarrollo suelen aplicar prácticas para mejorar el trabajo en equipo y por lo tanto es muy importante saber trabajar en equipo.*

2.5.2 El enfoque del equipo completo (Recordar)

Lo más importante para un probador es siempre trabajar para el equipo y contribuir a los objetivos del equipo.

El enfoque de equipo completo proviene de la metodología XP.

En este enfoque de equipo completo, cualquier miembro del equipo con los conocimientos y habilidades necesarias puede realizar cualquier tarea porque todos son responsables de la calidad.

Este enfoque suele compartir el mismo espacio de trabajo físico o virtual. Los beneficios que tiene el enfoque de equipo completo son:

- ▶ Mejora la dinámica del equipo.

- ▶ Mejora la comunicación y la colaboración dentro del equipo.

- ▶ Crear sinergias que favorecen al proyecto.

Los probadores en este enfoque tienen que ayudar a los representantes de negocio para ayudarles a crear pruebas de aceptación y ayudar a los desarrolladores para realizar estrategias de prueba y decidir los enfoques de automatización de prueba.

El enfoque de equipo completo no es recomendable en pruebas de seguridad crítica donde la independencia de la prueba es importante.

2.5.3 La independencia de las pruebas (Comprender)

La independencia ayuda a que el probador sea más eficiente para encontrar defectos debido a la diferencia entre cómo piensa el probador y el desarrollador, pero eso no significa que un desarrollador no pueda encontrar defectos en su propio código, solo que seguramente sean muchos menos.

Hay 4 niveles de independencia:

Sin independencia

Los productos de trabajo son probados por su autor.

Cierta independencia

Los productos de trabajo son probados por compañeros del mismo grupo que el autor del producto de trabajo.

Alta independencia

Los productos de trabajo son probados por probadores de otro equipo del autor del producto de trabajo, pero de la misma organización.

Muy alta independencia

Los productos de trabajo son probados por probadores de una organización diferente.

La mayor parte de las veces en proyectos reales se suelen utilizar múltiples niveles de independencia:

- Los desarrolladores realizan pruebas de componentes e integración de componentes, generalmente los compañeros de los autores del producto de trabajo.

- Los probadores de otro grupo, de un equipo de QA, suelen realizar pruebas de sistema y de integración de sistema.

- Los representantes comerciales suelen realizar pruebas de aceptación.

Los beneficios de la independencia de pruebas son básicamente dos:

- Los probadores debido a sus conocimientos técnicos y análisis diferente van a ver fallas y defectos que seguramente el equipo de desarrollo no vea.

- Un probador independiente puede verificar, desafiar y refutar suposiciones realizadas por las partes interesadas durante la especificación e implementación del sistema.

Las desventajas de la independencia de pruebas serían:

- Los probadores pueden estar aislados del equipo de desarrollo lo que puede derivar en problemas de comunicación o falta de colaboración del equipo de desarrollo.

- Los desarrolladores pueden perder el sentido de responsabilidad de la calidad, porque pueden pensar que para encontrar los defectos y mejorar lo hecho ya está el equipo de QA.

- Los probadores independientes pueden ser visto como generadores de retrasos o culpados por entregar tarde un **release**.

2.6 GLOSARIO DE MÓDULO 1

- **Cobertura.** Cantidad de funcionalidad o código al que se le han realizado unas pruebas. Se indica en %.

- **Depuración.** Actividad para identificar defectos y corregirlos.

- **Defecto.** Un error en el código.

- **Error.** Acción humana que produce un resultado incorrecto.

- **Falla.** Ejecución de una aplicación que muestra una falla cuando se ejecuta el código que tiene un defecto.

- **Calidad.** Grado en que un producto o servicio cumple con determinados requisitos o estándares.

- **Expectativas.** Concepto subjetivo que termina si algo satisface o no al cliente.

- **Aseguramiento de calidad**. Se encarga de asegurar que los procesos se están realizando de manera correcta como se dijo que se haría.

- **Causa raíz.** Es la causa de que se produzca un defecto.

- **Análisis de prueba.** Se analiza los requisitos y se empieza a pensar cómo hacer las pruebas.

- **Base de prueba.** Son los artefactos definidos como entradas para definir las pruebas.

▶ **Caso de prueba.** La descripción de la prueba que vamos a hacer, los pasos, las precondiciones, los datos, los resultados esperados.

▶ **Finalización de prueba.** Lo que hacemos cuando hemos terminado la realización de las pruebas.

▶ **Condición de prueba.** Criterios que tenemos que probar para considerar que un resultado es correcto.

▶ **Control de prueba.** Comprobamos que la prueba va como esperamos.

▶ **Datos de prueba.** Los datos que vamos a probar en las pruebas.

▶ **Diseño de pruebas.** Es la fase en la que se diseñan las pruebas.

▶ **Ejecución de pruebas.** Es la fase siguiente a la implementación de las pruebas y es cuando se ejecutan las pruebas.

▶ **Implementación de pruebas.** Se construyen las pruebas y se automatizan las pruebas.

▶ **Monitorización de pruebas.** Es seguir las pruebas para ir obteniendo información importante a través de indicadores.

▶ **Objeto de prueba.** La razón de por qué se hacen las pruebas.

▶ **Planificación de prueba.** Se planifican las pruebas indicando recursos que se van a utilizar, el cronograma, el plazo de las pruebas, herramientas.

▶ **Procedimiento de prueba.** Secuencia que hay que hacer para realizar las pruebas.

▶ **Resultado de prueba.** El resultado de la prueba que se compara con el resultado esperado.

▶ **Prueba.** Todo lo que abarca las pruebas.

▶ **Productos de prueba.** Cualquier artefacto de prueba, plan de prueba, caso de prueba.

▶ **Validación.** Contrastar con el usuario si es el software que había pedido.

▶ **Verificación.** Verificar que los requerimientos se han construido correctamente en el software.

2.7 EXAMEN DEL MÓDULO 1 DE ISTQB

Haz este examen sin mirar las respuestas y sin mirar el contenido del libro porque el objetivo es que aprendas todo lo que necesitas saber para aprobar el certificado **ISTQB Certified Tester Foundation level 4.0** y con estas preguntas lo sabrás; tienes que acertar 6 de 10 para aprobar este examen del módulo 1.

1. Pregunta 1 (1 Punto)

¿Cuál de las siguientes afirmaciones describe un objetivo de prueba válido?

   a) Demostrar que no existen defectos en el sistema bajo prueba.

   b) Demostrar que no habrá fallas después de la implementación del sistema en producción.

   c) Reducir el nivel de riesgo del objeto de prueba y generar confianza en el nivel de calidad.

   d) Verificar que no existen partes del producto no probadas.

Selecciona una opción.

2. Pregunta 2 (1 Punto)

¿Cuál de las siguientes opciones muestra un ejemplo de actividades de prueba que ayudan al éxito?

a) Tener testers involucrados durante diversas actividades del ciclo de vida de desarrollo de software (SDLC) ayudará a detectar defectos en los productos de trabajo.

b) Los probadores intentan no molestar a los desarrolladores mientras programan, para que los desarrolladores escriban mejor código.

c) Los probadores que colaboran con los usuarios finales ayudan a mejorar la calidad de los informes de defectos durante las pruebas de componentes y las pruebas del sistema.

d) Los probadores certificados en ISTQB diseñarán casos de prueba mucho mejores que los probadores no certificados.

Seleccione una opción.

3. Pregunta 3 (1 Punto)

Se le ha asignado como probador de un equipo que produce un nuevo sistema de forma incremental. Ha observado que no se han realizado cambios en los casos de prueba de regresión existentes durante varias iteraciones y no se identificaron nuevos defectos de regresión. Tu jefe está contento, pero tú no. ¿Qué principio de prueba explica su escepticismo?

a) Las pruebas se desgastan.

b) Falacia de ausencia de errores.

c) Los defectos se agrupan.

d) Es imposible realizar pruebas exhaustivas.

Seleccione una opción.

4. Pregunta 4 (1 punto)

Trabajas en un equipo que desarrolla una aplicación para smartphone para realizar pedidos de zapatos. En la versión actual, el equipo decidió implementar la funcionalidad de pago. ¿Cuál de las siguientes actividades forma parte del análisis de pruebas?

a) Estimar que probar la integración con el servicio de pago tomará 6 días-persona.

b) Decidir que el equipo debe probar si los usuarios pueden realizar pagos en la aplicación.

c) Usar análisis de valor límite (BVA) para derivar los datos de prueba para los casos de prueba que verifican el correcto procesamiento del pago del monto mínimo permitido a pagar.

d) Analizar la discrepancia entre el resultado real y el resultado esperado luego de ejecutar un caso de prueba que verifica el proceso de pago con tarjeta de débito y reportar un defecto.

Seleccione una opción.

5. Pregunta 5 (1 Punto)

¿Cuál de los siguientes factores (I-V) tiene una influencia significativa en el proceso de prueba?

I. El SDLC.

II. El número de defectos detectados en proyectos anteriores.

III. Los riesgos identificados del producto.

IV. Nuevos requisitos regulatorios que obligan.

V. El número de evaluadores certificados en la organización.

a) I, II tienen influencia significativa; III, IV, V no tienen.

b) I, III, IV tienen influencia significativa; II, V no tienen.

c) II, IV, V tienen influencia significativa; III no tienen.

d) III, V tienen influencia significativa; yo, II, IV no tengo.

Seleccione una opción.

6. Pregunta 6 (1 Punto)

¿Cuáles dos de las siguientes tareas pertenecen principalmente a un rol de prueba?

a) Configurar entornos de prueba.

b) Mantener la cartera de productos.

c) Diseñar soluciones de nuevos requisitos.

d) Crear el plan de prueba.

e) Informe de cobertura alcanzada.

Seleccione dos opciones.

7. Pregunta 7 (1 Punto)

¿Cuáles de las siguientes habilidades (i-v) son las más importantes en un probador?

   I. Tener conocimiento del dominio.

   II. Tener una visión de producto.

   III. Trabajar bien en equipo.

   IV. Planificar y organizar el trabajo del equipo.

   V. Pensamiento crítico.

a) II y IV son importantes; I, III y V no lo son.

b) I, III y V son importantes; II y IV no lo son.

c) I, II y V son importantes; III y IV no lo son.

d) III y IV son importantes; I, II y V no lo son. Seleccione una opción.

8. Pregunta 8 (1 Punto)

¿Cómo está presente el enfoque de equipo completo en las interacciones entre los probadores y los representantes comerciales?

a) Los representantes comerciales deciden los enfoques de automatización de pruebas.

b) Los evaluadores ayudan a los representantes comerciales a definir la estrategia de prueba.

c) Los representantes comerciales no forman parte del enfoque de equipo completo.

d) Los evaluadores ayudan a los representantes comerciales a crear pruebas de aceptación adecuadas.

Seleccione una opción.

9. Pregunta 9 (1 Punto)

¿Cuál de los siguientes es un ejemplo de por qué son necesarias las pruebas?

a) Las pruebas dinámicas aumentan la calidad al hacer que los objetos de prueba fallen de manera que los usuarios nunca podrían lograr.

b) Los desarrolladores utilizan las pruebas estáticas para identificar fallas en el código de su programa antes de lo que se puede lograr mediante pruebas dinámicas.

c) El análisis estático proporciona evidencia a los clientes de que los elementos del sistema que no proporcionan resultados son aptos para su lanzamiento.

d) Las revisiones aumentan la calidad de las especificaciones de requisitos y conducen a que se necesiten menos cambios en los productos de trabajo derivados.

Seleccione una opción.

10. Pregunta 10 (1 Punto)

¿Cuál de las siguientes afirmaciones sobre garantía de calidad (QA) y/o control de calidad (QC) es correcta?

a) El control de calidad se realiza como parte de las pruebas.

b) La prueba se realiza como parte del control de calidad.

c) Pruebas es otro término para el control de calidad.

d) Las pruebas se realizan como parte del aseguramiento de calidad.

Seleccione una opción.

2.8 RESULTADOS DEL EXAMEN MÓDULO 1

1. Pregunta 1 (1 Punto)

Solución

c) *Es correcto. Las pruebas encuentran defectos y fallas, lo que reduce el nivel de riesgo y al mismo tiempo brinda más confianza en el nivel de calidad del objeto de prueba.*

Mirar sección 2.1.1.

2. Pregunta 2 (1 Punto)

Solución

a) *Es correcto. Es importante que los evaluadores participen desde el comienzo del ciclo de vida de desarrollo de software (SDLC). Aumentará la comprensión de las decisiones de diseño y detectará defectos tempranamente.*

Mirar sección 2.2.1.

3. Pregunta 3 (1 Punto)

Solución

a) *Es correcto. Este principio significa que, si las mismas pruebas se repiten una y otra vez, eventualmente estas pruebas ya no encuentran ningún defecto nuevo. Probablemente esta sea la razón por la que todas las pruebas también pasaron en esta versión.*

Mirar sección 2.3.1.

4. Pregunta 4 (1 punto)

Solución

b) *Es correcto. Este es un ejemplo de definición de condiciones de prueba que forma parte del análisis de prueba.*

Mirar sección 2.4.1.

5. Pregunta 5 (1 Punto)

Solución

I. *Es verdad. El SDLC influye en el proceso de prueba.*

II. *Es falso. El número de defectos detectados en proyectos anteriores puede tener alguna influencia, pero no es tan significativo como I, III y IV.*

III. *Es verdad. Los riesgos identificados del producto son uno de los factores más importantes que influyen en el proceso de prueba.*

IV. *Es verdad. Los requisitos reglamentarios son factores importantes que influyen en el proceso de prueba.*

V. *Es falso. El entorno de prueba no tiene una influencia significativa en el proceso de prueba.*

Así que:

b) *Es correcto.*

Mirar sección 2.4.2.

6. Pregunta 6 (1 Punto)

Solución

a) *Es correcto. Esto lo hacen los evaluadores.*

e) *Es correcto. Esto lo hacen los probadores.*

Mirar sección 2.4.5.

7. Pregunta 7 (1 Punto)

Solución

I. *Es verdad. Tener conocimiento del dominio es una habilidad importante del evaluador.*

II. *Es falso. Esta es una tarea del analista de negocios junto con el representante comercial.*

III. *Es verdad. Ser un buen jugador de equipo es una habilidad importante.*

IV. *Es falso. Planificar y organizar el trabajo del equipo es tarea del responsable de pruebas o, sobre todo en un proyecto de desarrollo de software ágil, de todo el equipo y no sólo del tester.*

V. *Es cierto. El pensamiento crítico es una de las habilidades más importantes de los evaluadores.*

Así que:

b) *Es correcto.*

Mirar sección 2.5.1.

8. Pregunta 8 (1 Punto)

Solución

d) *Es correcto. Los evaluadores trabajarán en estrecha colaboración con representantes comerciales para garantizar que se alcancen los niveles de calidad deseados. Esto incluye apoyarlos y colaborar con ellos para ayudarlos a crear pruebas de aceptación adecuadas.*

Mirar sección 2.5.2.

9. Pregunta 9 (1 Punto)

Solución

d) *Es correcto. Las revisiones son una forma de prueba estática que se puede aplicar desde el inicio del ciclo de vida del desarrollo de software y se utilizan para encontrar defectos que se pueden eliminar antes de que las actividades de desarrollo posteriores desperdicien esfuerzos en requisitos defectuosos. Si los defectos no se detectan y eliminan a tiempo, cuando se encuentre el defecto, los productos derivados del trabajo, como el diseño y el código, deberán cambiarse, ya que se basaron en requisitos defectuosos.*

Mirar sección 2.2.1.

10. Pregunta 10 (1 Punto)

Solución

b) *Es correcto. La afirmación "Las pruebas se realizan como parte del control de calidad" es correcta porque el control de calidad tiene como objetivo lograr niveles apropiados de calidad centrándose en identificar y corregir los defectos del producto. Las pruebas son una parte importante del control de calidad y ayudan a descubrir estos defectos.*

Mirar sección 2.2.2.

3

MÓDULO 2 DE ISQTB FOUNDATION. PRUEBAS A LO LARGO DEL CICLO DE DESARROLLO DE SOFTWARE

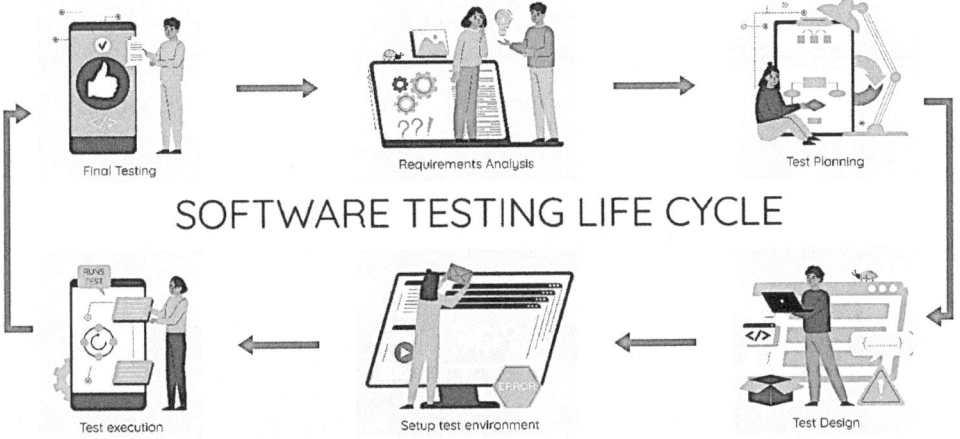

3.1 PRUEBAS EN EL CONTEXTO DE UN CICLO DE VIDA DE DESARROLLO DE SOFTWARE

Un modelo de ciclo de vida de desarrollo de software (**SDLC**) es una representación abstracta y de alto nivel del proceso de desarrollo de software.

Un modelo de **SDLC** define las fases de desarrollo y las actividades dentro de cada fase además de la forma en cómo es la relación tanto en la forma como en el tiempo.

Los modelos **SDLC** pueden ser los siguientes:

Secuencial

Es un flujo lineal de actividades de desarrollo; cada fase tiene que empezar cuando la anterior ha terminado.

*Ejemplos que son modelos en **cascada o en V.***

*El **modelo en cascada** las fases están bien definidas y son las siguiente:*

- ▼ *Obtención de requerimientos.*
- ▼ *Diseño de requerimientos.*
- ▼ *Codificación.*
- ▼ *Pruebas.*
- ▼ *Operativa o fase de despliegue.*

Cada fase empieza cuando termina la anterior y las pruebas se realizan después de la codificación completa del software.

*Mientras que el **modelo en V** en cada fase del proceso del desarrollo tiene asociado una actividad de prueba o testing.*

Abajo os dejo una imagen que explica muy bien las pruebas en el modelo en V.

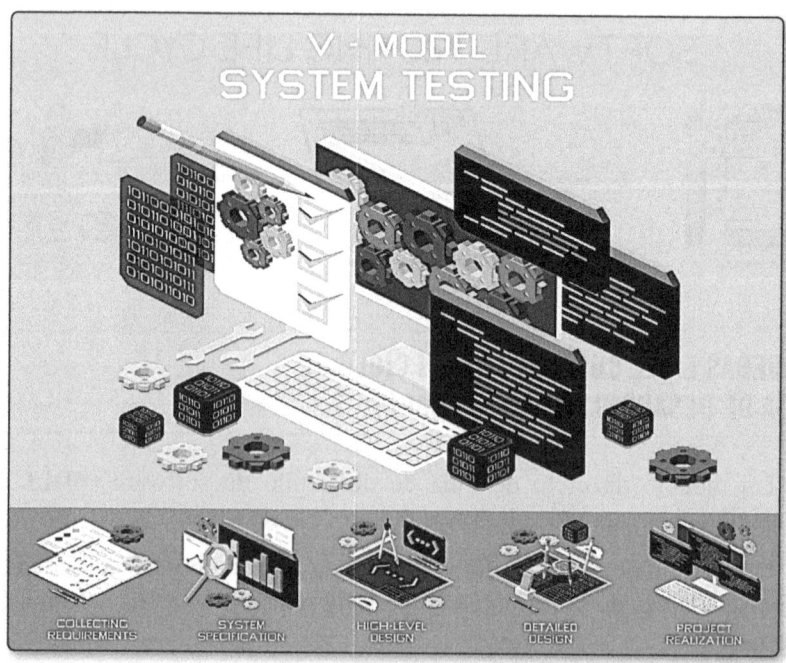

Iterativo

Es un modelo recurrente y dos ejemplos son **modelo en espiral** y **prototipado.** El **modelo en espiral** es una mezcla entre el modelo secuencial y el iterativo. Tiene 4 fases:

- ⊮ Determinar los objetivos.
- ⊮ Analizar los riesgos.
- ⊮ Desarrollar lo más riesgoso incluido las pruebas.
- ⊮ Hacer una evaluación y planificación de la siguiente etapa.

Estas 4 etapas están dentro de un ciclo donde en cada iteración se repiten estas etapas, el software se va construyendo en función del riesgo, en la primera iteración lo que más riesgo tiene y luego en las siguiente lo que más riesgo tiene de lo que queda.

El **modelo prototipado** se construye un prototipo de manera rápida en donde se lo mostramos al cliente para que nos dé **feedback** y lo vamos mejorando a medida que el cliente nos va dando continuos **feedback**.

Incremental

En este modelo se van añadiendo funciones una a una, un ejemplo es **RUP** o proceso de desarrollo unificado en español.

En este modelo vamos añadiendo funciones, pero se van añadiendo en función de su importancia para el cliente o para el sector en el que estamos.

Por ejemplo, en una tienda virtual lo más importante sería el registro y el login para el rol de cliente y para el rol de administrador poder agregar productos con todas sus características.

Iterativo e incremental

Analiza, diseña, construye y prueba software en cada incremento funcional que se haga.

La aplicación se va creando en cada iteración y en esa iteración se realizan una serie de historias de usuario que van a aportar valor a las partes interesadas y el software que se entrega es totalmente funcional y con un estándar de calidad.

Estos modelos son muy flexibles para introducir cambios. Ejemplos de estos modelos serian **Scrum**, **Kanban** y **XP**.

Marcos de trabajos ágiles

Aparte de modelos de desarrollo podemos hablar de **Scrum, Kanban, XP, Lean IT** de los que ya hablamos excepto **Lean IT**.

Lean IT es la extensión y adaptación de Lean Manufacturing (modelo de gestión ampliamente utilizado en procesos industriales) a entornos TI. **Lean IT** representa la aplicación de los principios Lean en el entorno de las TIC, una forma de entender la gestión cuya idea principal es maximizar el valor para el cliente.

Lean tiene como objetivo principal buscar una mayor satisfacción de los clientes empleando el menor número de recursos posibles y eliminando todo aquello que no aporta valor.

Prácticas ágiles

Vamos a nombrar 6 prácticas ágiles que se utilizan hoy en día mucho pero solo quiero que te quedes con los nombres, posteriormente profundizaremos en estas prácticas ágiles.

- **ATDD**. Desarrollo basado en pruebas de aceptación. Hablaremos más adelante.

- **TDD**. Desarrollo guiado por pruebas. Hablaremos más adelante.

- **BDD**. Desarrollo basado en comportamiento. Hablaremos más adelante.

- **DDD**. Diseño basado en dominio. Se basa en capturar las reglas fundamentales del sector o dominio, por ejemplo, las tiendas virtuales tienen entidades fundamentales como clientes, pedidos, productos y se va creando las funcionalidades más habituales de esas entidades como login de cliente, registro de cliente, gestión de datos personales de cliente, etc.

- **FDD**. Desarrollo orientado a características. Se centra en entregar funcionalidades o características determinadas que son importantes para las partes interesadas.

3.1.1 Impacto del ciclo de vida del desarrollo de software en las pruebas (Comprender)

Las pruebas deben adaptarse al ciclo de vida de desarrollo de software o **SDLC** si quieren tener éxito. La elección de **SDLC** puede afectar en las siguientes características de las pruebas:

▸ Afecta al alcance de las pruebas y a la secuencia de las actividades de las pruebas, de hecho, tiene impacto en los niveles de prueba y tipos de prueba.

▸ Afecta al nivel de detalle de la documentación de las pruebas.

▸ Afecta a la elección de técnicas de prueba y enfoque de pruebas.

▸ Afecta al alcance de la automatización de pruebas.

▸ Afecta al rol y responsabilidades de un probador.

En los modelos de desarrollo secuencial, en las fases iniciales, los probadores revisan requisitos, análisis de prueba y diseño de pruebas.

Las pruebas dinámicas no se realizan al principio porque la codificación que es la fase donde se crea el código ejecutable se crea en las fases finales.

En los modelos de desarrollo iterativo e incremental, que es lo que se llama modelos ágiles, en cada iteración se entrega un incremento de producto al que se le realizan pruebas estáticas y dinámicas en todos los niveles de pruebas.

En estos modelos se necesita **feedback continuo** del cliente y realizar pruebas de regresión continuadas.

Estos modelos están preparados para cambios continuos en el proyecto por eso la documentación del producto de trabajo es ligera y se automatizan todas las pruebas, siempre que sea necesario, para poder realizar pruebas de regresión rápidamente.

La mayoría de las veces las pruebas manuales en los modelos iterativos e incrementales se realizan basándose en la experiencia.

3.1.2 Ciclo de vida del desarrollo de software y buenas prácticas de prueba (Recordar)

Las buenas prácticas de prueba son independientes del ciclo de vida de desarrollo de software y son las siguientes:

▸ Para cada actividad de desarrollo de software, hay una actividad de prueba.

▸ Los diferentes niveles de prueba tienen objetivos específicos y diferentes.

▸ El análisis y diseño de la prueba para un nivel de prueba determinado comienza durante la fase de desarrollo del SDLC.

▸ Los probadores participan en la revisión de los productos de trabajo tan pronto como se dispone de un borrador.

3.1.3 Pruebas como una guía para el desarrollo de software (Recordar)

TDD, **BDD** y **ATDD** son enfoques de desarrollo donde las pruebas dirigen el desarrollo; estos enfoques se basan en el principio de pruebas tempranas y siguen el enfoque de desplazamiento a la izquierda ya que las pruebas se escriben antes de escribir el código fuente y se utilizan en modelos de desarrollos iterativos.

TDD o desarrollo guiado por pruebas

La codificación se basa en los casos de prueba donde el caso de prueba se escribe primero, luego el código se crea para superar las pruebas y por último el código se refactoriza para **optimizarlo,** pero sin cambiar su comportamiento.

Podéis encontrar ejemplos en mi libro **Scrum. Teoría implementación práctica** en el tema 10.

ATDD o desarrollo guiado por pruebas de aceptación

Las pruebas se realizan basándose en los criterios de aceptación como parte del diseño del sistema; las pruebas se escriben antes que se desarrolle el software.

Su ciclo es el siguiente:

1. Se discute la historia de usuario y se crean los criterios de aceptación.

2. Se crean los casos de prueba para probar esos criterios de aceptación.

3. Se crea el código que supera esos casos de prueba y por lo tanto cumple los criterios de aceptación y por lo tanto esa historia de usuario debería ser aceptada por el cliente porque cumple con todos sus requisitos y satisfacer sus necesidades además que cumple con el criterio de **DOD** o definición de hecho o terminado de una historia de usuario.

4. Se muestra la demo a las partes interesadas para confirmar que cumple las necesidades del cliente.

*Puedes encontrar ejemplos de **ATDD** y su diferencia con **BDD** y **TDD** muy completo en el siguiente artículo de LinkedIn https://www.linkedin.com/pulse/tdd-vs-bdd-atdd-servicios-de-informatica-profesion/*

BDD o desarrollo guiado por comportamiento

Expresa el comportamiento deseado de una aplicación con casos de prueba escritos en un lenguaje natural que se puede entender por cualquier persona que es el lenguaje Gherkin, un lenguaje que tiene la estructura Give/When/Then.

Los casos de prueba luego son automatizados con algún framework de automatización como puede ser **Selenium.**

Un ejemplo de caso de prueba creado con Gherkin sería:

Give un usuario de una tienda online
When se loguea con un usuario y contraseña correctos
Then accede a la página de inicio de su cuenta de usuario

Puedes encontrar ejemplos de esto en mi libro **Scrum. Teoría implementación práctica** en el tema 11 de automatización de pruebas.

3.1.4 DevOps y pruebas (Comprender)

DevOps es un enfoque organizacional que tiene como objetivo principal crear una sinergia para que probadores y desarrollares trabajen con el equipo de operaciones de una manera conjunta para mejorar la eficacia y logar unos objetivos comunes.

DevOps necesita que la empresa tenga un cambio cultural para poder implementar correctamente este enfoque.

DevOps se basa en 5 características:

- Autonomía de equipo.
- Retroalimentación rápida.
- Integración de herramientas.
- Integración continua.
- Entrega continua.

Estas características permiten que se entregue código de alta calidad rápido mediante un canal de **pipeline** de entrega de **DevOps.**

Los beneficios del **DevOps** son:

- Retroalimentación rápida sobre la calidad y los cambios realizados.

- La integración continua promueve un enfoque de desplazamiento a la izquierda.

- Promueve procesos automatizados como entrega e integración continuas.

- Da más importancia a características de calidad no funcionales como rendimiento, usabilidad y seguridad.

- La automatización a través de un canal reduce la necesidad de pruebas manuales.

- Se reduce el riesgo en las regresiones porque permite pruebas de regresión automatizadas más grandes.

Las desventajas de **DevOps** son:

- El canal de DevOps o **pipeline** debe estar creado y configurado.

- Las herramientas de integración y entregas continuas deben mantenerse (herramientas como **Jenkins** o **Bamboo**).

- La automatización de pruebas necesita recursos aparte y además debe ser creada y mantenida.

Las pruebas manuales siguen siendo necesarias, aunque se utilice un enfoque DevOps eso es algo que debe mantenerse.

3.1.5 Enfoque de desplazamiento hacia la izquierda (Comprender)

El enfoque de desplazamiento a la izquierda se basa en el **principio de pruebas tempranas** que se basa en que se hagan pruebas al principio del ciclo de vida de desarrollo de software antes de tener el código creado pero el resto de las pruebas son igual de importantes.

Las buenas prácticas que ayudan a tener un **desplazamiento a la izquierda** son las siguientes:

- Revisar las especificaciones de usuario para encontrar ambigüedades o inconsistencias.

- Escribir casos de prueba antes de escribir el código.

▶ Utilizar entrega e integración continua cuando se sube el código al repositorio.

▶ Realizar el análisis estático del código fuente antes de las pruebas dinámicas.

▶ Realizar pruebas no funcionales en el nivel de pruebas de componente.

Este enfoque de desplazamiento a la izquierda genera un costo extra al principio, pero luego más adelante en el **SDLC** se espera que se ahorren costes.

3.1.6 Retrospectivas y mejora de procesos (Comprender)

Las retrospectivas son reuniones que se llevan a cabo cuando termina un proyecto o iteración, también algunas veces cuando ocurre un lanzamiento de un release o en cualquier momento que sea necesario.

El momento de la retrospectiva depende del ciclo de vida del desarrollo de software y en estas reuniones los participantes (probadores, desarrolladores, analistas del negocio, propietarios del producto, etc.) discuten alrededor de tres preguntas:

▶ ¿Qué fue exitoso y qué debe mantener?

▶ ¿Qué es lo que no ha tenido éxito y se puede mejorar?

▶ ¿Cómo incorporar las mejoras y retener los éxitos en el futuro?

Los resultados deben registrarse y suelen formar parte del **informe de finalización** de las pruebas realizadas en un hito importante.

Las **reuniones de retrospectiva** son muy importantes para aplicar la mejora continua y es importante que se haga un seguimiento de las mejoras recomendadas y se analice en la siguiente reunión si se implementaron esas mejoras o no.

Los beneficios de estas **reuniones de retrospectiva** son:

▶ Aumento de la eficacia de las pruebas.

▶ Mayor calidad del testware.

▶ Vinculación mayor del equipo y aprendizaje conjunto del equipo.

▶ Mejora de la calidad de la base de prueba.

▶ Mejora la cooperación entre los desarrolladores y los probadores.

Recuerda, el **testware** son todos los productos de salida de las actividades de prueba que ya vimos en la sección 1.4.1 y la **base de prueba** es lo que utilizamos como entrada para analizar que se va a probar.

3.2 NIVELES DE PRUEBA Y TIPOS DE PRUEBA

Hay distintos niveles de prueba y cada nivel de prueba es un proceso de prueba que se aplica en una fase del ciclo de vida de desarrollo de un software.

Los niveles de prueba dependen del **SDLC** por lo que en un **SLDC** secuencial los criterios de salida de un nivel secuencial son parte de los criterios de entrada para el siguiente nivel, pero esto puede que no ocurra en modelos secuenciales.

Los tipos de prueba son grupos de actividades de prueba que están relacionados con características de calidad específicas y la mayoría de esas actividades de prueba se pueden realizar en todos los niveles de prueba.

Es decir, las pruebas de rendimiento o las pruebas de seguridad por ejemplo son tipos de prueba y podrían realizarse en todos los niveles de prueba que vamos a ver en la siguiente sección.

3.2.1 Niveles de prueba (Comprender)

Existen 5 niveles, según **ISTQB**, en este nivel que son los siguientes:

Pruebas de componente o unitarias

Se les llama pruebas unitarias y se centran en componentes de manera aislada. La suelen hacer los desarrolladores, pero últimamente los expertos en testing empiezan a realizar estas tareas.

Pruebas de integración de componentes

Se le llama también pruebas de integración y se basa en probar las interfaces y la integración de las interfaces, básicamente es ver que estas interfaces las entradas y las salidas son correctas y que se comunican bien con otras interfaces. Estas pruebas dependen mucho de las estrategias de integración de *arriba a abajo* o de *abajo a arriba*.

Pruebas de integración de sistemas

Básicamente se centran en probar las interfaces del sistema y las interfaces de otros sistemas y servicios externos. Esta prueba necesita de un entorno parecido al de producción u operativo.

Pruebas de aceptación

Se centran en la validación y que el sistema satisfaga las necesidades comerciales del usuario, las pruebas de aceptación las suelen realizar los usuarios finales.

Los distintos tipos de pruebas de aceptación son las siguientes:

- **Pruebas de aceptación de usuario (UAT).** Son aquellas en que un usuario final valida que el sistema cumple con las necesidades comerciales y expectativas del sistema.

- **Pruebas de aceptación contractuales.** Son pruebas que las hacen aquellos probadores que no formaron parte del proyecto y que suelen ser de una empresa externa.

- **Pruebas de aceptación normativas o regulatorias.** Son aquellas pruebas de aceptación que las suele hacer una empresa externa especializada en la norma o regulación externa como puede ser la **ISO 9001** y verifica si el sistema cumple con esa norma.

- **Pruebas alfa.** Son pruebas de aceptación guiadas donde el usuario prueba el sistema en un entorno controlado y guiado.

- **Pruebas beta.** Son pruebas realizadas por el usuario sin estar en un entorno controlado ni guiado, suele ser un software que es descargado desde la web de la empresa por clientes potenciales para que lo pruebe en su dispositivo y haga las operaciones que quiera sin ningún control. Suele ser lo que hacen grandes corporaciones como **Microsoft** con su **Office**, **Google**, **Apple** con sus productos nuevos y otras empresas más pequeñas.

Los niveles de prueba tienen los siguientes atributos de prueba:

- Objeto de prueba.

- Objetivos de la prueba.

- Base de la prueba.

- Defectos y fallas.

- Enfoque y responsabilidades.

La explicación de los tipos de niveles de prueba cubre los atributos de objeto y objetivos de la prueba, para los otros dos voy a poner 3 ejemplos para cada nivel de prueba.

En las **pruebas de componente**:

- **Base de la prueba**: código, estructura de base de datos y especificación de componentes.

- **Defectos y fallas**: funcionamiento incorrecto, problemas de flujo de datos y código incorrecto.

En las **pruebas de integración de componentes**:

- **Base de la prueba**: diagrama de secuencia, caso de uso, especificación de interfaz.

- **Defectos y fallas**: estructuras de mensaje incorrecto, fallas de comunicación entre componentes y datos faltantes.

En las **pruebas de sistema**:

- **Base de prueba**: especificaciones de requisitos del sistema, historias de usuario, manuales de usuario.

- **Defectos y fallas**: flujo de datos incorrectos dentro del sistema, comportamientos funcionales o no funcionales incorrectos, cálculos incorrectos.

En las **pruebas de aceptación**:

- **Base de prueba**: requisitos de negocio, normativas o contratos o estándares, procedimientos de instalación o copia de seguridad.

Las pruebas de integración de sistemas no las trato porque no creo que entren en el examen.

3.2.2 Tipos de prueba (Comprender)

A grandes rasgos podemos hablar de 4 tipos de **pruebas funcionales, no funcionales, de caja negra** y de **caja blanca**.

Las **pruebas funcionales** evalúan las funciones que un componente o sistema deben realizar. El objetivo de las **pruebas funcionales** es que todas las funciones estén en el sistema y que se realizan como se espera y que pertenezcan al grupo de funcionales que le corresponda.

¿Pero qué es una función?, es lo que debe hacer el objeto de prueba o lo que vas a probar.

Un ejemplo, supongamos que la función de login de una tienda virtual debe enviar al usuario registrado cuando inicia sesión correctamente a su página de llegada, eso es lo que debe hacer el objeto de prueba que es la función de login, si no hace eso entonces habrá que registrar un defecto en el sistema indicando el resultado real y el resultado esperado.

Las **pruebas no funcionales** se basan en probar atributos distintos a las pruebas funcionales, son pruebas que miran como de bien se comporta el sistema.

El objetivo de las **pruebas no funcionales** es probar características de calidad de software no funcionales que según la norma **ISO/IEC 25010** son las siguientes características:

- ▶ **Rendimiento.** Mira la eficiencia del sistema a la hora de realizar las funciones.

- ▶ **Compatibilidad.** Examinan el software en distintos dispositivos, hardware y firmware para asegurarse de que cumple las expectativas del equipo. Por ejemplo, en smartphones, tablets, portátiles, TV de distintas marcas como de Samsung, Apple, etc.

- ▶ **Usabilidad.** Son una técnica de evaluación en la que los usuarios interactúan con un producto, sistema, sitio web o servicio y se observa su comportamiento. Se utilizan para identificar problemas de usabilidad y mejorar la experiencia del usuario basándose en si es fácil de usar, de aprender y su diseño es intuitivo.

▶ **Fiabilidad**. El grado de ausencia de fallos durante la utilización del producto software.

▶ **Seguridad**. Si el sistema cumple con los tres principios fundamentales de la seguridad, la confidencialidad, la integridad y la disponibilidad. También en el enfoque nacional de seguridad se habla de trazabilidad y autenticación.

▶ **Mantenimiento**. Evalúan la facilidad de modificar, actualizar y arreglar un sistema de software. Es un aspecto importante de la calidad y fiabilidad del software, ya que afecta al coste y al esfuerzo de mantenimiento del sistema a lo largo de su ciclo de vida.

▶ **Portabilidad.** Son pruebas que evalúan la capacidad del software para funcionar en distintas plataformas por ejemplo Windows, Linux o MacOS.

Las **pruebas no funcionales** cuanto antes se realicen mejor, realizándolas con pruebas de componente, pruebas de sistema o en revisiones.

Por ejemplo, supongamos que se están realizando los componentes, pues aparte de hacer pruebas de mantenimiento, pruebas de rendimiento y de seguridad deberían hacer las pruebas de rendimiento en los componentes.

En las pruebas de sistema se pueden hacer pruebas de rendimiento, pruebas de seguridad, pruebas de portabilidad, pruebas de compatibilidad, pruebas de usabilidad y de fiabilidad.

En las revisiones, poder probar la seguridad y la mantenibilidad del objetivo de prueba.

Las **pruebas no funcionales** derivan de las funcionales porque realmente se prueban las funciones, pero teniendo en cuenta características no funcionales como el tiempo de respuesta de la aplicación o si funciona igual la función en un sistema operativo Windows que Linux.

Estas **pruebas no funcionales** son muy importantes porque muchas veces determinan la satisfacción del cliente que no solo quiere que se haga la función sino rápido, sin fallos ocasionales y en cualquier dispositivo y plataforma.

Estas **pruebas no funcionales** como de seguridad, usabilidad o rendimiento suelen necesitar entornos específicos para esas pruebas.

La prueba de caja negra tiene el objetivo principal de comprobar el comportamiento del sistema contra las especificaciones.

Las pruebas de caja blanca se basan en la estructura interna del sistema (código, arquitectura del sistema flujo de trabajo y flujo de datos). Su objetivo principal es probar la estructura interna del sistema.

Las pruebas funcionales, no funcionales, de caja blanca y caja negra se pueden utilizar en todos los niveles de prueba, pero con enfoques diferentes en cada nivel.

Para saber más sobre pruebas funcionales y no funcionales puedes ir al tema 3 de mi libro **Scrum. Teoría e implementación práctica** *donde hay ejemplos prácticos e incluso una práctica con* **JMeter,** *una de las herramientas para pruebas de rendimiento más utilizadas y además gratuita.*

3.2.3 Pruebas de confirmación y pruebas de regresión (Comprender)

Cuando se realizan cambios en un componente o sistema suele ser para agregar una nueva función o para solucionar un defecto.

Estos cambios deben llevar asociados dos pruebas, las pruebas de regresión y las pruebas de confirmación.

Las pruebas de confirmación confirman que un defecto se ha solucionado con éxito.

Cuando se encuentra un defecto y se soluciona debería ejecutarse todos los casos de prueba que fallaban con ese defecto para ver si ya no fallan o agregar nuevos casos de prueba para cubrir cualquier cambio que sea necesario para corregir el defecto.

Las pruebas de regresión confirman que no se ha generado consecuencias adversas por el cambio, defectos o fallas, teniendo en cuenta los cambios que se han realizado también para corregir un defecto o falla.

Estas consecuencias pueden afectar al componente donde se realizó el cambio, a otro componente del sistema o un sistema **asociado.**

Hay que realizar un análisis de impacto para optimizar el alcance las pruebas de regresión.

El análisis de impacto muestra qué partes del software podrían verse afectadas por un cambio.

Las pruebas de regresión deberían automatizarse porque se ejecutan muchas veces y en cada nueva iteración qué casos de prueba se agregan a la regresión.

La automatización de estas pruebas debería empezar de manera temprana en el proyecto y si se utiliza integración continua y DevOps la automatización es fundamental.

Las pruebas de regresión deberían realizarse en los diferentes niveles de prueba como en pruebas de componentes o de sistema.

*Las pruebas de regresión suelen automatizarse muy habitualmente con **DevOps** y metodologías ágiles como **Scrum**. Si quieres saber más sobre las metodologías ágiles, **DevOps** y la automatización de pruebas con herramientas como **Selenium**, **Cypress** o **Katalon** en los temas 11 y 14 de mi libro **Scrum. Teoría e implementación práctica** trato estos temas y hay ejemplos prácticos.*

3.3 PRUEBAS DE MANTENIMIENTO (COMPRENDER)

Las pruebas de mantenimiento pueden ser correctivas, adaptativas o enfocadas a mejorar el rendimiento.

El mantenimiento puede estar asociado a despliegues planificados o no planificados (correcciones en caliente).

El análisis de impacto se tiene que realizar siempre antes de realizar un cambio para decidir si se va a realizar o no, en función del impacto que tendrá en otras áreas del sistema.

Cuando se hace un cambio en producción hay que asegurarse que el cambio fue un éxito y realizar pruebas de regresión en aquellas partes afectadas para saber si generó consecuencias negativas.

El alcance las pruebas de mantenimiento depende de tres cosas:

- El grado de riesgo del cambio.
- El tamaño del sistema existente.
- El tamaño del cambio.

Las pruebas de mantenimiento se tienen que realizar cuando ocurren los siguientes cambios:

Modificaciones por mejoras planificadas, cambios correctivos o correcciones en caliente.

Actualizaciones o migraciones del entorno operativo, como de una plataforma a otra (de Windows a Linux) o migraciones de datos de un sistema al sistema actual.

Retiro de una aplicación cuando llega al final de su vida útil. Pruebas de archivado si se necesita largos periodos de retención de datos al retirar el sistema.

Esto ocurre cuando hay un sistema con muchos datos antiguos, supongamos una aplicación de sanidad o de derecho con muchos datos personales que hay que guardar, a esto se le llama **data archiving.**

Data archiving es la recolección de datos antiguos y su traslado a una ubicación segura, en caso de necesitar una investigación posterior. Archivar datos no es lo mismo que los backups o copias de seguridad. En el archivado, los datos se trasladan para liberar recursos de almacenamiento y al hacer esto hay que hacer pruebas de archivado para verificar que se trasladan al nuevo sistema correctamente sin corromperse o si se guardan en otro lugar diferente y ver que no se pierden esos datos.

*Como ejemplo habría que decir que las pruebas de mantenibilidad se pueden realizar en varias etapas del ciclo de vida del desarrollo de software, como durante la **fase de diseño**, donde se pueden utilizar técnicas como **revisiones de diseño y patrones de diseño** para garantizar una arquitectura clara, modular y coherente; o durante la **fase de codificación**, donde se pueden utilizar técnicas como **revisiones de código y estándares de código** para garantizar un código limpio y coherente.*

Además, durante la fase de pruebas, se puede utilizar la automatización de pruebas y el desarrollo basado en pruebas para garantizar un conjunto de pruebas completo y fiable. Durante la fase de implementación, se puede implementar la integración y la entrega continuas para garantizar un proceso de implementación rápido y seguro. Finalmente, durante la fase de mantenimiento, se puede emplear el seguimiento de errores y la recopilación de comentarios para garantizar un proceso de mantenimiento receptivo.

3.4 GLOSARIO DE MÓDULO 2

- ▸ **Pruebas de aceptación.** Pruebas para verificar si el sistema satisface al cliente.

- ▸ **Pruebas de caja negra.** Se hacen pruebas sin tener conocimiento del código fuente ni sus características internas.

- ▸ **Prueba de caja blanca.** Se parte la estructura del negocio interna para realizar las pruebas.

- ▸ **Pruebas de componente.** Verificamos que cada componente funciona de manera individual.

- ▸ **Pruebas de integración.** Probamos que los componentes se pueden comunicar bien entre ellos.

- ▸ **Pruebas del sistema.** Probamos que se realizan correctamente los flujos de trabajo del sistema.

- ▸ **Pruebas de integración de sistemas.** Probamos que la comunicación entre distintos sistemas es correcta.

- ▸ **Pruebas de confirmación.** Son pruebas para confirmar que el defecto que encontró un probador se solucionó.

- ▸ **Pruebas funcionales.** Comprobar que el sistema realiza lo que tiene que hacer.

- ▸ **Pruebas no funcionales.** Prueba cómo se comporta el sistema.

- ▸ **Pruebas de mantenimiento.** Son pruebas que se realizan para verificar que los cambios y actualizaciones del sistema han sido correctos.

- ▸ **Pruebas de regresión.** Son pruebas para verificar que los cambios en el sistema no han generado defectos.

- ▸ **Desplazamiento a la izquierda.** Se hacen las pruebas lo antes posible en el ciclo de desarrollo de software para prevenir defectos.

▶ **Niveles de prueba.** Son las pruebas realizadas en las distintas etapas del desarrollo de software de un proyecto.

▶ **Objeto de prueba.** El objeto sobre el que se va a realizar una prueba.

▶ **Tipos de pruebas.** Son las 4 formas de hacer las pruebas de que habla **ISTQB**.

3.5 EXAMEN DEL MÓDULO 2 DE ISTQB

Haz este examen sin mirar las respuestas y sin mirar el contenido del libro porque el objetivo es que aprendas todo lo que necesitas saber para aprobar el certificado **ISTQB Certified Tester Foundation level 4.0** y con estas preguntas sabrás si entendiste todo y te acuerdas; tienes que acertar 6 de 10 para aprobar este examen del módulo 2.

1. Pregunta 1 (1 Punto)

¿Cuál de las siguientes afirmaciones sobre el ciclo de vida de desarrollo de software elegido es correcta?

a) Si se utiliza el desarrollo de software ágil, la automatización de pruebas del sistema reemplaza la necesidad de pruebas de regresión.

b) Si se utiliza un modelo de desarrollo secuencial, entonces las pruebas dinámicas generalmente se restringen a una etapa posterior del ciclo de vida.

c) Si se utiliza un modelo de desarrollo iterativo, los desarrolladores suelen realizar las pruebas de componentes manualmente.

d) Si se utiliza un modelo de desarrollo incremental, entonces las pruebas estáticas se realizan en incrementos iniciales y las pruebas dinámicas en incrementos posteriores.

Seleccione una opción.

2. Pregunta 2 (1 Punto)

¿Cuál de las siguientes es una buena práctica de prueba que se aplica a todos los ciclos de vida de desarrollo de software?

a) Los evaluadores deben revisar los productos de trabajo como parte de la siguiente fase de desarrollo.

b) Los evaluadores deben revisar los productos de trabajo tan pronto como los borradores estén disponibles.

c) Los evaluadores deben revisar los productos del trabajo antes de que comience el análisis y el diseño de las pruebas.

d) Los evaluadores deben revisar los productos de trabajo inmediatamente después de su publicación.

Seleccione una opción.

3. Pregunta 3 (1 Punto)

¿Cuál de los siguientes es un ejemplo de un enfoque de desarrollo basado en las pruebas primero?

a) Desarrollo basado en pruebas.

b) Desarrollo impulsado por la cobertura.

c) Desarrollo impulsado por la calidad.

d) Desarrollo impulsado por funciones.

Seleccione una opción.

4. Pregunta 4 (1 Punto)

¿Cuál de las siguientes afirmaciones sobre DevOps es correcta?

a) Para acelerar los lanzamientos, se utiliza la integración continua para alentar a los desarrolladores a enviar código rápidamente sin la necesidad de completar las pruebas de componentes.

b) Para poder actualizar y lanzar sistemas con más frecuencia, se requieren muchas pruebas de regresión automatizadas para reducir el peligro de regresión.

c) Para tratar a los desarrolladores y a las operaciones por igual, los evaluadores asignarán más esfuerzos para publicar las pruebas por parte de las operaciones utilizando un enfoque de desplazamiento hacia la derecha.

d) Para crear una mayor sinergia entre los evaluadores, los desarrolladores y las operaciones, las pruebas deben volverse completamente automatizadas sin pruebas manuales.

Seleccione una opción.

5. Pregunta 5 (1 Punto)

¿Cuál de las siguientes acciones es más probable que se realice como parte de las pruebas del sistema?

a) Pruebas de seguridad de un sistema de gestión de crédito por parte de un equipo de pruebas independiente.

b) Probar la interfaz de un sistema de cambio de divisas con un sistema bancario externo.

c) Prueba beta de un sistema de aprendizaje remoto por parte de desarrolladores de cursos.

d) Probar las interacciones entre la interfaz de usuario y la base de datos de un sistema de recursos humanos.

Seleccione una opción.

6. Pregunta 6 (1 Punto)

¿Cuál de las siguientes afirmaciones es correcta?

a) Las pruebas de regresión aumentan en número a medida que avanza el proyecto, mientras que el número de pruebas de confirmación disminuye a medida que avanza el proyecto.

b) Las pruebas de regresión se crean y ejecutan cuando se repara el objeto de prueba, mientras que las pruebas de confirmación se ejecutan siempre que se mejora el objeto de prueba.

c) Las pruebas de regresión se ocupan de comprobar que el entorno operativo permanece sin cambios, mientras que las pruebas de confirmación se ocupan de probar los cambios en el objeto de prueba.

d) Las pruebas de regresión se ocupan de los efectos adversos en el código sin cambios, mientras que las pruebas de confirmación se ocupan de probar el código modificado.

Seleccione una opción.

7. Pregunta 7 (1 Punto)

Considere la siguiente regla: "para cada actividad del SDLC hay una actividad de prueba correspondiente". ¿En qué modelos SDLC se aplica esta regla?

a) Sólo en modelos SDLC secuenciales.

b) Sólo en modelos SDLC iterativos.

c) Sólo en modelos SDLC iterativos e incrementales.

d) En modelos SDLC secuenciales, incrementales e iterativos.

Seleccione una opción.

8. Pregunta 8 (1 Punto)

¿Cuál de las siguientes afirmaciones describe mejor el enfoque de desarrollo basado en pruebas de aceptación (ATDD)?

a) En ATDD, los criterios de aceptación generalmente se crean en función del formato dado/cuándo/entonces.

b) En ATDD, los casos de prueba se crean principalmente en las pruebas de componentes y están orientados al código.

c) En ATDD, las pruebas se crean en función de criterios de aceptación para impulsar el desarrollo del software relacionado.

d) En ATDD, las pruebas se basan en el comportamiento deseado del software, lo que facilita su comprensión por parte de los miembros del equipo.

Seleccione una opción.

9. Pregunta 9 (1 Punto)

¿Cuál de los siguientes no es un ejemplo del enfoque de desplazamiento a la izquierda?

a) Revisar los requisitos del usuario antes de que sean aceptados formalmente por las partes interesadas.

b) Escribir una prueba de componente antes de escribir el código correspondiente.

c) Ejecutar una prueba de eficiencia del rendimiento para un componente durante la prueba de componentes.

d) Escribir un script de prueba antes de configurar el proceso de gestión de la configuración.

Seleccione una opción.

10. Pregunta 10 (1 Punto)

¿Cuál de los siguientes argumentos utilizaría para convencer a su gerente de organizar retrospectivas al final de cada ciclo de lanzamiento?

a) Las retrospectivas son muy populares hoy en día y los clientes agradecerían que las agregáramos a nuestros procesos.

b) La organización de retrospectivas le ahorrará dinero a la organización porque los representantes de los usuarios finales no brindan comentarios inmediatos sobre el producto.

c) Las debilidades de los procesos identificadas durante la retrospectiva pueden analizarse y servir como una lista de tareas pendientes para el programa de mejora continua de los procesos de la organización.

d) Las retrospectivas abrazan cinco valores, incluido el coraje y el respeto, que son cruciales para mantener la mejora continua en la organización.

Seleccione una opción.

3.6 RESULTADOS DEL EXAMEN MÓDULO 2

1. Pregunta 1 (1 Punto)

Solución

b) *Es correcto. Si se utiliza un modelo de desarrollo secuencial, al principio del ciclo de vida no hay ningún código disponible para su ejecución, por lo que durante este tiempo se realizan pruebas estáticas (por ejemplo, revisiones). Más adelante en el ciclo de vida, cuando el código esté disponible para su ejecución, es posible realizar pruebas dinámicas. Sin embargo, tenga en cuenta que la preparación para las pruebas dinámicas a menudo ocurrirá temprano en cualquier ciclo de vida de desarrollo de software.*

Mirar sección 2.1.1.

2. Pregunta 2 (1 Punto)

Solución

b) *Es correcto. Los evaluadores deben revisar los productos de trabajo tan pronto como los borradores estén disponibles para permitir pruebas tempranas como parte de un enfoque de desplazamiento hacia la izquierda.*

Mirar sección 2.1.2.

3. Pregunta 3 (1 Punto)

Solución

a) *Es correcto. El desarrollo basado en pruebas (TDD) es un ejemplo bien conocido de un enfoque de desarrollo basado en las pruebas.*

Mirar sección 2.1.3.

4. Pregunta 4 (1 Punto)

Solución

b) *Es correcto. DevOps mejora las pruebas de varias maneras, como proporcionando comentarios rápidos sobre la calidad del código, pruebas de regresión automatizadas que minimizan el riesgo de regresión y promoviendo un enfoque de desplazamiento hacia la izquierda con envío de código y pruebas de componentes de alta calidad.*

Mirar sección 3.1.4.

5. Pregunta 5 (1 Punto)

Solución

a) *Es correcto. Las pruebas del sistema examinan el comportamiento y las capacidades del sistema completo y cubren pruebas no funcionales de características de calidad, que incluyen pruebas de seguridad. Este tipo de pruebas suele realizarlas un equipo de pruebas independiente en función de las especificaciones del sistema.*

Mirar 3.2.1.

6. Pregunta 6 (1 Punto)

Solución

d) *Es correcto. Las pruebas de regresión garantizan que los cambios no tengan efectos negativos en el software no modificado. Las pruebas de confirmación verifican que se haya solucionado un defecto y, por lo tanto, se ocupan del código modificado.*

Mirar sección 3.2.3.

7. Pregunta 7 (1 Punto)

Solución

    d) *Es correcto. Esta regla es válida para todos los modelos SDLC.*

Mirar sección 3.1.2.

8. Pregunta 8 (1 Punto)

Solución

    c) *Es correcta. En el desarrollo basado en pruebas de aceptación (ATDD), las pruebas se escriben a partir de criterios de aceptación como parte del proceso de diseño.*

Mirar sección 3.1.3.

9. Pregunta 9 (1 Punto)

Solución

    d) *Es correcto. Los scripts de prueba deben estar sujetos a la gestión de configuración, por lo que no tiene sentido crear los scripts de prueba antes de configurar este proceso.*

Mirar sección 3.1.5.

10. Pregunta 10 (1 Punto)

Solución

    c) *Es correcto. Las retrospectivas realizadas periódicamente, cuando se realizan actividades de seguimiento adecuadas, son fundamentales para la mejora continua del desarrollo y las pruebas.*

Mirar sección 3.1.6.

4

MÓDULO 3 DE ISQTB FOUNDATION. PRUEBAS ESTÁTICAS

4.1 CONCEPTOS BÁSICOS DE PRUEBAS ESTÁTICAS

A diferencia de las pruebas dinámicas en las pruebas estáticas no es necesario ejecutar el código bajo prueba. El código, la especificación de la arquitectura, otros productos de trabajo del proceso de desarrollo pueden sufrir una **revisión, que no es más que una revisión manual realizada por un probador, o también realizada por una herramienta, análisis estático**.

Una herramienta que realiza análisis estáticos es SonarQube. Los objetivos de las pruebas estáticas son los siguientes:

- Mejorar la calidad.
- Detectar defectos.
- Evaluar legibilidad.
- Evaluar completitud.
- Evaluar corrección.
- Evaluar comprobabilidad.
- Evaluar consistencia.

Las pruebas estáticas se pueden aplicar tanto para la validación como para la verificación.

Los probadores, representantes comerciales y desarrolladores trabajan juntos para que las historias de usuario y los productos de trabajo cumplan con criterios definidos.

La revisión se puede utilizar para que las historias de usuario sean completas, comprensibles y tengan criterios de aceptación comprobables.

El análisis estático puede identificar problemas mucho antes que las pruebas dinámicas y además requiere menos esfuerzo porque no se utilizan casos de prueba.

El análisis estático se utiliza con la integración continua y sirve para:

- Encontrar defectos de código.
- Comprobar el mantenimiento.
- Comprobar la seguridad.

Se suelen utilizar herramientas como **SonarQube** para realizar análisis estático.

4.1.1 Productos de trabajo evaluables mediante pruebas estáticas (Recordar)

Algunos de los productos de trabajo que se pueden examinar con las pruebas estáticas serian:

- ▶ Especificación de requisitos.

- ▶ Código fuente.

- ▶ Planes de prueba.

- ▶ Documentos.

- ▶ Contratos.

- ▶ Modelos.

- ▶ Items de la pila (backlog) del producto en un producto con desarrollo ágil.

Realmente cualquier producto de trabajo que se pueda comprender y leer puede ser objeto de una revisión.

Para poder realizar un análisis estático es necesario que el producto de trabajo tenga una estructura que se pueda comprobar (un modelo, código o sintaxis formal).

Por ejemplo, un código en un lenguaje tendrá una sintaxis que tendrá que ser comprobada por un entorno que valide si está correctamente utilizada.

Un modelo entidad-relación para definir una base de datos habrá que comprobar si está correctamente implementado.

Un ejemplo de productos que no son apropiados para las pruebas estáticas son aquellos que no son entendidos por los seres humanos o no pueden ser analizados por herramientas como el código ejecutable que no se puede analizar por cuestiones legales.

4.1.2 Valor de las pruebas estáticas (Comprender)

Una de las mejores cosas buenas que tienen las pruebas estáticas es que permiten detectar defectos en las primeras fases del ciclo de vida de desarrollo de software.

También las pruebas estáticas permiten detectar defectos que no se podrían detectar con pruebas dinámicas como los siguientes:

- ▶ Código inalcanzable (que nunca se ejecuta).

- ▶ Patrones de diseño no implementados correctamente.

- ▶ Defectos de productos de trabajo no ejecutables.

Las pruebas estáticas tienen los siguientes beneficios:

▸ Generan confianza en los productos de trabajo.

▸ Permiten asegurarse de que los requisitos documentados cumplen las necesidades reales de las partes interesadas.

▸ Se mejora la comunicación con las partes interesadas, involucrando todo tipo de roles de las partes interesadas en las pruebas estáticas.

▸ Las revisiones generan menos costes en los proyectos al tardar menos tiempo en resolver defectos en las fases posteriores.

▸ El análisis estático detecta defectos en el código de manera más eficiente que las pruebas dinámicas lo que lleva a un desarrollo de software con menos esfuerzo y menos defectos en el código.

Hay que comentar que en mi libro **Scrum. Teoría e implementación práctica** en el tema 12 en la sección 12.1 hablo ampliamente de los patrones de diseño.

4.1.3 Diferencias entre pruebas estáticas y pruebas dinámicas (Comprender)

Lo primero que hay que saber que las pruebas dinámicas y estáticas son complementarias, pero tienen las siguientes diferencias:

▸ Las pruebas estáticas y pruebas dinámicas ambas encuentran **defectos**, pero algunos tipos de **defectos** solo se pueden encontrar con pruebas estáticas y otros **defectos** solo con pruebas dinámicas.

▸ Las pruebas estáticas encuentran defectos directamente en el **objeto de prueba**, pero las pruebas dinámicas encuentran **fallas** asociadas a **defectos** que se encuentran después de realizar un análisis.

▸ Las pruebas estáticas se encuentran en partes del código que nunca se encontrarían con pruebas dinámicas por ser código que nunca se ejecuta.

▸ Las pruebas estáticas solo se pueden realizar a productos de trabajo no ejecutables, mientras que las pruebas dinámicas solo se pueden realizar sobre productos de trabajo ejecutables.

▶ Las pruebas estáticas se pueden utilizar para evaluar características de calidad que no dependen de la ejecución del código (pruebas de mantenimiento, por ejemplo), mientras que las pruebas dinámicas dependen de la ejecución del código como por ejemplo las pruebas de rendimiento.

Los defectos que son más fáciles de encontrar con las pruebas estáticas son:

▶ Defectos en los requisitos, *por ejemplo, ambigüedades y contradicciones.*

▶ Defectos de diseño, *por ejemplo, estructura de base de datos ineficientes.*

▶ Defectos de codificación, *por ejemplo, variables no declaradas, código duplicado, algoritmos con demasiado coste, métodos no descritos adecuadamente.*

▶ Desviaciones de los estándares, por ejemplo, no utilizar la nomenclatura adecuada en el código.

▶ Especificaciones de interfaz incorrectas, *por ejemplo, número de parámetros distintos o con tipos de datos diferentes o tipos de valores de retorno de un método incorrecto.*

▶ Vulnerabilidades de seguridad, *por ejemplo, tamaño de memoria incorrecto que genera un desbordamiento de búfer, filtros incorrectos en servidor que permite ataques XSS.*

▶ Cobertura de base de pruebas inexacta, *por ejemplo, que no se haya hecho pruebas para los criterios de aceptación y sin embargo la cobertura diga que sí o que no se hayan realizado pruebas unitarias a todos los métodos y caminos y la documentación diga que si se realizaron.*

Con respecto al desbordamiento de búfer como es un concepto de seguridad quizás no se sepa qué es y básicamente cuando se produce un desbordamiento de búfer es cuando un programa que escribe datos en un búfer sobrecarga la capacidad de ese búfer. Es como echar 300 ml de leche en un vaso con 200 ml de capacidad.

Un búfer es un espacio en memoria en el que se almacenan datos de manera temporal, normalmente para un uso concreto como evitar que un programa se quede sin datos en una transferencia irregular *o lenta.*

Otro concepto de seguridad es **ataque XSS** o **Cross-site scripting** (XSS) es una vulnerabilidad de seguridad que permite a un atacante inyectar en un sitio web código malicioso del lado del cliente, generalmente enviado por la **URL** en método de envío **GET** o por formulario en método de envío POST. Este código es ejecutado por las víctimas y permite a los atacantes eludir los controles de acceso y hacerse pasar por usuarios.

*Un ejemplo de pruebas estáticas sería el análisis estático que realiza un producto como **SonarQube** o **SonarCloud** que sería su versión online, la primera hay que instalarla en un servidor o tiene un plugin en entornos de desarrollo como **Eclipse** o **Intellij** y nos permite encontrar errores de defectos, mal diseño del código, algoritmos poco eficientes, o fallos de seguridad en el código que permiten por ejemplo un desbordamiento de buffer o también errores a la hora del mantenimiento del código no haciéndolo entendible ni reutilizable.*

*Un ejemplo de pruebas dinámicas que son aquellas en las que hay que ejecutar el código son las herramientas de automatización de pruebas como **Cypress**, **Selenium** o **Katalon Studio**; herramientas que permite automatizar las acciones que se tienen que ejecutar en una aplicación web o como **Katalon** en aplicaciones web, de escritorio o móviles permitiendo ejecutar casos de prueba de manera automatizada y que se suele utilizar mucho en las pruebas de regresión y como se ejecuta el código pues son un ejemplo de pruebas dinámicas, también las pruebas de rendimiento son pruebas dinámicas ya que se necesita ejecutar el código para poder ver los tiempos de respuesta del servidor.*

4.2 PROCESO DE RETROALIMENTACIÓN Y REVISIÓN

4.2.1 Beneficios de la retroalimentación temprana y frecuente de las partes interesadas (Recordar)

La retroalimentación temprana y frecuente con las partes interesadas permite la comunicación temprana de problemas de calidad.

Si hay poca comunicación de las partes interesadas durante el desarrollo del proyecto el producto podía no cumplir la visión de las partes interesadas y entonces podría ocurrir reelaboración del producto con sus costes asociados, plazos incumplidos e incluso el fracaso del proyecto.

Es importante comentarios continuos de las partes interesadas durante todo el ciclo de vida de desarrollo de software para prevenir requisitos mal implementados.

En definitiva, la retroalimentación continua de las partes interesadas ayuda a que los desarrolladores entiendan cuales son las características que ofrecen más valor a las partes interesadas o **stakeholders**.

4.2.2 Actividades del proceso de revisión (Comprender)

La norma **ISO/IEC 20246** define un proceso de revisión genérico que se puede adaptar a una situación particular si fuese necesario.

Algunas veces el producto de trabajo es tan grande que se tiene que dividir la revisión en varias revisiones para poder terminarla.

Las actividades del proceso de revisión se pueden ver en la siguiente sección.

Planificación

Se define el alcance de la revisión que está formado por:

- El propósito.
- El producto que se revisará.
- Las características de calidad que se evaluarán.
- Las áreas donde enfocarse.
- Los criterios de salida.
- Estándares.
- Plazos de revisión.

Inicio de revisión

El objetivo es asegurarse que todos los involucrados en la revisión están preparados para comenzarla y tengan:

- Acceso al producto de trabajo bajo revisión.
- Entiendan su rol y responsabilidades.
- Tengan lo necesario para empezar la revisión.

Revisión individual

Cada revisor realiza una revisión individual del producto de trabajo utilizando dos técnicas, basada en escenarios o en listas de comprobación.

El revisor registra anomalías, recomendaciones y preguntas que necesite realizar.

Comunicación y análisis

Las anomalías identificadas durante la revisión individual no se saben si son defectos, hay que realizar una reunión de revisión para discutir si es un defecto en función de su propiedad, estado y acciones requeridas y en esa misma reunión los participantes también deciden el nivel de calidad del producto revisado y las acciones de seguimiento que se realizarán.

Reparación y análisis

Para cada defecto, se debe crear un **informe de defecto** para que se puedan seguir las acciones necesarias para solucionar ese defecto.

Una vez se hayan cumplido los **criterios de salida**, se debe aceptar el producto de trabajo como revisado y se tiene que informar de los productos revisados, su estado a las partes interesadas y al equipo.

4.2.3 Roles y responsabilidades en las revisiones (Recordar)

En la siguiente tabla muestro los roles que pueden existir en una revisión y sus funciones.

Director	Autor	Moderador	Escriba	Revisor	Líder de revisión
Decide lo que debe ser revisado y proporciona los recursos necesarios como son personal y tiempo.	Crea y corrige el producto bajo revisión.	También llamado facilitador, gestiona las reuniones de revisión, gestionando el tiempo de la revisión, mediando en las reuniones y asegurando el entorno para la revisión.	También llamado grabador, registra las anomalías encontradas por el revisor, las encontradas en la reunión y las decisiones con respecto a si es un defecto o no.	Es el que realiza las revisiones. Un revisor puede ser alguien del proyecto o un experto externo o no.	Es el responsable de la revisión, el que elige las personas que participaran en la revisión y la hora y lugar donde se realizará la revisión.

4.2.4 Tipos de revisiones (Comprender)

Existen muchos tipos de revisiones, que va desde la informal a la formal. El nivel de la formalidad depende de los siguientes factores:

- ▶ El ciclo de vida de desarrollo de software o SDLC que se sigue.

- ▶ La madurez del proceso de desarrollo.

- ▶ La complejidad del producto que se revisa.

- ▶ La importancia del producto a revisar.

- ▶ Los requisitos legales.

- ▶ Necesidad de una auditoría.

Seleccionar el tipo de revisión correcto es importante para conseguir los objetivos de la revisión, pero el tipo de revisión depende más de factores como los recursos disponibles, necesidades del proyecto, riesgos del producto o dominio del negocio.

Un producto de trabajo puede ser revisado con diferentes tipos de revisión y las revisiones más habituales son las siguientes:

Revisión informal

Una revisión informal no sigue ningún proceso definido y no es necesario presentar un resultado en un documento formal.

Su objetivo principal es encontrar anomalías.

Revisión guiada o tutoría

La revisión guiada suele ser dirigida por el autor y tiene el *objetivo principal de evaluar la calidad* y otros objetivos son:

- ▶ Educar a los revisores.
- ▶ Evaluar la calidad y generar confianza en el producto de trabajo.
- ▶ Obtener consenso.
- ▶ Generar nuevas ideas.

Revisión técnica

Una revisión técnica es realizada por revisores cualificados técnicamente y es dirigida por un moderador y sus objetivos principales son *obtener consenso y encontrar una solución a un problema técnico.*

Otros objetivos es evaluar el producto y generar confianza, encontrar anomalías y motivar para que los autores del producto mejoren.

Un ejemplo de revisión técnica sería algo que me pasó en mi último proyecto, no conseguía encontrar la forma de detectar una ventana modal que aparecía para seleccionar unos de los certificados que se utilizaba para acceder a una web de la administración de justicia y se hizo una reunión con el objetivo de entre los miembros de automatización y 2 experimentados desarrolladores encontrar la solución a ese problema, después de una hora se consiguió, se registró la solución y pudimos seguir con la automatización de los casos de prueba de la aplicación del ministerio de Justicia.

Inspección

Es el tipo de revisión más formal por lo tanto sigue todo el proceso de revisión al completo. *El objetivo principal es encontrar el número máximo de anomalías.*

Otros objetivos son evaluar la calidad del producto, generar confianza en el mismo y ayudar a mejorar al autor del producto de trabajo.

Un autor nunca puede tener el rol de líder de revisión o escriba.

4.2.5 Factores de éxito para las revisiones (Recordar)

Los factores que determinan el éxito de una revisión son los siguientes, los más importantes están marcados en gris.

- ▶ Definir objetivos claros y criterios de salida medibles.

- ▶ Elegir el tipo de revisión apropiado.

- ▶ Realizar revisiones de trozos pequeños del producto de trabajo para que no se pierda la concentración.

- ▶ Proporcionar comentarios a las partes interesadas y a autores.

- ▶ Proporcionar tiempo suficiente a los participantes para preparar las revisiones.

- ▶ Apoyo de la gerencia.

- ▶ Hacer que las revisiones formen parte de la cultura de la empresa.

- ▶ Proporcionar una formación adecuada.

- ▶ Facilitar reuniones.

4.3 GLOSARIO DEL MÓDULO 3

- ▶ **Anomalía.** Desviación inesperada del comportamiento del sistema.

- ▶ **Pruebas dinámicas.** Pruebas en las que se ejecuta el software.

- ▶ **Pruebas estáticas.** Pruebas en las que no se ejecuta el software.

- ▶ **Revisión formal.** Se sigue un proceso con sus actividades y roles.

- ▶ **Revisión informal.** No tiene procesos registrados que haya que seguir.

- ▶ **Inspección.** Es un tipo de revisión donde se analiza profundamente al producto.

- ▶ **Análisis estático.** Se utiliza con herramientas que analizan el código para encontrar problemas de mantenibilidad y seguridad como puede ser SonarQube.

- ▶ **Revisión técnica.** Revisión con el objetivo principal de obtener la solución a un problema técnico.

4.4 EXAMEN DEL MÓDULO 3 DE ISTQB

Haz este examen sin mirar las respuestas y sin mirar el contenido del libro porque el objetivo es que aprendas todo lo que necesitas saber para aprobar el certificado **ISTQB Certified Tester Foundation level 4.0** y con estas preguntas sabrás si entendiste todo y te acuerdas; tienes que acertar 5 de 8 para aprobar este examen del módulo 3.

1. Pregunta 1 (1 Punto)

¿Cuál de los siguientes no es un beneficio de las pruebas estáticas?

a) Tener una gestión de defectos menos costosa debido a la facilidad de detectar defectos más adelante en el SDLC.

b) La reparación de los defectos encontrados durante las pruebas estáticas es generalmente mucho menos costosa que la reparación de los defectos encontrados durante las pruebas dinámicas.

c) Encontrar defectos de codificación que podrían no haberse encontrado realizando únicamente pruebas dinámicas.

d) Detectar lagunas e inconsistencias en los requisitos.

Seleccione una opción.

2. Pregunta 2 (1 Punto)

¿Cuál de los siguientes es un beneficio de la retroalimentación temprana y frecuente?

a) Mejora el proceso de prueba para futuros proyectos.

b) Obliga a los clientes a priorizar sus requisitos en función de los riesgos acordados.

c) Es la única manera de medir la calidad de los cambios.

d) Ayuda a evitar malentendidos sobre los requisitos.

Seleccione una opción.

3. Pregunta 3 (1 Punto)

Las revisiones que se utilizan en su organización tienen los siguientes atributos:

- Existe el papel de un escriba.
- El objetivo principal es evaluar la calidad.
- La reunión es liderada por el autor del producto del trabajo.
- Hay preparación individual.
- Se elabora un informe de revisión.

¿Cuál de los siguientes tipos de revisión es más probable que se utilice?

a) Revisión informal.

b) Tutorial.

c) Revisión técnica.

d) Inspección.

Seleccione una opción.

4. Pregunta 4 (1 punto)

¿Cuál de estas afirmaciones no es un factor que contribuye a que las revisiones sean exitosas?

a) Los participantes deben dedicar el tiempo adecuado a la revisión.

b) Dividir los productos de trabajo grandes en partes pequeñas para hacer que el esfuerzo requerido sea menos intenso.

c) Los participantes deben evitar comportamientos que puedan indicar aburrimiento, exasperación u hostilidad hacia otros participantes.

d) Las fallas encontradas deben reconocerse, apreciarse y manejarse objetivamente.

Seleccione una opción.

5. Pregunta 5 (1 Punto)

¿Cuál de los siguientes es un ejemplo de un defecto que se puede encontrar mediante pruebas estáticas, pero no mediante pruebas dinámicas?

a) Falta de usabilidad proporcionada a través de la interfaz de usuario.

b) Código sin camino que lo alcance.

c) Tiempos de respuesta deficientes para la mayoría de los usuarios esperados.

d) Funciones requeridas que no están implementadas en el código.

Seleccione una opción.

6. Pregunta 6 (1 Punto)

¿Cuál de los siguientes es un beneficio de la retroalimentación temprana y frecuente de las partes interesadas?

a) Los gerentes son conscientes de qué desarrolladores son menos productivos.

b) Permite a los gerentes de proyectos priorizar las interacciones con las partes interesadas.

c) Facilita la comunicación temprana de posibles problemas de calidad.

d) Los usuarios finales comprenden mejor por qué se retrasa la entrega del producto del trabajo.

Seleccione una opción.

7. Pregunta 7 (1 Punto)

Dadas las siguientes descripciones de tareas:

1. Se seleccionan las características de calidad a evaluar y los criterios de salida.

2. Todos tienen acceso al producto del trabajo.

3. Se identifican anomalías en el producto del trabajo.

4. Se discuten las anomalías.

Y las siguientes actividades de revisión:

A) Revisión individual.

B) Inicio de la revisión.

C) Planificación.

D) Comunicación y análisis.

¿Cuál de las siguientes opciones coincide mejor con las descripciones de tareas y actividades?

a) 1B, 2C, 3D, 4A.

b) 1B, 2D, 3C, 4A.

c) 1C, 2A, 3B, 4D.

d) 1C, 2B, 3A, 4D.

Seleccione una opción.

8. Pregunta 8 (1 Punto)

Dados los siguientes roles en las revisiones:

1. Escriba.

2. Líder de revisión.

3. Facilitador.

4. Gerente.

Y las siguientes responsabilidades en las revisiones:

A) Garantiza el desarrollo eficaz de las reuniones de revisión y el establecimiento de un entorno de revisión seguro.

B) Información de revisión de registros, como decisiones y nuevas anomalías encontradas durante la reunión de revisión.

C) Decide qué se va a revisar y proporciona recursos, como personal y tiempo para la revisión.

D) Asume la responsabilidad general de la revisión, como organizar cuándo y dónde se llevará a cabo la revisión.

¿Cuál de los siguientes se adapta mejor a los roles y responsabilidades?

a) 1A, 2B, 3D, 4C.

b) 1A, 2C, 3B, 4D.

c) 1B, 2D, 3A, 4C.

d) 1B, 2D, 3C, 4A.

Seleccione una opción.

4.5 RESPUESTAS DEL EXAMEN MÓDULO 3

1. Pregunta 1 (1 Punto)

Solución

a) *Es correcto. La gestión de defectos no es menos costosa. Encontrar y reparar defectos más adelante en SDLC es más costoso.*

Mirar sección 4.1.2.

2. Pregunta 2 (1 Punto)

Solución

d) *Es correcto. La retroalimentación temprana y frecuente permite la comunicación temprana de posibles problemas de calidad.*

Mirar sección 4.2.1.

3. Pregunta 3 (1 Punto)

Solución

Considerando los atributos:

Primer atributo: especificados para recorridos, revisiones técnicas e inspecciones; por lo tanto, las revisiones que se realizan no pueden ser revisiones informales.

Segundo atributo: el propósito de evaluar la calidad es uno de los objetivos más importantes de un recorrido.

Tercer atributo: esto no está permitido para las inspecciones y normalmente no se hace en las revisiones técnicas. Se necesita un moderador en los tutoriales y se le permite realizar revisiones informales.

Cuarto atributo: todos los tipos de revisiones pueden incluir preparación individual (incluso revisiones informales).

Quinto atributo: todos los tipos de revisiones pueden producir un informe de revisión, aunque las revisiones informales no requieren documentación.

Así que:

b) *Es correcto.*

Mirar sección 4.2.4.

4. Pregunta 4 (1 punto)

Solución

d) *Es correcto. Durante las revisiones se pueden encontrar defectos, no fallos.*

Mirar sección 4.2.5.

5. Pregunta 5 (1 Punto)

Solución

b) *Es correcto. Una revisión de código puede detectar código al que no se puede acceder mediante ninguna ruta; sin embargo, las pruebas dinámicas solo pueden ejercitar el código accesible y no pueden determinar que no se puede acceder al código sin ejecutar todas las opciones posibles.*

6. Pregunta 6 (1 Punto)

Solución

c) *Es correcto. Obtener comentarios de las partes interesadas desde el principio y con frecuencia durante el proceso de desarrollo de software puede ser muy beneficioso, ya que facilita la comunicación temprana de posibles problemas de calidad y puede prevenir.*

Mirar sección 4.2.1.

7. Pregunta 7 (1 Punto)

Solución

Considerando cada una de las descripciones de tareas enumeradas:

1. *Se seleccionan las características de calidad a evaluar y los criterios de salida–(Planificación (C): definir el alcance de la revisión, propósito, producto de trabajo a revisar, características de calidad a evaluar, áreas de enfoque, criterios de salida, información de respaldo como estándares, esfuerzo y plazos).*

2. *Todos tienen acceso al producto del trabajo–(Inicio de la revisión (B): garantizar que todos los participantes tengan acceso al producto del trabajo y a los recursos necesarios, y aclarar sus funciones y responsabilidades).*

3. *Se identifican anomalías en el producto de trabajo–(Revisión individual (A): evaluación de la calidad del producto de trabajo, identificación y registro de anomalías, recomendaciones y preguntas utilizando técnicas de revisión como la revisión basada en listas de verificación y en escenarios).*

4. *Las anomalías se analizan y discuten–(Comunicación y análisis (D): analizar y discutir cada anomalía, determinar su estado, propiedad y acciones requeridas, y tomar decisiones de revisión, normalmente en una reunión. Esto podría incluir determinar la necesidad de una revisión de seguimiento).*

Así:

d) *Es correcto. La coincidencia correcta es: 1C, 2B, 3A, 4D.*

Mirar sección 4.2.2.

8. Pregunta 8 (1 Punto)

Solución

Teniendo en cuenta cada una de las funciones enumeradas:

1. *Escribano (o registrador): responsable de recopilar comentarios de los revisores y documentar la información de la revisión, como las decisiones tomadas y cualquier nueva anomalía identificada durante la reunión de revisión. (Registros de información de revisión, como decisiones y nuevas anomalías encontradas durante la reunión de revisión–B).*

2. *Líder de revisión: responsable de supervisar el proceso de revisión, como seleccionar a los miembros del equipo de revisión, programar reuniones de revisión y garantizar que la revisión se complete exitosamente. (Asume la responsabilidad general de la revisión, cómo organizar cuándo y dónde se llevará a cabo la revisión–D).*

3. *Facilitador (o Moderador): responsable de garantizar que las reuniones de revisión se desarrollen de manera efectiva, incluida la gestión del tiempo, la mediación en las discusiones y la creación de un entorno seguro donde todos puedan expresar sus opiniones libremente. (Garantiza el desarrollo eficaz de las reuniones de revisión y el establecimiento de un entorno de revisión seguro–A).*

4. *Gerente: responsable de decidir qué es necesario revisar y asignar recursos, como personal y tiempo, para la revisión. (Decide qué se va a revisar y proporciona recursos, como personal y tiempo para la revisión–C).*

Así que:

c) *Es correcto. La coincidencia correcta es: 1B, 2D, 3A, 4C.*

Mirar sección 4.2.3.

5

MÓDULO 4 DE ISQTB FOUNDATION. ANÁLISIS Y DISEÑO DE PRUEBAS

5.1 DESCRIPCIÓN GENERAL DE LAS TÉCNICAS DE PRUEBA (COMPRENDER)

Las técnicas de prueba ayudan al tester a saber qué probar (**análisis de la prueba**) y cómo probar (**diseño de la prueba**).

Las técnicas de prueba ayudan a construir casos de prueba de manera automática pero también a definir las condiciones de prueba, definir los elementos de cobertura, conseguir los datos de prueba durante el análisis y diseño de las pruebas.

Si te interesa saber más sobre las técnicas de prueba aparte de las que se muestra en esta guía para aprobar la certificación **ISTQB Certified Tester Foundation level 4.0** puedes ir al estándar a **ISO/IEC/IEEE 29119-4.**

En esta guía tratamos 3 tipos de técnicas de prueba que son las siguientes:

▶ Las **técnicas de prueba de caja negra** que son llamadas también técnicas basadas en especificaciones se basan en el análisis del comportamiento especificado del objeto bajo prueba sin tener en cuenta la estructura interna de ese objeto de prueba por lo tanto los casos de prueba son independientes de cómo se implementa el software lo que significa que si cambia la implantación del software, pero el comportamiento es el mismo entonces los casos de prueba seguirán siendo útiles.

▶ Las **técnicas de prueba de caja blanca** que son llamadas también como técnicas basadas en la estructura interna se basan en la estructura interna del objeto de prueba y como los casos de prueba dependen de cómo se diseña el software hay que esperar a que se diseñe o se implemente el objeto de prueba para construir los casos de prueba.

▶ Las **técnicas de prueba basadas en la experiencia** utilizan el conocimiento y la experiencia de los probadores para diseñar e implementar los casos de prueba y su efectividad en gran medida depende de las habilidades del probador. Estas técnicas permiten detectar defectos que pueden no encontrarse con las técnicas de pruebas de caja blanca y de caja negra por lo que se podría decir que son complementarias a estas técnicas.

5.2 TÉCNICAS DE CAJA NEGRA

Las técnicas de prueba de caja negra más utilizadas y que explico en las siguientes secciones son:

- ▶ Partición de equivalencia.
- ▶ Análisis de valores límite.
- ▶ Pruebas de tablas de decisiones.
- ▶ Pruebas de transición de estados.

5.2.1 Partición de equivalencia (Comprender)

La partición de equivalencia divide los datos de la prueba con la idea de que todos los datos de una partición de equivalencia deben ser procesados por el objeto de prueba de igual manera.

La idea detrás de esta técnica es que, si un caso de prueba utiliza un dato de una partición de equivalencia y encuentra un defecto, *cualquier otro dato de esa partición de equivalencia debería detectar este defecto* por lo tanto una prueba para cada partición es suficiente, es decir, si tenemos 4 clases de equivalencia para un objeto de prueba el mínimo número de casos de prueba para probar ese objeto sería 4.

Las particiones de equivalencia se pueden identificar para cualquier conjunto de datos relacionado con el objeto de prueba como pueden ser entradas, salidas, elementos de configuración, parámetros de interfaz, etc.

Las particiones pueden ser finitas o infinitas, continuas o discretas, ordenadas o desordenadas, pero no pueden superponerse ni ser particiones vacías.

Ejemplo particiones continuas y ordenadas son el precio de un producto y particiones discretas sería la talla de una camiseta.

Una partición que contiene valores válidos se denomina **partición válida** y si contiene valores inválidos es una **partición inválida**.

Supongamos un campo con la edad mínima para poder registrarse en una red social que es 18 años, pues tendríamos la partición válida que sería todos los valores de 18 en adelante y la partición inválida que sería de 17 hacia abajo hasta 0 porque que yo sepa nadie tiene -1 años jaja .Por lo tanto los valores de la partición válida serían aquellos que el sistema, es decir, el objeto de prueba acepta y los valores de la partición inválida son aquellos que el objeto de prueba, es decir, el sistema rechaza.

En la partición de equivalencia los elementos de cobertura son las particiones de equivalencia tanto válidas como invalidas por lo tanto para tener una cobertura del 100% los casos de prueba deben ejercer al menos una vez cada partición tanto inválida como válida.

La cobertura se mide por el número de particiones ejercidas (por lo menos una vez) dividido por el número de particiones identificadas y se expresa en %.

Muchos objetos de prueba incluyen múltiplos conjuntos de particiones lo que significa que un caso de prueba cubrirá particiones de distintos conjuntos de particiones.

Para medir la cobertura en estos casos se utiliza la cobertura de cada elección que requiere que los casos de prueba ejerzan cada partición de cada conjunto de particiones.

Por ejemplo, supongamos que tenemos tres conjuntos de particiones con 5 particiones cada una entonces para tener una cobertura del 100% y utilizando la cobertura de cada elección necesitaremos 3 por 5 igual a 15 casos de prueba donde cada uno ejercerá una sola partición.

Abajo te muestro un ejemplo bastante real de la aplicación de la técnica de partición de equivalencia.

Estás probando un formulario de búsqueda de apartamento simplificado que sólo tiene dos criterios de búsqueda:

 ▶ *Piso (con tres opciones posibles: planta baja; primer piso; segundo o piso superior).*

 ▶ *Tipo de jardín (con tres opciones posibles: sin jardín; jardín pequeño; jardín grande).*

Sólo los apartamentos de la planta baja podrán tener jardín. El formulario tiene un mecanismo de validación incorporado que no le permitirá utilizar criterios de búsqueda que violen esta regla.

Cada prueba tiene dos valores de entrada: tipo de piso y jardín. Desea aplicar partición de equivalencia (PE) para cubrir cada piso y cada tipo de jardín en sus pruebas.

¿Cuál es la cantidad mínima de casos de prueba para lograr una cobertura de EP del 100%?

Solución

Jardín pequeño y "jardín grande" solo pueden ir con "planta baja", por lo que necesitamos dos casos de prueba con "planta baja" que cubran estas dos particiones de "tipo jardín".

Necesitamos dos casos de prueba más para cubrir las otras dos particiones de "piso" que serían primer piso y segundo piso y una partición restante "tipo jardín" de "sin jardín".

Necesitamos un total de cuatro casos de prueba:

- Caso de prueba 1 (planta baja, pequeño jardín).
- Caso de prueba 2 (planta baja, amplio jardín).
- Caso de prueba 3 (primer piso, sin jardín).
- Caso de prueba 4 (segundo piso o superior, sin jardín).

5.2.2 Análisis de valores límite (Aplicar)

El análisis de valores límite (BVA) en inglés es una técnica basada en utilizar los límites de las particiones de equivalencia por lo tanto esta técnica solo se puede utilizar para particiones ordenadas.

Los valores mínimo y máximo de una partición son los límites de esa partición y si dos elementos pertenecen a la misma partición todos los elementos entre ellos tiene que pertenecer a la misma partición.

BVA se centra en los valores límite de una partición porque es ahí donde los desarrolladores suelen equivocarse, alrededor de los limites implementados es donde suelen estar los defectos.

Aquí vamos a hablar del **BVA** de 2 valores y de 3 valores, la diferencia está en los elementos de cobertura que deben ejecutarse para tener una cobertura del 100%.

En el **BVA** de 2 valores para cada valor límite hay 2 elementos de cobertura, este valor límite y su valor más cercano perteneciente a la partición adyacente.

Para lograr una cobertura del 100% los casos de prueba tienen que ejercer todos los elementos de cobertura que, aunque no lo creas solo son los valores límite.

Un ejemplo sería un formulario de inicio de sesión con un campo de contraseña que acepta de 8 a 12 caracteres, 7 y 8 serían los elementos de cobertura del límite inferior y 12 y 13 del límite superior por arriba por lo tanto necesitaríamos

*4 casos de prueba que ejercieran cada uno un valor para tener una cobertura del 100% ¿verdad?, pues no, yo me equivoque en el examen porque contaba para la cobertura los valores límite más los vecinos y no, solo tienes que fijarte en los valores límite ejercidos no los otros, por lo tanto, en este caso los **valores límite serían 8 y 12** y así tendrías una cobertura de 2 valores del 100% así que memoriza bien la frase de abajo.*

La cobertura se mide como el número de valores límite que se ejercieron divididos por el número total de valores límite identificado.

En el **BVA** de 3 valores para cada valor límite hay 3 elementos de cobertura, el valor límite y 2 vecinos, por lo tanto, algunos de los elementos de cobertura no serán valores límite.

Por lo tanto, para tener una cobertura del 100% en el **BVA** de 3 valores necesitamos casos de prueba que ejerzan los valores límites y sus vecinos.

Como ejemplo sería el anterior formulario donde además del 7,8, 12 y 13 necesitamos el 6 y el 14 y aquí sí que se incluyen todos estos, valores límite y vecinos para tener una cobertura del 100%.

La cobertura se mide como el número de valores límite y sus vecinos ejercidos dividido por el número de valores límite identificados y sus vecinos, y se expresa en %.

Abajo os pondré un ejemplo más complejo y parecido al que tendríais en un examen.

Estás probando un sistema que calcula la calificación final del curso para un estudiante determinado.

La calificación final se asigna en función del resultado final, según las siguientes reglas:

- *0 – 50 puntos: reprobado.*
- *51 – 60 puntos: justo.*
- *61 – 70 puntos: satisfactorio.*
- *71 – 80 puntos: bueno.*
- *81 – 90 puntos: muy bueno.*
- *91 – 100 puntos: excelente.*

Ha preparado el siguiente conjunto de casos de prueba:

Resultado final. Nota final

- *CP1*   *91*   *Excelente.*
- *CP2*   *50*   *Suspenso.*
- *CP3*   *81*   *Muy bien.*
- *CP4*   *60*   *Justa.*
- *CP5*   *70*   *Satisfactorio.*
- *CP*   *80*   *Bueno.*

¿Cuál es la cobertura del análisis de valor límite (BVA) de 2 valores para el resultado final que se logra con los casos de prueba existentes?

Solución

Hay 12 valores límite para los datos que utilizaremos en las pruebas: 0, 50, 51, 60, 61, 70, 71, 80, 81, 90, 91 y 100.

Los casos de prueba cubren seis de ellos (CP1 – 91, CP2 – 50, CP3 – 81, CP4 – 60, CP5 – 70 y CP – 80).

Por lo tanto, los casos de prueba cubren 6 de los valores límite identificados y en total hay 12 valores límite identificados por lo que 6/12 = 50 %.

Hay que comentar que el **BVA** de 3 valores es más riguroso que el de 2 valores por la siguiente razón, imaginemos que tenemos el código if(x<=10) que se implementa mal como if(x=10) con la técnica de 2 valores, tendríamos x=10, x=11 no detectaría el defecto, pero con x=9 veríamos que no hace lo que se indicó en la especificación técnica.

5.2.3 Pruebas de tablas de decisión (Aplicar)

Las tablas de decisión se utilizan para probar la implementación de los requisitos del sistema que especifican cómo diferentes combinaciones de condiciones resultan en diferentes resultados.

Las tablas de decisión son ideales para registrar lógicas de negocio complejas.

Una tabla de decisión no es más que las condiciones y los resultados del sistema, lo anterior son las filas. Cada columna corresponde a una regla de decisión que define una combinación única de condiciones, junto con sus acciones asociadas.

Hay dos tipos de tablas, las tablas de decisión de entrada limitada que tienen valores booleanos para condiciones y acciones y las tablas de decisión, entrada extendida que tienen condiciones y acciones con múltiples valores (rangos de números, valores discretos, particiones de equivalencia, etc.).

La notación para las condiciones es la siguiente:

- T (Verdadero) significa que la condición se cumple.

- F (Falso) significa que la condición no se cumple.

- (-) Significa que el valor de la condición es irrelevante, es decir, da igual.

- (N/A) No es factible para una regla dada, es decir, que esa condición nunca se va a dar.

- X Es que una acción debe ocurrir.

- () O espacio en blanco es que una acción no debe ocurrir.

La tabla de decisión se puede simplificar eliminando columnas que contengan combinaciones de condiciones no viables.

En las tablas de decisión, *los elementos de cobertura son las columnas que contienen combinaciones de condiciones viables. Para tener una cobertura del 100% en las pruebas de tabla de decisión los casos de prueba tienen que ejecutar todas esas columnas.*

La cobertura se mide como el número de columnas ejercitadas dividido por el número de columnas factibles, expresado en porcentaje.

Los beneficios de utilizar la prueba de tabla de decisiones son:

- Sirve para identificar todas las combinaciones de condiciones.

- Ayuda a encontrar lagunas en los requisitos.

La desventaja es que si tiene muchas condiciones el ejercicio de todas las reglas de decisión puede llevar mucho tiempo ya que el número de reglas crece exponencialmente con el número de condiciones.

Ahora os pondré un ejemplo práctico para que veáis como se tiene que aplicar y lo entendáis a la perfección.

Tu tienda favorita de alquiler diario de bicicletas acaba de presentar un nuevo sistema de gestión de relaciones con el cliente y te ha pedido a ti, uno de sus miembros más leales, que lo pruebes.

Las características implementadas son las siguientes:

▼ *Cualquiera puede alquilar una bicicleta, pero los socios reciben un 20% de descuento.*

▼ *Sin embargo, si no se cumple el plazo de devolución, el descuento ya no estará disponible.*

▼ *Después de 15 alquileres, los miembros reciben un regalo: una camiseta.*

La tabla de decisiones que describe las características implementadas es la siguiente:

Condiciones	R1	R2	R3	R4	R5	R6	R7	R8
Ser miembro	T	T	T	T	F	F	F	F
Plazo incumplido	T	F	T	F	T	F	F	T
Alquiler 15	F	F	T	T	F	F	T	T
Acciones								
20 % de descuento		X		X				
Regalo de camiseta			X	X				X

Basándose únicamente en la descripción de las funciones del sistema de gestión de relaciones con el cliente, ¿cuál de las reglas anteriores describe una situación imposible?

a) *R4*

b) *R2*

c) *R6*

d) *R8*

Solución

R4 no es correcto. Un miembro que no haya incumplido el plazo no puede obtener un descuento y una camiseta de regalo después de 15 alquileres de bicicletas.

R2 no es correcto. Un miembro que no haya incumplido el plazo puede obtener un descuento, pero no una camiseta de regalo hasta que alquile una bicicleta 15 veces.

R6 no es correcto. Los no miembros no pueden obtener un descuento, incluso si aún no han incumplido una fecha límite.

R8 es correcto. No habrá descuento como no socio que además haya incumplido un plazo, pero sólo los socios podrán recibir una camiseta de regalo. Por tanto, la acción no es correcta.

5.2.4 Pruebas de transición de estados (Aplicar)

Un diagrama de transición de estados modela el comportamiento de un sistema mostrando sus posibles estados y transiciones de estado válidos.

Una transición es iniciada por un evento que puede tener una condición de guardia.

Las transiciones son instantáneas y algunas veces el software toma medidas. La sintaxis común de etiquetado es *evento [condición de guardia]/acción.*

La condiciones y acciones de protección pueden omitirse si no existen o son irrelevantes para el probador.

La tabla de estado es un modelo equivalente a un diagrama de transición de estados, sus filas representan estados y sus columnas representan eventos (con condiciones de guardia si las tiene).

Las celdas de la tabla representan transiciones y contienen el estado, así como las acciones resultantes.

A diferencia de los diagramas de transición de estados la tabla de estados muestra transacciones inválidas de manera explícita que están representadas por celdas vacías.

Un caso de prueba basado en un diagrama de transición de estado o de tabla de estado se representa como una secuencia de eventos que da como resultado una secuencia de cambios de estado y acciones si fuese necesario; un caso de prueba cubre generalmente varias transiciones entre estados.

Este programa cubre tres criterios de cobertura de pruebas de transición de estados.

Cobertura de todos los estados

Los elementos de cobertura son los estados. Para lograr el 100% de la cobertura de los estados, los casos de prueba tienen que visitar todos los estados.

La cobertura se mide como el número de estados visitados dividido por el número total de estados se expresa en %.

Cobertura de las transacciones validas

Los elementos de cobertura son transiciones válidas únicas. Para lograr una cobertura de transiciones válidas del 100% los casos de prueba deben ejecutar todas transacciones válidas.

La cobertura se mide como el número de transiciones válidas ejercidas dividido por el número de transacciones válidas totales y se mide en %.

Cobertura de todas las transacciones

Los elementos de cobertura son todas las transacciones mostradas en la tabla de estados. Para lograr un 100% de cobertura de todas las transacciones los casos de prueba deben ejercer todas las transacciones válidas e intentar ejercer todas las transacciones inválidas.

Lo mejor es utilizar un caso de prueba para probar una transacción inválida porque si utilizas un caso de prueba para probar varias transacciones inválidas se puede enmascarar el error y que se vea un error, pero otro error no se verá.

La cobertura se mide como el número de transacciones válidas e inválidas ejercidas o intentadas ejercer dividido por el número total de transacciones válidas e inválidas, se expresa en %.

La cobertura de estados es más débil que la cobertura de transición válida y esta última es el criterio más utilizado.

Lograr una cobertura total de todas las transacciones garantiza una cobertura de todos los estados, lograr una cobertura de todas las transacciones garantiza una cobertura total de todos los estados y una cobertura total de las transacciones válidas debería ser un requisito mínimo para un software de seguridad crítico.

Abajo pongo un ejemplo para explicar las pruebas de transición de estados.

Usted prueba un sistema cuyo ciclo de vida está modelado por el diagrama de transición de estado que se muestra a continuación. El sistema arranca en el estado INIT y finaliza su funcionamiento en el estado OFF.

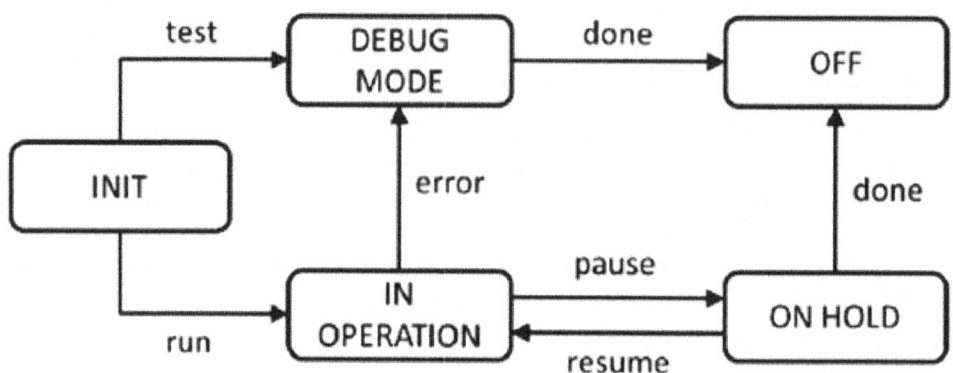

¿Cuál es el número mínimo de casos de prueba para lograr una cobertura de transiciones válida?

Solución

Las transiciones de" test" y "error" no pueden ocurrir en un caso de prueba. Tampoco pueden las transiciones "done". Esto significa que necesitamos al menos tres casos de prueba para lograr la cobertura de las transiciones válidas que podrían ser:

TC1: test, done.
TC2: run, error, done.
TC3: run, pause, resume, pause, done.

Por lo tanto, con 3 casos de prueba ejecutados tenemos una cobertura del 100 % en una prueba de transición de estados utilizando la cobertura de transición de estados válidas que es la que nos pide en este problema porque una transacción estados válida es aquella que termina con un ciclo válido que sería empezar en INIT y terminar en OFF.

5.3 TÉCNICAS DE CAJA BLANCA

En esta sección hablaremos solo de 2 técnicas de **prueba de caja blanca** que están relacionadas en el código:

- ▼ Pruebas de sentencias.
- ▼ Pruebas de ramas.

Aparte de estas técnicas hay otras técnicas que permiten una cobertura de código más completa y que se utilizan en entornos de seguridad crítica o alta integridad.

También hay técnicas de **prueba de caja blanca** para niveles de prueba más altos como pruebas de api, estas técnicas se abordan en niveles superiores de **ISTQB**.

5.3.1 Pruebas de sentencias y coberturas de sentencias (Comprender)

En las pruebas de sentencias, los elementos de cobertura son las sentencias ejecutables.

El objetivo de estas pruebas es diseñar casos de prueba que ejerzan sentencias en el código hasta tener un nivel de cobertura aceptable.

La cobertura se mide como el número de sentencias ejercidas por el caso de prueba dividido por el número total de sentencias ejecutables en el código y se expresa en %.

Cuando se alcanza el 100% de cobertura de sentencias, se asegura que todas las sentencias ejecutables en el código se han ejercido al menos una vez.

Lo anterior significa que cada sentencia con un defecto se ejecutará lo que conlleva que puede ser que se muestre ese defecto con una falla, pero no siempre se muestra y te explico cuáles son las razones:

- ▸ No se muestra el defecto porque depende de los datos, por ejemplo, en una división por cero para que se muestre este defecto hay que dividir por cero.

- ▸ No se ha probado toda la lógica de decisión, aunque la cobertura de sentencia sea del 100% porque puede que no ejerza todas las ramas.

Un ejemplo sería:

```
IF (X=6) {
RETURN x/0;
}ELSE{
RETURN x/2;
}
```

En este código solo se encontraría el defecto de no controlar un error aritmético si x=6 en el resto no se vería el defecto, aunque se ejecutaran las sentencias IF y ELSE.

5.3.2 Pruebas de ramas y coberturas de ramas (Comprender)

Una rama es una transferencia de control entre dos nodos en el gráfico de flujo de control, que muestra las posibles sentencias en las que se ejecutan sentencias de código fuente en el objeto de prueba.

Cada transferencia de control puede ser incondicional, es decir, una sentencia o condicional es un resultado de una decisión.

¿Lo anterior es muy bonito verdad?, es lo que dice **ISTQB,** pero no lo entiende ni Dios ¿verdad? Jaja, lo que viene a decir es lo siguiente, lo explicare con un ejemplo.

```
X=5;
Y=7;
IF(X<=Y) {
PRINTLN ("LA DIVISION ES ENTRE 0 Y 1");
}
ELSE{
PRINTLN ("OTRA DIVISION");
}
```

X e Y son sentencias de iniciación de variable, IF es una condición que lleva a una rama que es la sentencia PRINTLN que se ejecuta cuando se cumple la condición y la otra rama es la que tiene ELSE con la otra sentencia PRINTLN.

En las pruebas de rama los elementos de cobertura son ramas y el objetivo es diseñar casos de prueba para ejercer las ramas en el código hasta que se logre un nivel aceptable de cobertura.

La cobertura se mide como el número de ramas ejercidas por los casos de prueba divididos por el número total de ramas y se expresa en porcentaje.

Cuando se alcanza el 100% de cobertura de ramas, todas las ramas en el código, condicionales e incondicionales, son ejercidas por los casos de prueba.

Como vimos las ramas condicionales corresponden con:

▼ Resultado verdadero o false de una decisión IF.
▼ Resultado de una sentencia switch/case.
▼ Decisión de salir o continuar en un bucle.

Ejecutar una rama no siempre mostrará un defecto, puede ser que el defecto solo se muestre por una ruta especifica en el código y unos datos determinados.

La cobertura de rama engloba la cobertura de sentencia, lo que significa que *casos de prueba que logren una cobertura de rama del 100% logrará una cobertura de sentencia del 100% pero no a la inversa.*

Un ejemplo de estas pruebas de rama y cobertura de ramas sería el siguiente:

Deseamos aplicar pruebas de rama al código representado por el siguiente gráfico de flujo de control.

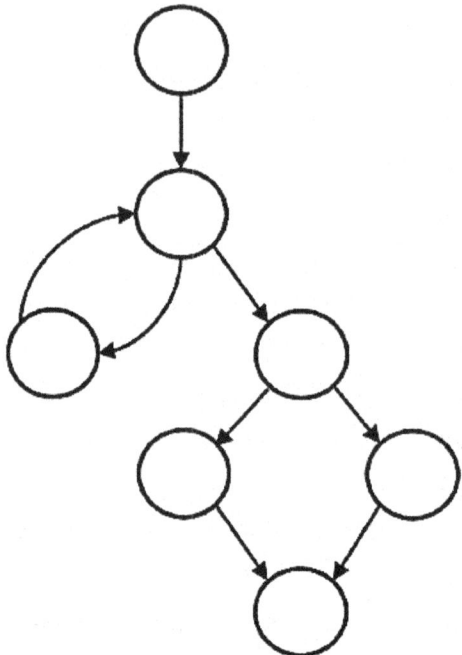

¿Cuántos elementos de cobertura necesitas probar?

Solución

En las pruebas de rama, los elementos de cobertura son ramas, que están representadas por los bordes de un gráfico de flujo de control, es decir, por las aristas. Hay 8 aristas en el gráfico de flujo de control por lo tanto necesitamos probar o pasar por esas 8 aristas que existen.

5.3.3 El valor de las pruebas de caja blanca (Comprender)

Las pruebas de caja blanca tienen fortalezas y debilidades.

Una fortaleza es que toda la implementación del software se tiene en cuenta durante las pruebas, lo que facilita la detección de defectos incluso cuando la especificación del software es obsoleta o incompleta.

Esto ocurre porque se realizan pruebas unitarias o de componente y en este caso cada método de una clase suele ser probado con una cobertura alta, lo mejor es que sea del 100% para evitar que se escapen defectos.

Una debilidad es que si el software no contiene uno o más requisitos *las pruebas de caja blanca no permitirán detectar la omisión de estos requisitos hasta que lleguemos a las pruebas de aceptación.*

Las pruebas de caja blanca se pueden utilizar durante las pruebas estáticas y para revisar código que aún no se puede ejecutar como el seudocódigo.

Seudocódigo es lo que utilizo en algunos de los ejemplos anteriores.

Las pruebas de caja blanca generan una cobertura real que apoyada en otras pruebas dan confianza en el código.

5.4 TÉCNICAS BASADAS EN LA EXPERIENCIA

Las técnicas basadas en la experiencia más utilizadas son las siguientes:

▼ Predicción de errores.

▼ Pruebas exploratorias.

▼ Pruebas basadas en listas de comprobación.

5.4.1 Predicción de errores (Comprender)

La predicción de errores es una técnica utilizada para anticipar la ocurrencia de errores, defectos y fallas. Se basa en el conocimiento del probador que incluye:

Cómo funcionaba la aplicación en el pasado.

Los tipos de errores que los desarrolladores tienden a cometer y los defectos que salen de estos errores.

Los tipos de fallas que han ocurrido en aplicaciones parecidas. Los errores, defectos y fallas más comunes son los siguientes:

Entrada

- Entrada correcta o no aceptada.
- Parámetros incorrectos.

Salida

- Formato incorrecto.
- Resultado incorrecto.

Lógica

- Casos faltantes.
- Operador incorrecto.

Cálculo

- Operando incorrecto.
- Cálculo incorrecto.

Interfaces

- Desajuste de parámetros.
- Tipos incompatibles.

Datos

- Iniciación incorrecta.
- Tipo incorrecto.

Un enfoque metódico para la implementación de la técnica de predicción de errores es el ataque de fallas que se basa en que el probador haga una lista u obtenga una lista con posibles errores, defectos y fallas y que diseñe pruebas para identificar los defectos asociados con los errores, exponga los defectos o causen las fallas.

Estas listas se pueden construir en base a la experiencia o utilizando datos históricos de defectos y fallas de otros proyectos.

Por ejemplo, supongamos un probador que compra un libro con los defectos, errores y fallas más comunes en tiendas online porque están creando una tienda virtual en su proyecto, esto es un ejemplo de implementación de ataque de fallas solo que en vez de hacer una lista basándose en un proyecto parecido de su empresa compra ese libro.

5.4.2 Pruebas exploratorias (Comprender)

En las pruebas exploratorias las pruebas se diseñan, se ejecutan y evalúan simultáneamente mientras el probador aprende sobre el objeto de prueba que suele ser una aplicación o una nueva función añadida en la aplicación.

Las pruebas exploratorias se utilizan para aprender más sobre el objeto de prueba, de una manera más profunda y probar áreas no probadas del objeto de prueba.

Las pruebas exploratorias suelen hacerse en sesiones de un tiempo determinado, que no suele ser muy grande y el probador utiliza una **carta de prueba** que contiene los objetivos de la prueba para guiar la prueba.

La sesión de prueba suele ir seguida de una sesión informativa donde ocurre una discusión entre el probador y las partes interesadas en los resultados de la prueba exploratoria.

En estas pruebas los objetivos de la prueba son condiciones de prueba de alto nivel y los elementos de cobertura se identifican y ejercen durante la sesión de prueba.

El probador puede utilizar **hojas de sesión prueba** para documentar los pasos seguidos y los descubrimientos realizados.

Las pruebas exploratorias son útiles en las siguientes situaciones:

- ▶ Cuando hay poca información o no hay documentación técnica o de otro tipo.

- ▶ Cuando no hay especificaciones o son inexactas.

- ▶ Cuando hay una presión de tiempo significativa.

Las pruebas exploratorias son más efectivas cuando:

▸ Los probadores tienen experiencia.

▸ Los probadores tienen conocimientos del dominio o sector.

▸ Los probadores tienen habilidades analíticas, curiosidad y creatividad.

Las pruebas exploratorias pueden utilizar otras técnicas de prueba como por ejemplo clases de equivalencia o análisis de valores límite.

Un ejemplo de prueba exploratoria sería la siguiente:

*En su proyecto hubo un retraso en el lanzamiento de una aplicación nueva y la ejecución de la prueba comenzó tarde, pero tú tienes un conocimiento muy detallado del dominio y buenas habilidades analíticas. La lista completa de requisitos aún no se ha compartido con el equipo, pero la gerencia solicita que se presenten algunos resultados de las pruebas, esto sería un ejemplo de cuando aplicar pruebas exploratorias porque no tienes **lista de requisitos,** tenemos **presión de tiempo** y el probador tiene **buenas habilidades** y además **conocimiento del dominio.***

También tenemos un plugin en **Jira** como **XRAY** que nos permite hacer pruebas sobre esta plataforma y tiene también una versión que es **XRAY exploratorio** que es para hacer pruebas exploratorias que tienen su propia hoja de sesión de prueba que nos permite guardar todo lo descubierto y también ir guardando los pasos y haciendo pantallazos y crear vídeos.

Si quieres saber más sobre **Jira** y **XRAY** en mi libro **Scrum. Teoría e implementación práctica** en las *secciones 1.8 y 1.9 del tema 1* de mi libro podéis ver prácticas con estas herramientas de QA y en el tema 5 ver todas las herramientas que se utilizan en testing y QA actualmente.

También en el *tema 1.11* puedes ver un caso práctico de diseño de casos de prueba en un formulario.

5.4.3 Pruebas basadas en listas de comprobación (Comprender)

En las pruebas basadas en listas de comprobación, un probador diseña, implementa y ejecuta pruebas para cubrir condiciones de prueba de una lista de comprobación.

La lista de comprobación se puede construir en función de la experiencia, el conocimiento sobre lo que es importante para el usuario o la comprensión de cómo y porque falla.

La lista de comprobación no debe contener elementos que se puedan comprobar automáticamente o elementos muy generales.

Los elementos de la lista de comprobación tienen las siguientes características:

- ▶ Suelen formularse como pregunta.
- ▶ Debe ser posible comprobar cada elemento por separado y directamente.
- ▶ Los elementos pueden ser requisitos, propiedades de interfaz gráfica o características de calidad o más formas de condiciones de prueba.

Se pueden crear listas de comprobación que admitan tipos de prueba distintos como funcionales y no funcionales.

Las listas de comprobación pueden volverse menos efectivas porque los desarrolladores aprenden a evitar los mismos errores por eso es importante actualizar estas listas y añadir entradas con los errores más graves encontrados recientemente, pero las listas de comprobación no deben ser muy largas.

En ausencia de casos de prueba las pruebas basadas en listas de comprobación pueden ofrecer cierto grado de consistencia para las pruebas y si son de alto nivel tienen más cobertura, pero menor repetibilidad.

Abajo os muestro un ejemplo de donde se podría utilizar las pruebas basadas en listas de comprobación.

Estas probando una aplicación móvil que permite a los clientes acceder y administrar sus cuentas bancarias. Estas ejecutando un conjunto de pruebas que implica evaluar cada pantalla y cada campo en cada pantalla, comparándolos con una lista general de mejores prácticas de interfaz de usuario derivadas de un libro popular sobre el tema que maximiza el atractivo, la facilidad de uso y la accesibilidad para tales aplicaciones.

En este caso las mejores pruebas basadas en experiencia serían las pruebas basadas en listas de comprobación porque los campos pueden probarse por separado y cada pantalla también y además los elementos de prueba son las propiedades de las interfaces de usuario.

5.5 ENFOQUE DE PRUEBAS BASADAS EN LA COLABORACIÓN

Los enfoques basados en colaboración se centran en evitar defectos mediante la colaboración y la comunicación.

5.5.1 Redacción colaborativa de historias de usuario (Comprender)

Las historias de usuario son descripciones cortas y simples de requerimientos o características que necesitan los **stakeholders** o partes interesadas desde el punto de vista del cliente.

Una historia de usuario tiene tres partes fundamentales:

▶ **Tarjeta**: el medio que describe una historia de usuario, una tarjeta física, pero lo normal hoy en día es que se registre en una aplicación como Jira.

▶ **Conversación**: explica cómo se utilizará el software, puede documentarse o realizarlo verbal.

▶ **Confirmación**: es lo que permite verificar si una historia de usuario está terminada y va a ser aceptada por el usuario.

La estructura de una historia de usuario es:

Como rol.
Quiero objetivo.
Para motivo comercial.

Las historias de usuario cuando son muy grandes se llaman épicas y se tienen que implementar en varios Sprints.

Las historias de usuario suelen crearse entre varios roles, el analista de negocio, el QA, el desarrollador, etc.

Se suelen utilizar distintas técnicas para crear estas historias de usuario como lluvia de ideas o mapeo mental.

La colaboración permite tener una idea compartida de lo que se tiene que entregar, teniendo en cuenta tres enfoques, negocio, desarrollo y pruebas.

Una historia de usuario es **INVEST,** es decir, tiene las siguientes características:

- **Independiente**, que se pueda implementar independientemente de las otras historias de usuario.

- **Negociable**, es decir que si el cliente quiere cambiarla puede.

- **Valiosa**, que aporte valor al negocio del cliente.

- **Estimable**, que se pueda saber el tiempo que se tardará en hacerla.

- **Pequeña**, que se pueda hacer en un sprint.

- **Testeable** o comprobable, que se pueda probar.

Si una historia de usuario la parte interesada no sabe cómo probarla es que no es suficientemente clara o si por ejemplo no se puede estimar.

Para especificar correctamente una historia de usuario tenemos dos formas, dividiendo la historia de usuario en otras más simples o utilizando los criterios de aceptación.

Un ejemplo de historia de usuario sería el siguiente:

Como administrador de una tienda **Quiero** poder seguir a mis visitantes **Para** saber cuándo abandonan la tienda.

¿Por qué es interesante esto?, pues porque hay algo que se llama **Customer Journey,** que es el camino de compra, los tres primeros pasos llevan hasta la compra, descubrimiento, consideración y compra y es interesante en qué momento de la compra abandona el cliente la tienda, si es cuando ya compró el producto perfecto, pero si no habrá que investigar por qué.

Si quieres saber más de historias de usuario en mi libro **Scrum. Teoría e implementación práctica** en el *tema 9* trato todo lo que necesitas saber.

5.5.2 Criterios de aceptación (Comprender)

Los criterios de aceptación para una historia de usuario son las condiciones que debe cumplir una implementación de una historia de usuario para ser aceptada por las partes interesadas.

De hecho, podemos decir que los criterios de aceptación se pueden utilizar como las condiciones de prueba que deben ser ejercidas por las pruebas, es decir, las pruebas deben validar que se cumplen esos criterios de aceptación.

Los criterios de aceptación se utilizan para:

▶ Definir el alcance de las historias de usuario.

▶ Alcanzar un consenso entre las partes interesadas.

▶ Describir escenarios positivos y negativos, por ejemplo, login satisfactorio y erróneo.

▶ Servir de base para las pruebas de aceptación.

▶ Permitir una planificación y estimación precisa.

Hay 2 formas de describir los criterios de aceptación o al menos son las habituales:

Orientado a escenarios, lo que se denomina **BDD** que utiliza un lenguaje natural como **Gherkin** para que todas las partes interesadas lo entiendan.

La estructura de una historia de usuario con **Gherkin** sería:

Dado un contexto inicial.
Cuando se produce un evento.
Entonces se produce un resultado.

Un ejemplo de criterio de aceptación sería el siguiente: Escenario 1: suscripción del visitante.

Dado un visitante que ha cargado la página de libros en su navegador.

Cuando el visitante compra la suscripción anual de libros, se registra en la página e instala el lector de ebooks en su móvil o pc.

Entonces puede acceder a 10000 ebooks de manera online.

La otra manera es orientada a reglas como puede ser lista de verificación de viñetas o forma tabulada de mapeo de entrada-salida.

Casi todos los criterios de aceptación se pueden documentar de estas 2 formas, pero se puede utilizar otras formas siempre que los criterios de aceptación estén bien definidos.

5.5.3 Desarrollo guiado por pruebas de aceptación (ATDD) (Aplicar)

ATDD es un enfoque en que los casos de prueba se crean antes de implementar las historias de usuario.

Los casos de prueba son creados por miembro del equipo con diferentes enfoques, como clientes, desarrolladores y probadores.

Los casos de prueba pueden ejecutarse manualmente o automatizados.

Para crear la historia de usuario se crea un **taller de especialización** donde la **historia de usuario** y el **criterio de aceptación** es escrito por los miembros del equipo y las ambigüedades, incompletitud o defectos de la historia de usuario se solucionan aquí.

Después de este taller se crean los **casos de prueba** que la crea el equipo o un solo probador basándose en los criterios de aceptación.

Los **casos de prueba** ayudan a implementar la **historia de usuario** correctamente.

Los **casos de prueba** se pueden construir utilizando las técnicas de prueba de   las secciones anteriores.

Por lo tanto, en **ATDD** primero se construyen las historias de usuario y criterios de aceptación correctamente, después se crean los casos de prueba basándose en los criterios de aceptación que pueden estar automatizados con alguna herramienta como Selenium y por último se implementan estas historias de usuario, es decir, se construyen en alguna tecnología como puede ser java o .NET basándose en estos casos de prueba.

Para la construcción de los casos de prueba, primero se construirán los casos de prueba positivos y luego los negativos, también habrá que probar características no funcionales como usabilidad, rendimiento, seguridad.

Los casos de prueba deben escribirse en un lenguaje natural que todos entiendan por eso se suele utilizar **Gherkin** de **BDD**.

Los **casos de prueba** deben cubrir todas las características de la **historia de usuario** y no ir más allá y los criterios de aceptación suelen tratar problemas vistos en las historias de usuario, además no debe haber dos casos de prueba que describan las mismas características de la historia de usuario.

*Cuando utilizamos algún marco de automatización como **BDD** los desarrolladores mientras implementan las funcionalidades de la historia de usuario pueden ir automatizando las pruebas o de eso se encargan los probadores, entonces las pruebas de aceptación se convierten en ejecutables porque al ejecutar las pruebas si pasan las pruebas automatizadas es que las pruebas de aceptación son superadas automáticamente.*

5.6 GLOSARIO DEL MÓDULO 4

▶ **Caso de prueba**. Es un guion donde se indica precondiciones, pasos de la prueba, resultado esperado para cada paso, datos de la prueba y postcondición. Permite probar una característica funcional o no funcional de una funcionalidad.

▶ **Historia de usuario**. Es una descripción corta y simple de las características o necesidades que tiene un cliente desde su punto de vista.

▶ **Criterio de aceptación.** Son una serie de criterios que debe tener una historia de usuario para ser aceptado por las partes interesadas.

▶ **ATTD.** Desarrollo guiado por pruebas de aceptación, es una metodología de trabajo que pone el foco en la colaboración entre usuarios, desarrolladores y testers, con el fin de entregar un producto de mayor calidad y en menos tiempo.

▶ **BDD.** Desarrollo guiado por comportamiento donde a través de un lenguaje natural como Gherkin se construyen casos de prueba basados en criterios de aceptación que se utilizan de base para implementar una historia de usuario.

5.7 EXAMEN DEL MÓDULO 4 DE ISTQB

Haz este examen sin mirar las respuestas y sin mirar el contenido del libro porque el objetivo es que aprendas todo lo que necesitas saber para aprobar el certificado **ISTQB Certified Tester Foundation level 4.0** y con estas preguntas sabrás si entendiste todo y te acuerdas; tienes que acertar 7 de 11 para aprobar este examen del módulo 4.

1. Pregunta 1 (1 Punto)

Tu tienda favorita de alquiler diario de bicicletas acaba de presentar un nuevo sistema de gestión de relaciones con el cliente y te ha pedido a ti, uno de sus miembros más leales, que lo pruebes.

Las características implementadas son las siguientes:

- ⚐ Cualquiera puede alquilar una bicicleta, pero los socios reciben un 20% de descuento.

- ⚐ Sin embargo, si no se cumple el plazo de devolución, el descuento ya no estará disponible.

- ⚐ Después de 15 alquileres, los miembros reciben un regalo: una camiseta.

La tabla de decisiones que describe las características implementadas es la siguiente:

Condiciones	R1	R2	R3	R4	R5	R6	R7	R8
Ser miembro	T	T	T	T	F	F	F	F
Plazo incumplido	T	F	T	F	T	F	F	T
Alquiler 15	F	F	T	T	F	F	T	T
Acciones								
20 % de descuento		X		X				
Regalo de camiseta			X	X				X

Basándose únicamente en la descripción de las funciones del sistema de gestión de relaciones con el cliente, ¿cuál de las reglas anteriores describe una situación imposible?

   a) R4.

   b) R2.

   c) R6.

   d) R8.

Seleccione una opción.

2. Pregunta 2 (1 Punto)

¿Cuál de las siguientes es una característica de las técnicas de prueba basadas en la experiencia?

   a) Los casos de prueba se crean basándose en información de diseño detallada.

   b) Los elementos probados dentro de la sección del código de interfaz se utilizan para medir la cobertura.

   c) Las técnicas dependen en gran medida del conocimiento del software y del dominio empresarial del evaluador.

   d) Los casos de prueba se utilizan para identificar desviaciones de los requisitos.

Seleccione una opción.

3. Pregunta 3 (1 Punto)

Estás probando un sistema que calcula la calificación final del curso para un estudiante determinado.

La calificación final se asigna en función del resultado final, según las siguientes reglas:

- 0 – 50 puntos: reprobado.
- 51 – 60 puntos: justo. 61 – 70 puntos: satisfactorio.
- 71 – 80 puntos: bueno.
- 81 – 90 puntos: muy bueno.
- 91 – 100 puntos: excelente.

Ha preparado el siguiente conjunto de casos de prueba:

Resultado final nota final

CP1	91	Excelente.
CP2	50	Suspenso.
CP3	81	Muy bien.
CP4	60	Justa.
CP5	70	Satisfactorio.
CP6	80	Bueno.

¿Cuál es la cobertura del análisis de valor límite (BVA) de 2 valores para el resultado final que se logra con los casos de prueba existentes?

a) 50%.

b) 60%.

c) 33,3%.

d) 100%.

Seleccione una opción.

4. Pregunta 4 (1 Punto)

Estás probando un formulario de búsqueda de apartamento simplificado que sólo tiene dos criterios de búsqueda:

- Piso (con tres opciones posibles: planta baja; primer piso; segundo o piso superior).

➤ Tipo de jardín (con tres opciones posibles: sin jardín; jardín pequeño; jardín grande).

Solo los apartamentos de la planta baja podrán tener jardín. El formulario tiene un mecanismo de validación incorporado que no le permitirá utilizar criterios de búsqueda que violen esta regla.

Cada prueba tiene dos valores de entrada: tipo de piso y jardín. Desea aplicar partición de equivalencia (EP) para cubrir cada piso y cada tipo de jardín en sus pruebas.

¿Cuál es la cantidad mínima de casos de prueba para lograr una cobertura de EP del 100%?

a) 3.

b) 4.

c) 5.

d) 6.

Seleccione una opción.

5. Pregunta 5 (1 Punto)

¿Cuál de las siguientes opciones describe mejor el concepto detrás de la adivinación errónea?

a) La adivinación de errores implica utilizar su conocimiento y experiencia sobre defectos encontrados en el pasado y errores típicos cometidos por los desarrolladores.

b) Adivinar errores implica utilizar su experiencia personal de desarrollo y los errores que cometió como desarrollador.

c) La adivinación de errores requiere que usted imagine que es el usuario del objeto de prueba y que adivine los errores que el usuario podría cometer al interactuar con él.

d) La adivinación de errores requiere que usted duplique rápidamente la tarea de desarrollo para identificar el tipo de errores que podría cometer un desarrollador.

Seleccione una opción.

6. Pregunta 6 (1 Punto)

Usted prueba un sistema cuyo ciclo de vida está modelado por el diagrama de transición de estado que se muestra a continuación. El sistema arranca en el estado INIT y finaliza su funcionamiento en el estado OFF.

¿Cuál es el número mínimo de casos de prueba para lograr una cobertura de transiciones válida?

a) 4.

b) 2.

c) 7.

d) 3.

Seleccione una opción.

7. Pregunta 7 (1 Punto)

Su conjunto de pruebas logró una cobertura de declaraciones del 100 %. ¿Cuál es la consecuencia de este hecho?

a) Cada instrucción del código que contiene un defecto se ha ejecutado al menos una vez.

b) Cualquier conjunto de pruebas que contenga más casos de prueba que su conjunto de pruebas también logrará una cobertura de declaración del 100%.

c) Cada ruta en el código se ha ejecutado al menos una vez.

d) Cada combinación de valores de entrada ha sido probada al menos una vez.

Seleccione una opción.

8. Pregunta 8 (1 Punto)

¿Cuál de las siguientes opciones describe mejor la forma en que se pueden documentar los criterios de aceptación?

a) Realizar retrospectivas para determinar las necesidades reales de las partes interesadas con respecto a una historia de usuario determinada.

b) Usar el formato dado/cuándo/entonces para describir una condición de prueba de ejemplo relacionada con una historia de usuario determinada.

c) Utilizar la comunicación verbal para reducir el riesgo de que otros malinterpreten los criterios de aceptación.

d) Documentar los riesgos relacionados con una historia de usuario determinada en un plan de prueba para facilitar las pruebas basadas en riesgos de una historia de usuario determinada

Seleccione una opción.

9. Pregunta 9 (1 Punto)

Considere la siguiente historia de usuario:

Como editor.

Quiero revisar el contenido antes de que se publique.

Para que pueda asegurar que la gramática es correcta y sus criterios de aceptación:

> ▶ El usuario puede iniciar sesión en el sistema de gestión de contenidos con el rol de "editor".

> ▶ El editor puede ver páginas de contenido existentes.

> ▶ El editor puede editar el contenido de la página.

> ▶ El editor puede agregar comentarios de marcado.

> ▶ El editor puede guardar los cambios.

> ▶ El editor puede reasignarlo al rol de "propietario del contenido" para realizar actualizaciones.

¿Cuál de los siguientes es el mejor ejemplo de una prueba ATDD para esta historia de usuario?

a) Probar si el editor puede guardar el documento después de eliminar el contenido de la página.

b) Probar si el propietario del contenido puede iniciar sesión y realizar actualizaciones del contenido.

c) Probar si el editor puede programar la publicación del contenido editado.

d) Probar si el editor puede reasignarse a otro editor para realizar actualizaciones.

Seleccione una opción.

10. Pregunta 10 (1 Punto)

En su proyecto hubo un retraso en el lanzamiento de una aplicación nueva y la ejecución de la prueba comenzó tarde, pero usted tiene un conocimiento muy detallado del dominio y buenas habilidades analíticas. La lista completa de requisitos aún no se ha compartido con el equipo, pero la gerencia solicita que se presenten algunos resultados de las pruebas.

¿Qué técnica de prueba se adapta mejor a esta situación?

a) Pruebas basadas en listas de verificación.

b) Error al adivinar.

c) Pruebas exploratorias.

d) Prueba de rama. Seleccione una opción.

11. Pregunta 11 (1 Punto)

¿Cuál de las siguientes afirmaciones no es cierta para las pruebas de caja blanca?

a) Durante las pruebas de caja blanca se considera toda la implementación del software.

b) Las métricas de cobertura de caja blanca pueden ayudar a identificar pruebas adicionales para aumentar la cobertura del código.

c) Las técnicas de prueba de caja blanca se pueden utilizar en pruebas estáticas.

d) Las pruebas de caja blanca pueden ayudar a identificar brechas en la implementación de requisitos.

Seleccione una opción.

5.8 RESPUESTAS DEL EXAMEN MÓDULO 4

1. Pregunta 1 (1 Punto)

Solución

d) *Es correcto. No habrá descuento como no socio que además haya incumplido un plazo, pero sólo los socios podrán recibir una camiseta de regalo. Por tanto, la acción no es correcta.*

Mirar sección 5.2.3.

2. Pregunta 2 (1 Punto)

Solución

c) *Es correcto. Esta es una característica común de las técnicas de prueba basadas en la experiencia. Este conocimiento y experiencia incluyen el uso esperado del software, su entorno, posibles defectos y la distribución de esos defectos se utiliza para definir las pruebas.*

Mirar la sección 5.1.1.

3. Pregunta 3 (1 Punto)

Solución

Hay 12 valores límite para los valores del resultado final: 0, 50, 51, 60, 61, 70, 71, 80, 81, 90, 91 y 100. Los casos de prueba cubren seis de ellos (TC1 – 91, TC2 – 50, TC3 – 81, TC4 – 60, TC5 – 70 y TC7 – 51). Por lo tanto, los casos de prueba cubren 6/12 = 50%.

Así que:

a) *Es correcto.*

Mirar sección 5.2.2.

4. Pregunta 4 (1 Punto)

Solución

"Jardín pequeño" y "jardín grande" solo pueden ir con "planta baja", por lo que necesitamos dos casos de prueba con "planta baja" que cubran estas dos particiones de "tipo jardín". Necesitamos dos casos de prueba más para cubrir las otras dos particiones de "piso" y una partición restante "tipo jardín" de "sin jardín". Necesitamos un total de cuatro casos de prueba: TC1 (planta baja, jardín pequeño) TC2 (planta baja, jardín grande) TC3 (primer piso, sin jardín) TC4 (segundo piso o superior, sin jardín).

Así que:

b) *Es correcto.*

Mirar sección 5.2.1.

5. Pregunta 5 (1 Punto)

Solución

a) *Es correcto. El concepto básico detrás de la adivinación de errores es que el evaluador intenta adivinar qué errores pudo haber cometido el desarrollador y qué defectos puede haber en el objeto de prueba basándose en experiencias pasadas (y, a veces, en listas de verificación).*

Mirar sección 5.5.1.

6. Pregunta 6 (1 Punto)

Solución

Las transiciones de "prueba" y "error" no pueden ocurrir en un caso de prueba. Tampoco pueden ambas transiciones "terminadas". Esto significa que necesitamos al menos tres casos de prueba para lograr la cobertura de transición. Por ejemplo: TC1: prueba, hecho TC2: ejecutar, error, hecho TC3: ejecutar, pausar, reanudar, pausar, hecho.

Así que:

d) *Es correcto.*

Mirar sección 5.2.4.

7. Pregunta 7 (1 Punto)

Solución

a) *Es correcto. Dado que se logra una cobertura del 100% de los extractos, todos los extractos, incluidos los defectuosos, deben haber sido ejecutados y evaluados al menos una vez.*

Mirar sección 5.3.1.

8. Pregunta 8 (1 Punto)

Solución

b) *Es correcto. Esta es la forma estándar de documentar los criterios de aceptación.*

Mirar sección 5.5.2.

9. Pregunta 9 (1 Punto)

Solución

a) *Es correcto. Esta prueba cubre dos criterios de aceptación: uno sobre editar el documento y otro sobre guardar cambios.*

Mirar sección 5.5.3.

10. Pregunta 10 (1 Punto)

Solución

c) *Es correcto. Las pruebas exploratorias son más útiles cuando hay pocas especificaciones conocidas y/o hay un cronograma apremiante para las pruebas.*

Mirar sección 5.4.2.

11. Pregunta 11 (1 Punto)

Solución

d) *Es correcto. Esta es la debilidad de las técnicas de prueba de caja blanca. No pueden identificar la implementación faltante porque se basan únicamente en la estructura del objeto de prueba, no en la especificación de requisitos.*

Mirar sección 5.3.1.

6

MÓDULO 5 DE ISQTB FOUNDATION. GESTIÓN DE LAS ACTIVIDADES DE PRUEBA

6.1 PLANIFICACIÓN DE PRUEBAS

6.1.1 Propósito y contenido de un plan de prueba (Comprender)

Un plan de pruebas describe los objetivos, recursos y procesos para un proyecto de prueba:

Un plan de prueba tiene los siguientes objetivos:

▶ Documenta los medios y el cronograma para lograr los objetivos de la prueba.

▶ Ayuda a garantizar que las actividades de prueba realizadas cumplen con los requerimientos establecidos.

▶ Sirve como forma de comunicación con los miembros del equipo y **stakeholders** o partes interesadas.

▶ Demuestra que las pruebas siguen la política de pruebas y estrategia de pruebas.

Los probadores se van a guiar por el **plan de pruebas** para realizar las pruebas y el **plan de pruebas** permite determinar los recursos que se necesitan para cumplir los objetivos del proyecto de prueba.

El **plan de pruebas** suele contener lo siguiente:

Contexto de las pruebas

- Alcance.
- Objetivos.
- Base de pruebas.
- Limitaciones del proyecto de pruebas.

Partes interesadas

- Roles.
- Necesidades de contratación.
- Necesidades de capacitación.

Comunicación

- Formularios.
- Frecuencia de comunicación.
- Plantillas de comunicación.

Registro de riesgos

- Riesgo de producto.
- Riesgo de proyecto.

Enfoque de prueba

- Niveles de prueba.
- Tipos de prueba.
- Técnicas de prueba.
- Resultados de la prueba.
- Criterios de entrada.
- Criterios de salida.
- Independencia de las pruebas.
- Métricas.
- Datos de prueba.

    ▸ Entorno de prueba.
    ▸ Desviaciones de la política de pruebas.
    ▸ Estrategias de pruebas.

Organización

    ▸ Presupuesto.
    ▸ Cronograma.

Un ejemplo de plan de pruebas lo podéis encontrar en este magnífico artículo de Guru99, os dejo la URL https://www.guru99.com/es/test-planning.html

6.1.2 Contribución del probador a la planificación de la iteración y entrega (Recordar)

En los SDLC o ciclos de vida de desarrollo de software iterativo, ocurren dos tipos de planificaciones, planificación de entregas y *planificación de iteraciones.*

Planificación de entregas

En la planificación de pruebas se realizan las siguientes actividades:

▸ Definir y redefinir el producto backlog o pila del producto.

▸ Divide historias de usuario más grandes (épicas) en historias de usuario más pequeñas.

▸ Se utiliza como base para el plan de pruebas.

Los **probadores** involucrados en la planificación de la versión participan en las siguientes actividades:

    ▸ Redacción de historias de usuario.
    ▸ Redacción de criterios de aceptación.
    ▸ Análisis de riesgo del producto y proyecto.
    ▸ Estimación del esfuerzo de prueba de la historia de usuario.
    ▸ Identifican el enfoque para las pruebas de la versión.
    ▸ Planifican las pruebas para la versión.

Planificación de la iteración

En esta planificación nos fijamos solo en esta iteración y en los ítems que hay en el backlog o pila de la iteración.

Los probadores que participan en la planificación de la iteración realizan las siguientes actividades:

- Análisis detallado del riesgo de las historias de usuario.
- Comprueban la testeabilidad de las historias de usuario.
- Dividen las historias de usuario en tareas de prueba.
- Identifican y refinan características funcionales y no funcionales del objeto de prueba.

En la iteración es donde se tienen que realizar pruebas de todo tipo, pruebas funcionales, de rendimiento, de seguridad, usabilidad, de componente y para poder hacer eso se tiene que realizar las actividades anteriores.

6.1.3 Criterios de entrada y criterios de salida (Comprender)

Los criterios de entrada definen las condiciones previas para emprender una actividad determinada, en este caso de pruebas.

Los criterios de salida indican qué se tiene que conseguir para lograr una actividad completa.

Los criterios de entrada y los criterios de salida se definen para cada nivel de prueba y son diferentes según los objetivos.

Los criterios de entrada típicos:

Disponibilidad de recursos

- Personas.
- Herramientas.
- Entornos.
- Presupuestos.
- Tiempo.

Disponibilidad de testware

- Base de prueba.
- Requisitos comprobables.
- Historias de usuario.
- Caso de prueba.

Nivel de calidad inicial del objeto de prueba

- Las pruebas de humo se han pasado.
- Los criterios de salida típicos son:

Medidas de rigurosidad

- Nivel de cobertura alcanzado.
- Número de defectos no resueltos.
- Densidad de defectos.
- Número de casos de prueba fallidos.

Criterios de finalización

- Se han ejecutado todas las pruebas planificadas.
- Se han realizado las pruebas estáticas.
- Se han solucionado todos defectos encontrados.
- Todas las pruebas de regresión están automatizadas.
- Quedarse sin tiempo.
- Quedarse sin recursos.

Cuando te quedas sin tiempo o sin recursos puede ser aceptable finalizar las pruebas *siempre que las partes interesadas aceptan el riesgo.*

Los **criterios de salida** en metodologías ágiles como **Scrum** se les llama **DOD** definición de hecho o terminado y es cuando una historia de usuario cumple con los criterios para indicar que está completa y terminada.

Los **criterios de entrada** es lo que una historia de usuario tiene que cumplir para que comience su desarrollo o sus pruebas, se llama en metodología ágil definición de   listo o **DOR.**

Si queréis saber más sobre Scrum podéis mirar mi libro **Scrum. Teoría e implementación práctica** o ir a mi canal de YouTube **@scrummasterprofesional.**

6.1.4 Técnicas de estimación (Aplicar)

La estimación del esfuerzo de prueba implica predecir la cantidad de trabajo que se necesita para realizar una prueba.

La estimación es un supuesto, es decir, no es exacta, siempre puede haber error en la estimación y esto es algo que deben saber las partes interesadas.

La estimación para tareas pequeñas es más precisa que para tareas grandes, por lo tanto, si la tarea es grande hay que dividirla en varias tareas más pequeñas para estimar mejor.

Para esta certificación solo vamos a tratar 4 técnicas de estimación:

Estimación basada en proporciones

En esta técnica, que está basada en métricas, se recopilan medidas de proyectos anteriores de la organización, lo que ayuda a sacar estándares que se pueden utilizar en proyectos similares.

Las métricas sacadas de proyectos de la propia organización y de sus datos históricos son una buena manera de estimar el esfuerzo de prueba en un nuevo proyecto de la misma organización.

Por ejemplo, si en el proyecto anterior la relación entre el desarrollo y el esfuerzo de pruebas fue de 4:2 y en el proyecto actual se espera que el esfuerzo de desarrollo sea de 800 días/persona por lo que según la relación el esfuerzo de pruebas será de 400 días/persona.

Extrapolación

En esta técnica basada en métricas, las mediciones se realizan desde el inicio del proyecto para recopilar datos, se cogen estos datos y se extrapola el esfuerzo para el resto del trabajo. Esta técnica es muy adecuada para ciclos de vida de desarrollo de software iterativos.

Por ejemplo, si estamos en un proyecto de desarrollo con Scrum, podemos extrapolar el esfuerzo de pruebas del próximo Sprint haciendo una media de los 4 Sprints anteriores.

Delphi de banda ancha

En esta técnica iterativa basada en expertos, los expertos hacen estimaciones basadas en experiencia.

Cada experto de forma aislada estima el esfuerzo dentro de un rango de valores y se recogen las estimaciones, eligiendo aquella que sea la más repetida, si alguna estimación sale del rango de valores los expertos vuelven a hacer las estimaciones hasta llegar a un consenso.

En la **estimación póker** que se utiliza en el desarrollo ágil y que es una variante de la **estimación Delphi** se utilizan tarjetas con números que representan el   esfuerzo.

Un ejemplo sería una historia de usuario donde hay 6 probadores y dicen las siguientes estimaciones del esfuerzo sabiendo que no puede pasar de 8 horas, un día de trabajo.

Probador	Estimación de Esfuerzo
Probador 1	6 horas
Probador 2	3 horas
Probador 3	6 horas
Probador 4	5 horas
Probador 5	4 horas
Probador 6	6 horas

La estimación más repetida es la de 6 horas y es la que se elige para esta historia de usuario.

Estimación de tres puntos

Es una técnica basada en expertos, los expertos realizan tres estimaciones:

- La estimación más optimista (a).
- La estimación más probable (m).
- La estimación más pesimista (b).

La estimación se calcula con la siguiente fórmula:

E= (a + 4*m +b) /6

La ventaja de esta técnica es que permite a los expertos calcular el error de medición que se calcula con la fórmula de abajo.

$SD=(b-a) /6$

Un ejemplo sería el siguiente, supongamos unas estimaciones en horas/persona de a=5, m=7 b=9.

$E=5+ 4*7 + 9/6= 5 + 28 +9=42/6=7.$ $SD=9-5/6=0,66.$

La estimación sería entre 6,34 horas/persona y 7,66 horas/persona.

6.1.5 Priorización de casos de prueba (Aplicar)

Una vez que los casos de prueba y los procedimientos de prueba se crean se meten dentro de **juegos de prueba** y se enlazan a un **cronograma de pruebas** que indica cuando y en qué orden se van a ejecutar los casos de prueba.

La orden de la ejecución de las pruebas depende de la prioridad de los casos de prueba y la prioridad puede crearse a partir de tres estrategias:

Priorización basada en riesgo

El orden de ejecución de las pruebas se basa en el análisis de riesgos. Los casos de prueba que se ejecutan primero son los que cubren los riesgos más importantes.

Priorización basada en la cobertura

El orden de ejecución de la prueba se basa en la cobertura. Los casos de prueba que logran la cobertura más grande se ejecutan primero. Luego tenemos priorización de cobertura adicional, en la que el caso de prueba que tiene la cobertura más alta se ejecuta primero y luego los demás.

Priorización basada en requisitos

El orden de ejecución de los casos de prueba se basa en los requisitos, la prioridad de los requisitos la marca las partes interesadas.

Los casos de prueba que se ejecutan primero son aquellos que cubren los requisitos más importantes.

Bueno hemos visto 3 técnicas para determinar la prioridad de los casos de prueba, pero si los casos de prueba dependen de otro u otros casos de prueba aunque tengan menos prioridad se ejecutaran primero y luego los de más prioridad.

El orden de ejecución de las pruebas también dependerá de si las herramientas, entornos o personas están disponibles.

Ahora voy a poner un ejemplo, supongamos que utilizamos priorización basada en requerimientos para determinar la prioridad de 5 casos de prueba.

Caso de prueba	Prioridad	Dependencia con	Orden de ejecución
CP1	5	CP3	CP3
CP2	4	CP4	CP1
CP3	1		CP4
CP4	2		CP2
CP5	3		CP5

6.1.6 Pirámide de prueba (Recordar)

La pirámide de prueba es un modelo de prueba que muestra diferentes pruebas pueden tener una profundidad diferente u objetivos diferentes.

El modelo de pirámide de prueba apoya al equipo en la **automatización de pruebas** y en la asignación del esfuerzo a las pruebas al mostrar que los distintos niveles de prueba están respaldados por diferentes niveles de **automatización de pruebas**.

Por ejemplo, el nivel de prueba de componente tiene la automatización de **pruebas unitarias**, el nivel de pruebas de sistema tiene la automatización de pruebas de **APIS** o de **pruebas de rendimiento**.

La pirámide de pruebas está dividida en capas y cada capa representa un grupo de pruebas.

Cuanta más alta sea la capa menor será la granularidad de la prueba, el aislamiento de la prueba y el tiempo de ejecución de la prueba.

Las pruebas de las capas inferiores son pequeñas, aisladas, rápidas y comprueba una pequeña pieza de funcionalidad por lo que se necesitan muchas pruebas para tener una buena cobertura.

Las pruebas de la capa superior representan pruebas complejas, de alto nivel y de extremo a extremo, son pruebas más lentas que las de las capas inferiores y suelen comprobar grandes piezas de funcionalidad por lo que con pocas pruebas para tener una buena cobertura.

El número de las capas y el nombre puede cambiar, en el modelo de prueba original (Cohn 2008) se habla de tres capas:

- ▼ Pruebas unitarias.
- ▼ Pruebas de servicio.
- ▼ Pruebas de interfaz de usuario.

Hoy en día creo que el modelo de pirámide de pruebas más habitual es el que se muestra en la siguiente imagen:

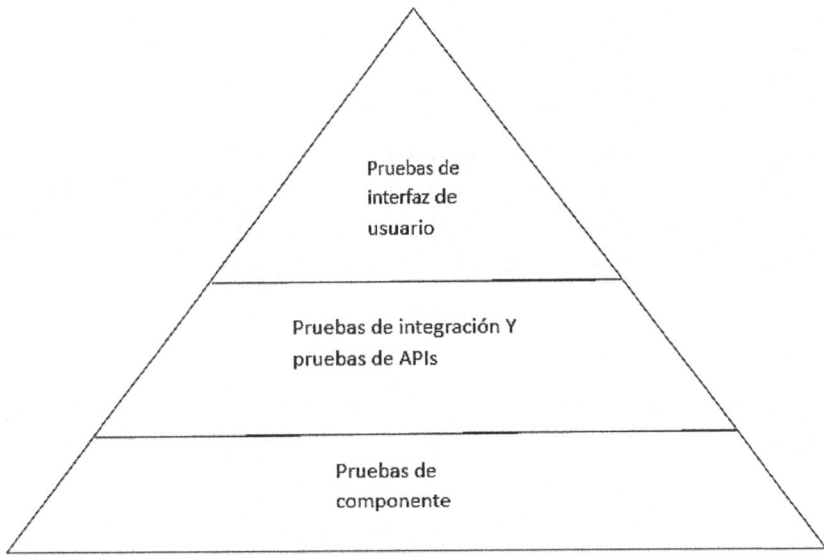

6.1.7 Cuadrantes de prueba (Comprender)

Los cuadrantes de prueba definidos por **Brian Marick** agrupan los niveles de prueba con los tipos de prueba, actividades, técnicas de prueba y productos de trabajo de desarrollo ágil.

Este modelo ayuda a que todos los niveles de prueba y tipos de prueba estén presentes en los ciclos de vida de desarrollo de software y que algunos tipos de prueba son más importantes para ciertos niveles de prueba que otros.

En este modelo, las pruebas pueden estar orientadas al negocio o a la tecnología, también pueden apoyar al equipo o criticar el producto, esta combinación determina los 4 cuadrantes:

Cuadrante Q1 (De cara a la tecnología, Apoyo al equipo)

Este cuadrante contiene pruebas de integración de componentes y de componentes. Estas *pruebas deben automatizarse e integrarse en el proceso de integración continua.*

Cuadrante Q2(De cara al negocio, Apoyo al equipo)

Este cuadrante contiene las pruebas funcionales, ejemplos *pruebas de historias de usuario, prototipos de experiencia de usuario, pruebas de API y simulaciones.* Estas pruebas comprueban los criterios de aceptación y pueden ser manuales y automatizadas.

Cuadrante Q3(De cara al negocio, Crítica al producto)

Este cuadrante *contiene pruebas exploratorias, pruebas de usabilidad, pruebas de aceptación de usuarios.* Están orientadas al usuario y a menudo son manuales.

Cuadrante Q4(De cara a la tecnología, Crítica al producto)

Este cuadrante contiene *pruebas de humo y pruebas no funcionales excepto pruebas de usabilidad.* Suelen automatizarse estas pruebas.

6.2 GESTIÓN DE RIESGOS

Las organizaciones soportan muchos factores internos y externos por lo que es difícil de saber si van a cumplir sus objetivos.

La gestión de los riesgos permite a las empresas:

- Aumentar la probabilidad de conseguir sus objetivos.
- Mejorar la calidad de sus productos.
- Aumentar la confianza de las partes interesadas.

Las dos principales actividades de la gestión de riesgos son:

- Análisis de riesgos (Identifica y evalúa los riesgos).
- Control de riesgos (Mitigación de riesgos y monitoreo de riesgos).

El enfoque de prueba en que las actividades de prueba se seleccionan, priorizan y gestionan en función del análisis de riesgo y el control de riesgo se denomina prueba basada en riesgo.

6.2.1 Definición del riesgo y atributos del riesgo (Recordar)

El riesgo es un evento potencial, un peligro, una amenaza cuya causa genera un efecto adverso.

El riesgo depende dos factores:

- **Probabilidad de riesgo**: la probabilidad de que ocurra el riesgo está entre 0 y 1.

- **Impacto de riesgo:** es el daño, las consecuencias de este hecho.

Estos dos factores expresan el nivel de riesgo, que es una medida del riesgo con la siguiente fórmula:

*Nivel de riesgo = Probabilidad del riesgo * Impacto del riesgo.* Cuanto mayor es el nivel de riesgo más importante es tratar ese riesgo.

6.2.2 Riesgos de proyecto y riesgos de producto (Comprender)

En las pruebas se tienen en cuenta dos tipos de riesgos, los **riesgos del proyecto** y los **riesgos del producto**.

Los **riesgos del proyecto** están relacionados con la gestión y el control del proyecto y algunos de ellos son:

Cuestiones de organización

- Retrasos en las entregas de productos de trabajo.
- Estimaciones incorrectas.
- Reducción de costes.

Problemas con las personas

- Habilidades insuficientes.
- Conflictos.
- Problemas de comunicación.
- Falta de personal.

Problemas técnicos

- Expansión del alcance.
- Soporte deficiente de una herramienta.

Problemas con el proveedor

- Fallos en la entrega del proveedor.
- Quiebra de la empresa de soporte.

Los riesgos del proyecto cuando ocurren tienen un impacto en el cronograma, presupuesto o alcance del proyecto.

Los riesgos del producto están relacionados con las características del producto.

Ejemplos de riesgos del producto son:

- Funcionalidades faltantes o incorrectas.
- Cálculos incorrectos.
- Errores en tiempo de ejecución.
- Arquitectura deficiente.
- Algoritmos poco eficientes.
- Tiempo de respuesta inadecuado.
- Vulnerabilidades de seguridad.

Las consecuencias de que ocurran los riesgos del producto pueden ser las siguientes:

- Insatisfacción del usuario.
- Pérdida de ingresos, confianza y reputación.
- Daños a terceros.
- Altos costos de mantenimiento.
- Sanciones penales.
- En algunos casos extremos lesiones, daños físicos o la muerte.

Por ejemplo, si el software de un aeropuerto tiene un error del cálculo de calles que hay para aterrizar los aviones que llegan al aeropuerto, ese cálculo erróneo puede ocasionar un accidente de avión con muchas muertes o muchos accidentes de avión.

6.2.3 Análisis de riesgos de producto (Comprender)

El objetivo del análisis de riesgo del producto es proporcionar una conciencia de este riesgo para realizar un esfuerzo de prueba de manera que minimice el **riesgo residual** de producto.

El análisis de riesgo de producto comienza temprano en el ciclo de vida de desarrollo de software y consiste en la identificación y la evaluación de los riesgos.

La identificación de riesgos consiste en generar una lista completa de riesgos. Los riesgos se pueden identificar mediante técnicas como lluvia de ideas, talleres, entrevistas o diagramas de causa-efecto.

La evaluación de riesgos consiste en las siguientes actividades:

- Categorizar los riesgos identificados.
- Determinar su probabilidad de riesgo, impacto y nivel de riesgo.
- Priorizarlos.
- Proponer formas de manejarlos.

La categorización ayuda a asignar acciones de mitigación porque los riesgos que están en la misma categoría suelen mitigarse de la misma manera.

La evaluación de riesgos puede utilizar un enfoque cualitativo o cuantitativo o una combinación de ellos.

En el enfoque cuantitativo, el nivel de riesgo se calcula como la multiplicación de la probabilidad de riesgo y el impacto de riesgo.

Por ejemplo, supongamos que la probabilidad de que falle un switch en una empresa es del 45% y el impacto de ese riesgo sería de 50.000 euros por día así que el nivel de riesgo es 50.000 * 45% es de 22.500 euros por día que no funcione el switch.

En el enfoque cualitativo el nivel de riesgo se puede determinar utilizando una matriz de riesgo como la de abajo.

Ejemplo de matriz de riesgo 5×5

Impacto
¿Qué tan severas serían las resultados si ocurriera el riesgo?

Probabilidad ¿Cuál es la probabilidad de que ocurra el riesgo?	Insignificante 1	Menor 2	Significativo 3	Mayor 4	Severo 5
5 Casi seguro	Medio 5	Alto 10	Muy alto 15	Extremo 20	Extremo 25
4 Probable	Medio 4	Medio 8	Alto 12	Muy alto 16	Extremo 20
3 Moderado	Bajo 3	Medio 6	Medio 9	Alto 12	Muy alto 15
2 Poco probable	Muy bajo 2	Bajo 4	Medio 6	Medio 8	Alto 10
1 Raro	Muy bajo 1	Muy bajo 2	Bajo 3	Medio 4	Medio 5

El análisis de riesgo puede influir en el alcance de las pruebas, sus resultados se utilizan para lo siguiente:

▼ Determinar el alcance de las pruebas a realizar.

▼ Determinar el nivel de prueba y tipos de prueba a realizar.

▼ Determinar las técnicas de prueba que se utilizarán y la cobertura que se logrará.

▼ Estimar el esfuerzo de prueba para cada tarea.

▶ Priorizar las pruebas.

▶ Determinar si se puede realizar alguna actividad extra para reducir el riesgo de las pruebas.

6.2.4 Control de riesgos de producto (Comprender)

El control de riesgo del producto comprende todas las medidas que se toman en respuesta a los riesgos identificados y evaluados.

El control de riesgos del producto consiste en la mitigación del riesgo y la monitorización del riesgo.

La mitigación de riesgos consiste en implementar las acciones propuestas en la evaluación de riesgos para reducir el nivel de riesgo.

El monitoreo de riesgos tiene los objetivos siguientes:

▶ Garantizar que las acciones de mitigación han sido efectivas.
▶ Obtener más información para mejorar la evaluación de riesgos.
▶ Identificar los riesgos emergentes.

Las acciones que se pueden realizar para mitigar los riesgos de un producto son:

▶ Seleccionar los probadores con el nivel adecuado de experiencia y habilidades adecuadas para un tipo de riesgo determinado.

▶ Aplicar un nivel adecuado de independencia de pruebas.

▶ Realizar revisiones y análisis estático.

▶ Aplicar las técnicas de prueba y niveles de cobertura adecuados.

▶ Aplicar los tipos de prueba que aborden las características de calidad afectadas.

▶ Realizar pruebas dinámicas incluidas las pruebas de regresión.

6.3 MONITOREO DE PRUEBAS, CONTROL DE PRUEBAS Y FINALIZACIÓN DE PRUEBAS

El **monitoreo de pruebas** se refiere a la recopilación de información sobre pruebas.

Esta información se utiliza para evaluar el progreso de la prueba y para evaluar si se cumplen los criterios de salida de la prueba como puede ser cumplir la cobertura de riesgos del producto o los criterios de aceptación.

El control de pruebas utiliza la información de monitoreo de pruebas para tomar acciones correctivas para hacer las pruebas más efectivas y eficientes y para utilizar directivas de control como las siguientes:

- ▶ Repriorizar las pruebas cuando un riesgo identificado se convierte en un problema.

- ▶ Volver a evaluar si un elemento de prueba cumple con los criterios de entrada o de salida.

- ▶ Ajustar el cronograma de prueba para abordar un retraso en la entrega.

- ▶ Agregar recursos cuando sea necesario.

La **finalización de la prueba** recopila datos de las actividades de la prueba finalizadas y las actividades de finalización ocurren en los siguientes hitos de un proyecto:

- Cuando se completa un nivel de pruebas.
- Cuando se termina un sprint.
- Cuando se termina un proyecto.
- Cuando se realiza una entrega o un mantenimiento del sistema.

6.3.1 Métricas utilizadas en las pruebas (Recordar)

Las **métricas de prueba** tienen los objetivos de:

- Mostrar el progreso con respecto al cronograma y los presupuestos planificados.

- Mostrar la calidad actual del objeto de prueba y la efectividad de las actividades de prueba.

Las métricas de pruebas más comunes son las siguientes:

Métricas del progreso del proyecto

- Finalización de tareas.
- Uso de recursos.
- Esfuerzo de prueba.

Métricas de progreso de las pruebas

- Progreso de la implementación de casos de prueba.
- Progreso de la preparación del entorno de prueba.
- Número de casos de prueba ejecutados/no ejecutados.
- Casos de prueba pasados/fallados.
- Tiempo de ejecución de las pruebas.

Métricas de calidad del producto

- Disponibilidad.
- Tiempo de respuesta.
- Tiempo de respuesta hasta el fallo.

Métricas de defectos

- Número de defectos encontrados/corregidos.
- Prioridades de defectos encontrados/corregidos.
- Densidad de defectos.
- Porcentaje de detección de defectos.

Métricas de riesgos

- Nivel de riesgo residual.

Métricas de cobertura

- Cobertura de requisitos.
- Cobertura de código.

Métricas de costos

- Costo de las pruebas.
- Costo de la calidad en la organización.

6.3.2 Propósito, contenido y audiencia de los informes de prueba (Comprender)

Los informes de prueba resumen y comunican la información de la prueba durante la prueba y después de la prueba.

Hay dos tipos de informes de prueba, **informe de progreso de prueba** e informe de finalización de prueba.

Informe de progreso de prueba

Permiten el control continuo de la prueba y tienen que proporcionar suficiente información para realizar, si fuera necesario, modificaciones en el **cronograma de la prueba**, los recursos o el **plan de pruebas**.

Durante el monitoreo y control de prueba el equipo de la prueba genera *informes de progreso de la prueba* para informar a las partes interesadas del progreso y estos informes suelen ser entregados diaria, semanal o mensualmente, dependiendo del cliente.

Estos *informes de progreso de prueba* incluyen las siguientes secciones:

- Duración de la prueba.
- Progreso de la prueba (información del cronograma y sus desviaciones).
- Impedimentos de las pruebas y sus soluciones alternativas.
- Métricas de prueba.
- Riesgos nuevos y modificados dentro del periodo de prueba.
- Pruebas previstas para el siguiente periodo.

Informe de finalización de prueba

Los **informes de finalización de pruebas** resumen una etapa especifica de la prueba (nivel de prueba, ciclo de prueba o una iteración) y nos dan información para pruebas posteriores.

Este informe utiliza datos de informes de progreso de pruebas y otros datos. Estos informes incluyen lo siguiente:

- Resumen de la prueba.

- Evaluación de la prueba y la calidad del producto según el plan de pruebas original.

- Desviaciones del plan de pruebas.

- Impedimentos de prueba y soluciones alternativas.

- Métricas de prueba basadas en informes de progreso de prueba.

- Riesgos no mitigados.

- Defectos no corregidos.

- Lecciones aprendidas.

El grado de formalidad y frecuencia de los informes depende de para quien van dirigidos.

Si el informe del progreso de las pruebas es para gente del equipo será informal y frecuente.

Si el informe de pruebas es cuando el proyecto se ha completado se utiliza una plantilla establecida y se entrega una sola vez al cliente o partes interesadas.

Ahora os voy a poner un enlace a un ejemplo de un informe final de pruebas funcionales en la provincia de Guadalajara, estado de Jalisco, en México.

https://www2.iepcjalisco.org.mx/proceso-electoral-2021/wp-content/ uploads/2021/06/ReporteIJALTI.pdf

Estas pruebas se hacen sobre el sistema PREP (Programa de Resultados Electorales Preliminares), que es el mecanismo de información electoral que recaba los resultados preliminares y no definitivos, de carácter estrictamente informativo a través de la captura de los datos asentados en las actas de escrutinio y cómputo de las casillas que se reciben en los CATD (Centros de Acopio y Transmisión de Datos) autorizados.

Os recomiendo que lo miréis porque es un ejemplo real de un informe final de pruebas funcionales y además realizan un análisis de las vulnerabilidades de seguridad del sistema bajo prueba.

También podéis ver el estándar **ISO/IEC/IEEE 29119-3** que incluye plantillas y más ejemplos de informes de finalización de prueba y de progreso.

6.3.3 Comunicar el estado de las pruebas (Comprender)

El mejor medio para comunicar el estado de las pruebas depende de la gestión de las pruebas, la urgencia o de estándares regulatorios.

Las opciones serían las siguientes:

▸ Comunicación verbal con el equipo o con partes interesadas.

▸ Tableros de control como los de integración o entrega continuas (CI/CD) que aparecen en **Jenkins**, diagramas de trabajo restante o de tareas en herramientas como **JIRA**.

▸ Canales de comunicación electrónica como chats de **Teams** o correos electrónicos de **Gmail** o **Outlook**.

▸ Documentos en línea como puede ser en el **Drive** de Google o en **PowerPoint** o **Word** de **Office 365** de **Microsoft.**

▸ Informes formales de prueba creado con **Word** o el **Writer** de **LibreOffice**.

Para aquellos que no quieran pagar la licencia de **Microsoft** tienen **LibreOffice**, un producto gratis y que tiene productos muy parecidos al **Office** de **Microsoft**.

Los tipos de formas de comunicar los resultados pueden ser varias de estas opciones, lógicamente si el equipo o las partes interesadas no están en la misma ubicación lo mejor es enviar por un canal como el email un informe formal de las pruebas.

6.4 GESTIÓN DE LA CONFIGURACIÓN (COMPRENDER)

En las pruebas, la gestión de configuración, cuyas siglas son CM, proporcionan la capacidad para identificar, controlar y rastrear productos de trabajo que son elementos de configuración como:

- Planes de prueba.
- Estrategia de prueba.
- Condiciones de prueba.
- Casos de prueba.
- Scripts de prueba.
- Resultados de prueba.
- Registros de prueba.
- Informes de prueba.

Para un elemento de configuración complejo como puede ser un entorno de pruebas la gestión de la configuración registra todos los elementos que hay en ese entorno de pruebas, sus relaciones y versiones.

Si el elemento de configuración está aprobado para las pruebas se convierte en una **línea de base** y solo se puede cambiar a través de un proceso formal de control   de cambios.

La gestión de configuración mantiene un registro de los elementos de configuración modificados cuando se crea una nueva línea base y se puede volver a una línea base anterior para poder ver los resultados de prueba anteriores.

La gestión de configuración garantiza lo siguiente:

▸ Todos los elementos de configuración, incluidos los elementos de prueba, se identifican de manera única, se controlan las versiones, se realiza un seguimiento de los cambios y se relacionan con otros elementos de configuración para que se pueda mantener la trazabilidad durante el proceso de prueba.

▸ Toda la documentación identificada y los elementos de software se mencionan de una manera única en la documentación de prueba.

La integración continua, la entrega continua, las pruebas asociadas se implementan como parte de un canal (**pipeline**) automatizado de **DevOps** en que suele estar incluido la gestión de configuración automatiza.

En mi libro **Scrum. Teoría e implantación práctica,** *podéis aprender mucho más de* **DevOps** *y además tenéis una práctica con archivos que se pueden descargar utilizando* **Jenkins** *en el tema 14, que es el último tema del libro.*

6.5 GESTIÓN DE DEFECTOS (APLICAR)

Encontrar defectos es uno de los objetivos de las pruebas por lo que la gestión de defectos es fundamental.

Realmente cuando hablamos de defectos estamos hablando de anomalías que son defectos o falsos positivos y que se determina durante el proceso de tratar con los informes de defecto.

Las anomalías pueden notificarse en cualquier fase del ciclo de desarrollo de software y la forma depende de este ciclo.

Durante el proceso de gestión de defectos las fases pasan por:

1. Descubrimiento.
2. Verificación de que es un defecto.
3. Creación del defecto.
4. Registro en una herramienta.
5. Análisis.
6. Clasificación del defecto.
7. Arreglar el defecto.
8. Cierre del informe de defecto.
9. Cierre del defecto.

Las partes interesadas suelen realizar un seguimiento del defecto.

Los defectos de las pruebas estáticas se manejan similares que el de las dinámicas.

Los informes de un defecto tienen los siguientes objetivos:

▶ Proporcionar la información suficiente para que el equipo de desarrollo resuelva el defecto.

▶ Proporcionar un medio de seguimiento de la calidad del producto de trabajo.

▶ Proporcionar ideas para mejorar el proceso de desarrollo y de pruebas.

En la vida real la herramienta más utilizada para proyectos ágiles es **Jira** y tiene un plugin para la gestión de pruebas que se llama **XRay**.

Un informe de defecto registrado durante las pruebas dinámicas suele incluir:

▶ Identificar único.
▶ Título con un breve resumen del defecto encontrado.
▶ Fecha en la que se encontró el defecto.
▶ Empresa o equipo que lo encontró.
▶ Autor que registra el defecto y su rol.
▶ Identificación del objeto de prueba y su entorno.
▶ Caso de prueba que se está ejecutando.
▶ Actividad de prueba que se está realizando.
▶ Fase del ciclo de vida del software donde se encontró.
▶ Técnica de prueba que se utilizó para encontrar el defecto.
▶ Datos de prueba que se utilizaron.

⯈ Pasos para reproducir el defecto.

⯈ Imágenes, vídeos o documentos que demuestran el defecto.

⯈ Resultados esperados y resultados reales.

⯈ Gravedad del defecto.

⯈ Prioridad del defecto.

⯈ Estado del defecto.

⯈ Referencias por ejemplo caso de prueba, caso de uso o historia de usuario.

El estado de un defecto puede ser:

⯈ Abierto.

⯈ Diferido.

⯈ Duplicado.

⯈ En espera de corregirse.

⯈ En esperar de pruebas de confirmación.

En el estándar ISO/IEC/IEEE-29119-3 se pueden encontrar plantillas de ejemplo para el informe de defecto.

Ejemplo de informe de defecto

En mi cuenta de usuario aparece el subrayado en el texto del botón actualizar.

Descripción: necesitamos eliminar el subrayado al pasar el ratón sobre el botón Actualizar en la sección Mi cuenta.

Enlace: https://ejemplodefecto/Mi-Cuenta/ Navegador/SO: Chrome 124 Windows 11 Home Pasos para reproducir:

1. *Vaya a www.test.com*

2. *Inicie sesión mediante credenciales de inicio de sesión.*

3. *Navega a Mi cuenta.*

4. *Pase el ratón sobre el botón Actualizar.*

Resultado actual: hay un subrayado. Resultado esperado: sin subrayado.

Datos de inicio de sesión: test@test.com/mysecretpass12

6.6 GLOSARIO DEL MÓDULO 5

▶ **Gestión de defectos**. Proceso por el cual se identifica, se hace seguimiento se reporta, se verifica su solución y se cierra el defecto.

▶ **Informe de defectos**. Documento que registra y describe un defecto para que el desarrollador pueda reproducirlo y solucionarlo y también para dejar evidencia de ese suceso.

▶ **Criterio de entrada**. Son las condiciones que se tienen que cumplir para que las pruebas puedan empezar.

▶ **Criterios de salida**. Criterios para indicar cuando unas pruebas se dan como terminadas.

▶ **Riesgo del producto**. Son riesgos que podrían afectar potencialmente al producto, características de calidad, características de rendimiento, insatisfacción del cliente.

▶ **Riesgo del proyecto**. Riesgos que ponen en peligro los objetivos del proyecto.

▶ **Riesgo**. Es la probabilidad que ocurra un evento negativo multiplicado por el impacto que tiene ese evento en el producto o en el proyecto.

▶ **Análisis de riesgo**. Se le asigna un impacto y una probabilidad a ese riesgo.

▶ **Evaluación de riesgo**. Determina el nivel de riesgo.

▶ **Control de riesgo**. Se toman acciones para evitar que este riesgo ocurra y para mitigar el riesgo.

▶ **Identificación de riesgos**. Es encontrar el riesgo en el producto o proyecto.

▶ **Nivel de riesgo**. Está determinado por su probabilidad de riesgo y por su impacto.

▶ **Gestión de riesgos**. Proceso encargado de realizar todas las actividades de las que hablamos anteriormente, identificación de riesgo, análisis de riesgo, evaluación de riesgo y control de riesgos.

▶ **Mitigación de riesgos**. Acciones para reducir las probabilidades de que ese error ocurra.

▶ **Monitoreo de riesgos**. Proceso de seguimiento y supervisión de los riesgos.

▶ **Pruebas basadas en riesgos**. Es un enfoque de pruebas en las que se prioriza aquellas pruebas que tienen más riesgo.

▶ **Enfoque de pruebas**. Es la estrategia de pruebas.

▶ **Informe de finalización de las pruebas**. Es un documento que resume los resultados de prueba, casos de prueba ejecutados, defectos encontrados, métricas.

▶ **Control de las pruebas.** Permite hacer una revisión de cómo vamos con las pruebas.

▶ **Monitoreo de las pruebas.** Parecido a lo anterior, hacemos un seguimiento y en el control se toman medidas.

▶ **Plan de las pruebas.** Documento que describe qué se va a probar, cómo se va a probar, en qué tiempo, los objetivos y las actividades.

▶ **Planificación de pruebas.** Proceso que establece objetivos y toma de decisiones para después documentarlos en el plan de pruebas.

▶ **Informe de progreso de pruebas.** Es un informe donde se indican como van las pruebas indicando casos de prueba ejecutados, defectos, bloqueos, problemas que tenemos.

▶ **Pirámide de pruebas.** Es un modelo conceptual donde se indica como se distribuye el esfuerzo de las pruebas por los niveles de prueba.

▶ **Cuadrantes de pruebas.** Es un modelo conceptual que divide las pruebas en 4 cuadrantes de acuerdo con características técnicas y problemas.

▶ **Técnicas de prueba.** Técnicas para crear casos de prueba de una manera sistemática.

6.7 EXAMEN DEL MÓDULO 5 DE ISTQB

Haz este examen sin mirar las respuestas y sin mirar el contenido del libro porque el objetivo es que aprendas todo lo que necesitas saber para aprobar el certificado **ISTQB Certified Tester Foundation level 4.0** y con estas preguntas sabrás si entendiste todo y te acuerdas; tienes que acertar 7 de 11 para aprobar este examen del módulo 5.

1. Pregunta 1 (1 Punto)

Considere la siguiente parte de un plan de prueba.

Las pruebas se realizarán mediante pruebas de componentes y pruebas de integración de componentes. La normativa exige demostrar que se alcanza el 100% de cobertura de sucursales para cada componente clasificado como crítico.

¿A qué parte del plan de prueba pertenece esta parte?

a) Comunicación.

b) Registro de riesgos.

c) Contexto de las pruebas.

d) Enfoque de prueba.

Seleccione una opción.

2. Pregunta 2 (1 Punto)

Su equipo utiliza el póquer de planificación para estimar el esfuerzo de prueba de una característica recientemente requerida. Existe una regla en su equipo de que si no hay tiempo para llegar a un acuerdo total y la variación en los resultados es pequeña, se pueden aplicar reglas como "aceptar el número con más votos".

Después de dos rondas, no se alcanzó consenso, por lo que se inició la tercera ronda. Puede ver los resultados de la estimación de la prueba en la siguiente tabla.

Estimaciones de los miembros del equipo.

Ronda 1	21	2	5	34	13	8	2
Ronda 2	13	8	8	34	13	8	5
Ronda 3	13	8	13	13	13	13	8

¿Cuál de los siguientes es el mejor ejemplo del siguiente paso?

a) El propietario del producto debe intervenir y tomar una decisión final.

b) Acepte 13 como estimación de prueba final, ya que tiene la mayoría de los votos.

c) No es necesaria ninguna otra acción. Se ha llegado a un consenso.

d) Eliminar la nueva característica de la versión actual porque no se ha llegado a un consenso.

Seleccione una opción.

3. Pregunta 3 (1 Punto)

¿Cuál de las siguientes afirmaciones no es cierta con respecto a la pirámide de prueba?

a) La pirámide de pruebas enfatiza tener una mayor cantidad de pruebas en los niveles de prueba más bajos.

b) Cuanto más cerca de la cima de la pirámide, más formal debe ser la automatización de sus pruebas.

c) Por lo general, las pruebas de componentes y las pruebas de integración de componentes se automatizan utilizando herramientas basadas en API.

d) Para las pruebas del sistema y las pruebas de aceptación, las pruebas automatizadas generalmente se crean utilizando herramientas basadas en GUI.

Seleccione una opción.

4. Pregunta 4 (1 Punto)

Durante el análisis de riesgos, el equipo consideró el siguiente riesgo: "El sistema permite un descuento demasiado alto para un cliente". El equipo estimó que el impacto del riesgo era muy alto.

¿Qué se puede decir sobre la probabilidad de riesgo?

a) También es muy alto. El impacto de alto riesgo siempre implica una alta probabilidad de riesgo.

b) Es muy bajo. Un impacto de alto riesgo siempre implica una baja probabilidad de riesgo.

c) No se puede decir nada sobre la probabilidad del riesgo. El impacto del riesgo y la probabilidad del riesgo son independientes.

d) La probabilidad de riesgo no es importante con un impacto de riesgo tan alto. No es necesario definirlo.

Seleccione una opción.

5. Pregunta 5 (1 Punto)

La siguiente lista contiene riesgos que se han identificado para el desarrollo de un nuevo producto de software:

I. La dirección traslada a dos probadores experimentados a otro proyecto.

II. El sistema no cumple con los estándares de seguridad funcional.

III. El tiempo de respuesta del sistema supera los requisitos del usuario.

IV. Las partes interesadas tienen expectativas inexactas.

V. Las personas con discapacidad tienen problemas al utilizar el sistema.

¿Cuáles de ellos son riesgos del proyecto?

a) I, IV son riesgos del proyecto; II, III, V no son riesgos del proyecto.

b) IV, V son riesgos del proyecto; I, II, III no son riesgos del proyecto.

c) I, III son riesgos del proyecto; II, IV, V no son riesgos del proyecto.

d) II, V son riesgos del proyecto; I, III, IV no son riesgos del proyecto.

Seleccione una opción.

6. Pregunta 6 (1 Punto)

¿Cuál de los siguientes es un ejemplo de cómo el análisis de riesgos del producto influye en la minuciosidad y el alcance de las pruebas?

a) El director de pruebas monitorea e informa diariamente el nivel de todos los riesgos conocidos para que las partes interesadas puedan tomar una decisión informada sobre la fecha de lanzamiento.

b) Uno de los riesgos identificados fue "Falta de soporte de bases de datos de código abierto", por lo que el equipo decidió integrar el sistema con una base de datos de código abierto.

c) Durante el análisis de riesgo cuantitativo, el equipo estimó el nivel total de todos los riesgos identificados y lo informó como el riesgo residual total antes de realizar la prueba.

d) La evaluación de riesgos reveló un nivel muy alto de riesgos de desempeño, por lo que se decidió realizar pruebas detalladas de eficiencia del desempeño al principio del SDLC.

Seleccione una opción.

7. Pregunta 7 (1 Punto)

¿Cuáles dos de las siguientes opciones son métricas comunes utilizadas para informar sobre el nivel de calidad del objeto de prueba?

a) Número de defectos encontrados durante las pruebas del sistema.

b) Esfuerzo total en el diseño de pruebas dividido por el número de casos de prueba diseñados.

c) Número de procedimientos de prueba ejecutados.

d) Número de defectos encontrados dividido por el tamaño de un producto de trabajo.

e) Tiempo necesario para reparar un defecto.

Seleccione dos opciones.

8. Pregunta 8 (1 Punto)

¿Cuál de los siguientes datos contenidos en un informe de progreso de prueba es menos útil para los representantes comerciales?

a) Impedimentos a las pruebas.

b) Cobertura de sucursales lograda.

c) Progreso de la prueba.

d) Nuevos riesgos dentro del ciclo de prueba.

Seleccione una opción.

9. Pregunta 9 (1 Punto)

¿Qué herramienta puede utilizar un equipo ágil para mostrar la cantidad de trabajo que se ha completado y la cantidad de trabajo total restante para una iteración determinada?

- a) Criterios de aceptación.
- b) Informe de defectos.
- c) Informe de finalización de la prueba.
- d) Gráfico de evolución. Seleccione una opción.

10. Pregunta 10 (1 Punto)

Debe actualizar uno de los scripts de prueba automatizados para que se ajuste a un nuevo requisito. ¿Qué proceso indica que se crea una nueva versión del script de prueba en el repositorio de pruebas?

- a) Gestión de la trazabilidad.
- b) Pruebas de mantenimiento.
- c) Gestión de la configuración.
- d) Ingeniería de requisitos.

Seleccione una opción.

11. Pregunta 11 (1 Punto)

Recibió el siguiente informe de defectos de los desarrolladores indicando que la anomalía descrita en este informe de prueba no es reproducible.

La aplicación cuelga

03-mayo-2022 – John Doe – Rechazado

La aplicación se cuelga después de ingresar "Entrada de prueba: $ä" en el campo Nombre en la pantalla de creación de nuevo usuario. Intenté cerrar sesión, iniciar sesión con la cuenta test_admin01, el mismo problema. Probé con otras cuentas de administrador de prueba, el mismo problema. No se recibió ningún mensaje de error; log (ver adjunto) contiene una notificación de error fatal. Según el caso de prueba TC-1305, la aplicación debe aceptar la entrada proporcionada y crear el usuario.

Corrija con alta prioridad, esta característica está relacionada con REQ-0012, que es un nuevo requisito comercial crítico.

¿Qué información crítica falta en este informe de prueba que hubiera sido útil para los desarrolladores?

   a) Resultado esperado y resultado real.

   b) Referencias y estado de los defectos.

   c) Entorno de prueba y elemento de prueba.

   d) Prioridad y severidad.

Seleccione una opción.

6.8 RESPUESTAS DEL EXAMEN MÓDULO 5

1. Pregunta 1 (1 Punto)

Solución

   d) *Es correcto. El párrafo contiene información sobre los niveles de prueba y los criterios de salida, que forman parte del enfoque de prueba.*

Mirar sección 6.6.1.

2. Pregunta 2 (1 Punto)

Solución

   b) *Es correcto. Si las estimaciones de las pruebas no son las mismas, pero la variación en los resultados es pequeña, se pueden aplicar reglas como "aceptar el número con más votos".*

Mirar sección 6.1.4.

3. Pregunta 3 (1 Punto)

Solución

   c) *Es correcto. No es cierto que cerca de la cima de la pirámide, la automatización de pruebas deba ser más formal.*

Mirar sección 6.1.6.

4. Pregunta 4 (1 Punto)

Solución

c) *Es correcto. El impacto del riesgo y la probabilidad del riesgo son independientes.*

Mirar sección 6.2.1.

5. Pregunta 5 (1 Punto)

Solución

Considere:

  I. Es un riesgo del proyecto.
  II. Es un riesgo del producto.
  III. Es un riesgo del producto.
  IV: Es un riesgo de proyecto.
  V. Es un riesgo de producto.

Así que:

a) *Es correcto.*

Mirar sección 6.2.2.

6. Pregunta 6 (1 Punto)

Solución

d) *Es correcto. Esto muestra cómo el análisis de riesgos afecta la minuciosidad de las pruebas (es decir, el nivel de detalle).*

Mirar sección 6.2.3.

7. Pregunta 7 (1 Punto)

Solución

a) *Es correcto. El número de defectos encontrados está relacionado con la calidad del objeto de prueba.*

Mirar sección 6.3.1.

8. Pregunta 8 (1 Punto)

Solución

b) *Es correcto. Las pruebas de rama son una métrica técnica utilizada por desarrolladores y evaluadores técnicos. Esta información no es de interés para los representantes comerciales.*

Mirar sección 6.3.2.

9. Pregunta 9 (1 Punto)

Solución

d) *Es correcto. Los gráficos de evolución son una representación gráfica del trabajo que queda por hacer en comparación con el tiempo restante. Se actualizan diariamente, para que puedan mostrar continuamente el avance del trabajo.*

Mirar sección 6.3.3.

10. Pregunta 10 (1 Punto)

Solución

c) *Es correcto. Para respaldar las pruebas, la gestión de la configuración puede implicar el control de versiones de todos los elementos de prueba.*

Mirar sección 6.4.1.

11. Pregunta 11 (1 Punto)

Solución

c) *Es correcto. No sabemos en qué entorno de prueba se detectó la anomalía, y tampoco sabemos qué aplicación (y su versión) está afectada.*

Mirar sección 6.6.1.

7

MÓDULO 6 DE ISQTB FOUNDATION. HERRAMIENTAS DE PRUEBA

Testing

7.1 SOPORTE DE HERRAMIENTAS PARA PRUEBAS Y EJEMPLOS

Las herramientas de prueba apoyan y facilitan muchas actividades de prueba.

La clasificación de las herramientas de prueba según **ISTQB** Foundation es:

Herramientas de gestión

Estas herramientas mejoran la eficiencia del proceso de pruebas al facilitar la gestión del ciclo de vida de software y la gestión de los requisitos, las pruebas, los defectos y la configuración.

Ejemplos de herramientas de gestión son *Jira* y *Trello.*

▸ *Jira es para proyectos complejos tecnológicos y tiene las soluciones de* ***Confluence*** *para tener un lugar donde compartir la información y el conocimiento y* ***Bitbucket*** *que es un repositorio donde subir el código fuente y los scripts de automatización de pruebas.*

▸ *Trello es una herramienta simple y visual para la gestión de tareas. Trello ofrece a los equipos la opción de crear checklist, automatizaciones personalizadas y agregar archivos, además permite utilizar tableros de* ***Kanban*** *para visualizar proyectos y tareas.*

Herramientas de pruebas estáticas

Apoyan al probador en las revisiones y análisis estáticos.

*Un ejemplo de herramienta de pruebas estáticas es **SonarQube**, que tiene su versión online llamada **SonarCloud***.

***SonarQube** es una plataforma de código abierto para la inspección continua de la calidad del código a través de diferentes herramientas de análisis estático de código fuente. Proporciona métricas que ayudan a mejorar la calidad del código de un programa permitiendo a los equipos de desarrollo y probadores hacer seguimiento y detectar errores y vulnerabilidades de seguridad para mantener el código limpio. Es una herramienta esencial para la fase temprana y auditoría de código dentro del ciclo de desarrollo de una aplicación y se considera perfecta para guiar a los equipos de desarrollo durante las revisiones de código.*

Herramientas de diseño e implementación de pruebas

Facilita la creación de casos de prueba, datos de prueba y medición de la cobertura.

*Tres ejemplos de herramientas de este tipo serían **Tricentis Tosca, Conformiq** y **KCycle**.*

- ▶ ***Tosca** es una herramienta que permite diseñar casos de prueba, automatizarlos mediante scripts y diseñar y generar datos para las pruebas. También nos permite analizar las pruebas y generar informes atractivos.*

- ▶ ***Conformiq** te permite crear casos de prueba ejecutables a través de diagramas de flujo y se integra con herramientas como **Jira**.*

- ▶ ***KCycle** genera casos de pruebas y planes de prueba a partir de historias de usuario y criterios de aceptación.*

Herramientas de ejecución y cobertura de pruebas

Facilitan la ejecución automatizada de pruebas y la medición de la cobertura. Ejemplos de estas herramientas serían ***Selenium, Cypress, UFT,***

Testcomplete, Rational Functional Tester** o **Katalon Studio.

- ▶ ***Selenium** es abierto y gratuito, se puede integrar con **Jenkins, GitHub, Bamboo**; permite ejecutar pruebas sobre aplicaciones web y con **Appium*** sobre aplicaciones móviles. Soporta los navegadores Chrome, Firefox, Edge.

▶ *Cypress* es un framework que tiene versión de pago y gratuita y permite automatizar y ejecutar pruebas funcionales sobre aplicaciones web; se basa en **JavaScript** y soporta los navegadores de Chrome y Edge.

Herramientas de prueba no funcionales

Permiten al probador realizar pruebas no funcionales que son muy difíciles de realizar manualmente.

Pruebas no funcionales serian pruebas de rendimiento, usabilidad o seguridad.

*Un ejemplo de herramientas de rendimiento seria **Jmeter** y **LoadRunner**.*

▶ *JMeter es open source y gratuita y permite hacer pruebas de rendimiento sobre aplicaciones web o todo tipo de protocolos.*

▶ *LodRunner es otra herramienta de rendimiento que es gratis hasta 50 usuarios a partir de ahí hay que pagar.*

*Una herramienta de seguridad seria **Nessus** que permite analizar todas las vulnerabilidades en una red, en protocolos, SO o incluso configuración de aplicaciones.*

*Ejemplos de herramientas de usabilidad serían **UXCam** y **UserZoom**.*

Herramientas de DevOps

Admiten la canalización de entregas de **DevOps**, el seguimiento del flujo de trabajo, procesos de compilación automatizados, integración continua, entrega continua.

*Ejemplos de herramientas de **DevOps** son **Jenkins** y **Bamboo**.*

▶ *Jenkins es una herramienta gratuita de **DevOps** que se integra con todo tipo de herramientas de automatización de pruebas como **Selenium**, **Katalon** y con herramientas de gestión de pruebas como **Testlink**.*

▶ *Bamboo es una herramienta de **DevOps** que forma parte del paquete de productos de **Jira**.*

Herramientas de colaboración

Facilita la comunicación entre los miembros del equipo.

*Ejemplos de herramientas de colaboración son **Teams, Skype, Zoom, Meet.***

▸ ***Teams** pertenece a Microsoft, es gratis y permite videollamadas y chats además de compartir archivos de todo tipo por su chat. Forma parte de Office 365.*

▸ ***Zoom** es una herramienta de videoconferencias que permite dar clases, realizar reuniones online con múltiples usuarios a la vez lo mismo que **Meet** que es una herramienta gratis de Google.*

Herramientas de escalabilidad y estandarización de implantación

Permite escalabilidad y estandarizaciones de implementaciones de manera rápida.

*Ejemplos de herramientas serían **VMWare, VirtualBox** y **Docker**. **VMWare** permiten instalar un sistema operativo dentro de otro creando máquinas virtuales, esta herramienta tiene versión de pago y gratuita.*

***VirtualBox** es gratuita y permite también lo mismo que **VMWare**.*

***Docker** es una herramienta que crea contenedores con sistemas operativos y aplicaciones ya instaladas como **Jenkins**, por ejemplo, consume menos recursos que las máquinas virtuales, es gratis y además arranca mucho más rápido.*

Herramientas externas

Herramientas como hojas de cálculo o procesador de texto o creadores de presentaciones son muy utilizados por los probadores.

*Ejemplo de esto sería **Excel** o **Word** del paquete **Office 365** o **Documentos de Google**.*

Si te interesa saber más de herramientas de QA tienes más información en el libro **Scrum. Teoría e implementación práctica** en el tema 5 y para saber más de **DevOps** el tema 14 de ese mismo libro, también lo tenéis en ebook en *Apple Ebook, Google Ebook* y *Kindle de Amazon*.

7.2 BENEFICIOS Y RIESGOS DE LA AUTOMATIZACIÓN DE PRUEBAS

El hecho de utilizar herramientas de automatización de pruebas funcionales como **Selenium**, **Cypress** o de automatización de procesos como **Jenkins** no garantiza el éxito, además para que sea efectiva habrá que realizar capacitación de las herramientas y realizar un mantenimiento de todo lo que se haga con ellas.

Así que hay beneficios y riesgos potenciales de utilizar herramientas de automatización de pruebas.

Los beneficios serían los siguientes:

▰ Tiempo ahorrado al reducir trabajo manual repetitivo como ejecutar pruebas de regresión, ingresar los mismos datos, comparar resultados esperados con resultados reales, etc.

▰ Prevención de errores humanos gracias a la repetición y consistencias de estas herramientas.

▰ Permite medidas que son muy difíciles de realizar por los humanos.

▰ Acceso más fácil a la información de las pruebas como tasas de defectos, duración de la ejecución de las pruebas, gráficos, etc.

▸ Reducción de los tiempos de ejecución de pruebas para proporcionar una detección más temprana de defectos, una retroalimentación más rápida y un tiempo de comercialización más rápido.

▸ Más tiempo para que los probadores diseñen pruebas nuevas y mejores.

Los riesgos potenciales de utilizar la automatización de pruebas son:

▸ Expectativas poco realistas sobre los beneficios de una herramienta. Muchas veces uno cree que eliminara todas las pruebas manuales y hay funciones que no se pueden automatizar de una aplicación.

▸ Estimaciones inexactas de tiempo, coste, esfuerzo requerido para empezar a utilizar una herramienta, mantener los scripts creados y cambiar el proceso manual existente. En mi experiencia el tiempo de capacitación no se estima correctamente y tampoco el tiempo de mantenimiento y suele haber poca gente para la cantidad de trabajo a realizar lo que extiende el tiempo para tener todo automatizado.

▸ Confiar en exceso en la herramienta. Muchas veces la gestión no analiza correctamente y se dan cuenta tarde que hay tecnologías o tipos de aplicaciones que no se puede probar por ejemplo **Cypress** no soporta las pruebas sobre apps para smartphones.

▸ Hay una gran dependencia con el proveedor de la herramienta o ese proveedor puede desaparecer, no dar un soporte satisfactorio o subir los precios porque es comprado por otra empresa.

▸ Utilizar herramientas Open Source como **Selenium** puede hacer que si se abandona el proyecto y se tenga serios problemas para tener actualizaciones del producto.

▸ La herramienta de automatización no es compatible con la plataforma de desarrollo, imagínate que tu trabajas en MAC y la herramienta no se puede instalar ahí.

▸ Elegir una herramienta inadecuada que no cumpla con los estándares de seguridad o requisitos reglamentarios.

Si te interesa la automatización de pruebas mi libro **Scrum. Teoría e implantación práctica** tiene en su tema 11 bastante información sobre la automatización de pruebas en metodologías ágiles como **Scrum**.

7.3 GLOSARIO DEL MÓDULO 6

▶ **Automatización de pruebas**. Hacer esas pruebas que haríamos manualmente de manera automatizada con un script creado con una herramienta de automatización de pruebas.

7.4 EXAMEN DEL MÓDULO 6 DE ISTQB

Haz este examen sin mirar las respuestas y sin mirar el contenido del libro porque el objetivo es que aprendas todo lo que necesitas saber para aprobar el certificado **ISTQB Certified Tester Foundation level 4.0** y con estas preguntas sabrás si entendiste todo y te acuerdas; tienes que acertar 3 de 4 para aprobar este examen del módulo 6.

1. Pregunta 1 (1 Punto)

¿Qué actividad de prueba admite una herramienta de preparación de datos?

   a) Seguimiento y control de las pruebas.

   b) Análisis y diseño de pruebas.

   c) Implementación y ejecución de pruebas.

   d) Finalización de la prueba.

Seleccione una opción.

2. Pregunta 2 (1 Punto)

¿Qué elemento identifica correctamente un riesgo potencial al realizar la automatización de pruebas?

a) Puede introducir regresiones desconocidas en la producción.

b) Es posible que no se asignen adecuadamente los esfuerzos suficientes para mantener el software de prueba.

c) Es posible que no se confíe suficientemente en las herramientas de prueba y el software de prueba asociado.

d) Puede reducir el tiempo asignado para las pruebas manuales.

Seleccione una opción.

3. Pregunta 3 (1 Punto)

Dadas las siguientes descripciones:

1. Admitir el seguimiento del flujo de trabajo.
2. Facilitar la comunicación.
3. Máquinas virtuales.
4. Revisiones de soporte.

Y las siguientes categorías de herramientas de prueba:

A) Herramientas de prueba estáticas.

B) Herramientas que respaldan la escalabilidad y la estandarización de la implementación.

C) Herramientas de DevOps.

D) Herramientas de colaboración.

¿Cuál de las siguientes opciones relaciona mejor los riesgos con las actividades de mitigación?

a) 1A, 2B, 3C, 4D.

b) 1B, 2D, 3C, 4A.

c) 1C, 2D, 3B, 4A.

d) 1D, 2C, 3A, 4B.

Seleccione una opción.

4. Pregunta 4 (1 Punto)

¿Cuál de las siguientes opciones es más probable que sea un beneficio de la automatización de pruebas?

a) Proporciona medidas de cobertura que son demasiado complicadas para que los humanos las deriven.

b) Comparte la responsabilidad de las pruebas con el proveedor de la herramienta.

c) Elimina la necesidad de pensamiento crítico al analizar los resultados de las pruebas.

d) Genera casos de prueba a partir de un análisis del código del programa.

Seleccione una opción.

7.5 RESPUESTAS DEL EXAMEN MÓDULO 6

1. Pregunta 1 (1 Punto)

Solución

c) *Es correcto. La implementación de la prueba incluye la creación o adquisición del software de prueba necesario para la ejecución de la prueba (por ejemplo, datos de prueba).*

Mirar sección 6.1.1.

2. Pregunta 2 (1 Punto)

Solución

b) *Es correcto. La asignación incorrecta de esfuerzos para mantener el software de prueba es un riesgo.*

Mirar sección 6.2.1.

3. Pregunta 3 (1 Punto)

Solución

Teniendo en cuenta cada una de las categorías de herramientas enumeradas y sus descripciones:

    A) *Herramientas de prueba estáticas: apoyan al evaluador en la realización de revisiones y análisis estáticos (4).*

    B) *Herramientas que respaldan la escalabilidad y la estandarización de la implementación: por ejemplo, máquinas virtuales, herramientas de contenedorización (3).*

    C) *Herramientas DevOps: respaldan el proceso de entrega de DevOps, el seguimiento del flujo de trabajo, los procesos de creación automatizados, la integración/entrega continua (CI/CD) (1).*

    D) *Herramientas de colaboración: facilitar la comunicación (2).*

Así que:

    c) *Es correcto. La coincidencia correcta es: 1C, 2D, 3B, 4A.*

Mirar sección 6.1.

4. Pregunta 4 (1 Punto)

Solución

    a) *Es correcto. La automatización de pruebas puede proporcionar medidas que son demasiado complicadas para que los humanos las obtengan, como medidas de cobertura de pruebas de caja blanca para todos los códigos excepto el más trivial.*

Mirar sección 6.2.1.

8

EXÁMENES DE EJEMPLO DEL CERTIFICADO ISTQB FOUNDATION VERSIÓN 4.0

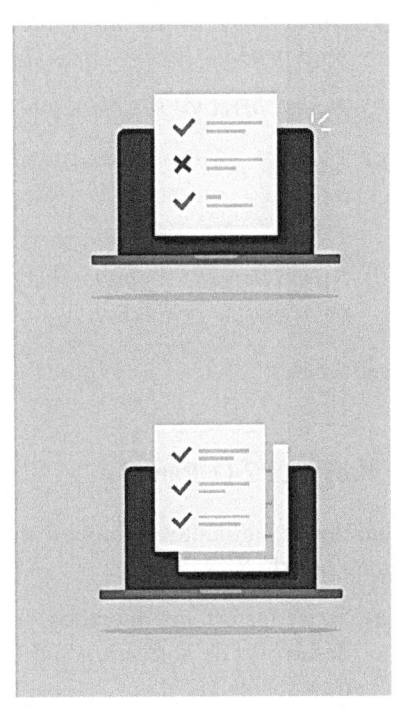

8.1 MODELO DE EXAMEN DE PRUEBA TIPO A RESUELTO Y EXPLICADO

1. Pregunta 1 (1 Punto)

¿Cuál de las siguientes afirmaciones describe un objetivo de prueba válido?

  a) Demostrar que no existen defectos no solucionados en el sistema bajo prueba.

  b) Demostrar que no habrá fallas después de la implementación del sistema en producción.

  c) Reducir el nivel de riesgo del objeto de prueba y generar confianza en el nivel de calidad.

  d) Verificar que no existen combinaciones de insumos no probadas.

Selecciona una opción

Solución

  a) *No es correcto. Es imposible demostrar que ya no hay defectos en el sistema bajo prueba. Ver principio de prueba 1.*

  b) *No es correcto. Ver principio de prueba 7.*

  c) *Es correcto. Las pruebas encuentran defectos y fallas, lo que reduce el nivel de riesgo y al mismo tiempo brinda más confianza en el nivel de calidad del objeto de prueba.*

  d) *No es correcto. Es imposible probar todas las combinaciones de entradas (ver principio de prueba 2).*

Mirar sección 2.1.1.

2. Pregunta 2 (1 Punto)

¿Cuál de las siguientes opciones muestra un ejemplo de actividades de prueba que ayudan al éxito?

  a) Tener testers involucrados durante diversas actividades del ciclo de vida de desarrollo de software (SDLC) ayudará a detectar defectos en los productos de trabajo.

  b) Los probadores intentan no molestar a los desarrolladores mientras programan, para que los desarrolladores escriban mejor código.

c) Los probadores que colaboran con los usuarios finales ayudan a mejorar la calidad de los informes de defectos durante las pruebas de componentes y las pruebas del sistema.

d) Los probadores certificados diseñarán casos de prueba mucho mejores que los probadores no certificados.

Seleccione una opción.

Solución

a) *Es correcto. Es importante que los evaluadores participen desde el comienzo del ciclo de vida de desarrollo de software (SDLC). Aumentará la comprensión de las decisiones de diseño y detectará defectos tempranamente.*

b) *No es correcto. Tanto los desarrolladores como los evaluadores comprenderán mejor los productos de trabajo de cada uno y cómo probar el código.*

c) *No es correcto. Si los evaluadores pueden trabajar en estrecha colaboración con los diseñadores de sistemas, les dará una idea de cómo realizar las pruebas.*

d) *No es correcto. Estar certificado no significa automáticamente que el evaluador será mejor en el diseño de pruebas.*

Mirar sección 2.2.1

3. Pregunta 3 (1 Punto)

Se le ha asignado como probador de un equipo que produce un nuevo sistema de forma incremental. Ha observado que no se han realizado cambios en los casos de prueba de regresión existentes durante varias iteraciones y no se identificaron nuevos defectos de regresión. Tu jefe está contento, pero tú no. ¿Qué principio de prueba explica su escepticismo?

a) Las pruebas se desgastan.

b) Falacia de ausencia de errores.

c) Los defectos se agrupan.

d) Es imposible realizar pruebas exhaustivas.

Seleccione una opción.

Solución

a) *Es correcto. Este principio significa que, si las mismas pruebas se repiten una y otra vez, eventualmente estas pruebas ya no encuentran ningún defecto nuevo. Probablemente esta sea la razón por la que todas las pruebas también pasaron en esta versión.*

b) *No es correcto. Este principio habla de la creencia errónea de que simplemente encontrar y corregir una gran cantidad de defectos garantizará el éxito de un sistema.*

c) *No es correcto. Este principio dice que una pequeña cantidad de componentes generalmente contienen la mayoría de los defectos.*

d) *No es correcto. Este principio establece que probar todas las combinaciones de insumos y condiciones previas no es factible.*

Mirar sección 2.3.1.

4. Pregunta 4 (1 punto)

Trabajas en un equipo que desarrolla una aplicación móvil para realizar pedidos de comida. En la versión actual, el equipo decidió implementar la funcionalidad de pago. ¿Cuál de las siguientes actividades forma parte del análisis de pruebas?

a) Estimar que probar la integración con el servicio de pago tomará 8 días-persona.

b) Decidir que el equipo debe probar si es posible compartir adecuadamente el pago entre muchos usuarios.

c) Usar análisis de valor límite (BVA) para derivar los datos de prueba para los casos de prueba que verifican el correcto procesamiento del pago del monto mínimo permitido a pagar.

d) Analizar la discrepancia entre el resultado real y el resultado esperado luego de ejecutar un caso de prueba que verifica el proceso de pago con tarjeta de crédito y reportar un defecto.

Seleccione una opción.

Solución

a) *No es correcto. Estimar el esfuerzo de la prueba es parte de la planificación de la prueba.*

b) *Es correcto. Este es un ejemplo de definición de condiciones de prueba que forma parte del análisis de prueba.*

c) *No es correcto. El uso de técnicas de prueba para derivar elementos de cobertura es parte del diseño de la prueba.*

d) *No es correcto. Informar los defectos encontrados durante las pruebas dinámicas es parte de la ejecución de la prueba.*

Mirar sección 2.4.1.

5. Pregunta 5 (1 Punto)

¿Cuál de los siguientes factores (i-v) tiene una influencia significativa en el proceso de prueba?

    I. El SDLC.

    II. El número de defectos detectados en proyectos anteriores.

    III. Los riesgos identificados del producto.

    IV. Nuevos requisitos regulatorios que obligan.

    V. El número de evaluadores certificados en la organización.

a) I, II tienen influencia significativa; III, IV, V no tienen.

b) I, III, IV tienen influencia significativa; II, V no tienen.

c) II, IV, V tienen influencia significativa; I, III no tienen.

d) III, V tienen influencia significativa; I, II, IV no tienen.

Seleccione una opción

Solución

    I. *Es verdad. El SDLC influye en el proceso de prueba.*

    II. *Es falso. El número de defectos detectados en proyectos anteriores puede tener alguna influencia, pero no es tan significativo como I, III y IV.*

    III. *Es verdad. Los riesgos identificados del producto son uno de los factores más importantes que influyen en el proceso de prueba.*

IV. *Es verdad. Los requisitos reglamentarios son factores importantes que influyen en el proceso de prueba.*

V. *Es falso. El entorno de prueba no tiene una influencia significativa en el proceso de prueba.*

Así que:

a) *No es correcto.*

b) *Es correcto.*

c) *No es correcto.*

d) *No es correcto.*

Mirar sección 2.4.2.

6. Pregunta 6 (1 Punto)

¿Cuáles dos de las siguientes tareas pertenecen principalmente a un rol de prueba?

a) Configurar entornos de prueba.

b) Mantener la cartera de productos.

c) Diseñar soluciones a nuevos requisitos.

d) Crear el plan de prueba.

e) Informe de cobertura alcanzada.

Seleccione dos opciones.

Solución

a) *Es correcto. Esto lo hacen los evaluadores.*

b) *No es correcto. La cartera de productos es creada y mantenida por el propietario del producto.*

c) *No es correcto. Esto lo hace el equipo de desarrollo.*

d) *No es correcto. Este es un rol gerencial.*

e) *Es correcto. Esto lo hacen los probadores.*

Mirar sección 2.4.5.

7. Pregunta 7 (1 Punto)

¿Cuáles de las siguientes habilidades (I-V) son las más importantes de un evaluador?

I. Tener conocimiento del dominio.

II. Creando una visión de producto.

III. Ser un buen jugador de equipo.

IV. Planificar y organizar el trabajo del equipo.

V. Pensamiento crítico.

a) II y IV son importantes; I, III y V no lo son.

b) I, III y V son importantes; II y IV no lo son.

c) I, II y V son importantes; III y IV no lo son.

d) III y IV son importantes; I, II y V no lo son.

Seleccione una opción.

Solución

I. *Es verdad. Tener conocimiento del dominio es una habilidad importante del evaluador.*

II. *Es falso. Esta es una tarea del analista de negocios junto con el representante comercial.*

III. *Es verdad. Ser un buen jugador de equipo es una habilidad importante.*

IV. *Es falso. Planificar y organizar el trabajo del equipo es tarea del responsable de pruebas o, sobre todo en un proyecto de desarrollo de software ágil, de todo el equipo y no sólo del tester.*

V. *Es cierto. El pensamiento crítico es una de las habilidades más importantes de los evaluadores.*

Así que:

a) *No es correcto.*

b) *Es correcto.*

c) *No es correcto.*

d) *No es correcto.*

Mirar sección 2.5.1.

8. Pregunta 8 (1 Punto)

¿Cómo está presente el enfoque de equipo completo en las interacciones entre los evaluadores y los representantes comerciales?

a) Los representantes comerciales deciden los enfoques de automatización de pruebas.

b) Los evaluadores ayudan a los representantes comerciales a definir la estrategia de prueba.

c) Los representantes comerciales no forman parte del enfoque de equipo completo.

d) Los evaluadores ayudan a los representantes comerciales a crear pruebas de aceptación adecuadas.

Seleccione una opción.

Solución

a) *No es correcto. El enfoque de automatización de pruebas lo definen los evaluadores con la ayuda de desarrolladores y representantes comerciales.*

b) *No es correcto. La estrategia de prueba se decide en colaboración con los desarrolladores.*

c) *No es correcto. Los evaluadores, desarrolladores y representantes comerciales son parte del enfoque de equipo completo.*

d) *Es correcto. Los evaluadores trabajarán en estrecha colaboración con representantes comerciales para garantizar que se alcancen los niveles de calidad deseados. Esto incluye apoyarlos y colaborar con ellos para ayudarlos a crear pruebas de aceptación adecuadas.*

Mirar sección 2.5.2

9. Pregunta 9 (1 Punto)

Considere la siguiente regla: "para cada actividad del SDLC hay una actividad de prueba correspondiente". ¿En qué modelos SDLC se aplica esta regla?

a) Sólo en modelos SDLC secuenciales.

b) Sólo en modelos SDLC iterativos.

c) Sólo en modelos SDLC iterativos e incrementales.

d) En modelos SDLC secuenciales, incrementales e iterativos.

Seleccione una opción.

Solución

a) *No es correcto.*

b) *No es correcto.*

c) *No es correcto.*

d) *Es correcto. Esta regla es válida para todos los modelos SDLC.*

Mirar sección 3.1.2.

10. Pregunta 10 (1 Punto)

¿Cuál de las siguientes afirmaciones describe mejor el enfoque de desarrollo basado en pruebas de aceptación (ATDD)?

a) En ATDD, los criterios de aceptación generalmente se crean en función del formato dado/cuándo/entonces.

b) En ATDD, los casos de prueba se crean principalmente en las pruebas de componentes y están orientados al código.

c) En ATDD, las pruebas se crean en función de criterios de aceptación para impulsar el desarrollo del software relacionado.

d) En ATDD, las pruebas se basan en el comportamiento deseado del software, lo que facilita su comprensión por parte de los miembros del equipo.

Seleccione una opción.

Solución

a) *No es correcto. Se utiliza con mayor frecuencia en el desarrollo impulsado por el comportamiento (BDD).*

b) *No es correcto. Es la descripción de desarrollo guiado por pruebas (TDD).*

c) *Es correcta. En el desarrollo basado en pruebas de aceptación (ATDD), las pruebas se escriben a partir de criterios de aceptación como parte del proceso de diseño.*

d) *No es correcto. Se utiliza en BDD.*

Mirar sección 3.1.3.

11. Pregunta 11 (1 Punto)

¿Cuál de los siguientes no es un ejemplo del enfoque de desplazamiento a la izquierda?

a) Revisar los requisitos del usuario antes de que sean aceptados formalmente por las partes interesadas.

b) Escribir una prueba de componente antes de escribir el código correspondiente.

c) Ejecutar una prueba de eficiencia del rendimiento para un componente durante la prueba de componentes.

d) Escribir un script de prueba antes de configurar el proceso de gestión de la configuración.

Seleccione una opción.

Solución

a) *No es correcto. La revisión temprana es un ejemplo del enfoque de desplazamiento a la izquierda.*

b) *No es correcto. TDD es un ejemplo del enfoque de desplazamiento a la izquierda.*

c) *No es correcto. Las pruebas no funcionales tempranas son un ejemplo del enfoque de desplazamiento a la izquierda.*

d) *Es correcto. Los scripts de prueba deben estar sujetos a la gestión de configuración, por lo que no tiene sentido crear los scripts de prueba antes de configurar este proceso.*

Mirar sección 3.1.5.

12. Pregunta 12 (1 Punto)

¿Cuál de los siguientes argumentos utilizaría para convencer a su gerente de organizar retrospectivas al final de cada ciclo de lanzamiento?

a) Las retrospectivas son muy populares hoy en día y los clientes agradecerían que las agregáramos a nuestros procesos.

b) La organización de retrospectivas le ahorrará dinero a la organización porque los representantes de los usuarios finales no brindan comentarios inmediatos sobre el producto.

c) Las debilidades de los procesos identificadas durante la retrospectiva pueden analizarse y servir como una lista de tareas pendientes para el programa de mejora continua de los procesos de la organización.

d) Las retrospectivas abrazan cinco valores, incluido el coraje y el respeto, que son cruciales para mantener la mejora continua en la organización.

Seleccione una opción.

Solución

a) *No es correcto. Las retrospectivas son más útiles para identificar oportunidades de mejora y tienen poca importancia para los clientes.*

b) *No es correcto. Los representantes comerciales no dan comentarios sobre el producto en sí. Por lo tanto, no hay ganancia financiera para la organización.*

c) *Es correcto. Las retrospectivas realizadas periódicamente, cuando se realizan actividades de seguimiento adecuadas, son fundamentales para la mejora continua del desarrollo y las pruebas.*

d) *No es correcto. El coraje y el respeto son valores de Extreme Programming (XP) y no están estrechamente relacionados con las retrospectivas.*

Mirar sección 3.1.6.

13. Pregunta 13 (1 Punto)

¿Qué tipos de fallas (1-4) se ajustan mejor a qué niveles de prueba (A-D)?

1. Fallas en el comportamiento del sistema al desviarse de las necesidades comerciales del usuario.

2. Fallos en la comunicación entre componentes.

3. Fallos en la lógica de un módulo.

4. Fallos en reglas de negocio no implementadas correctamente.

A) Prueba de componentes.

B) Pruebas de integración de componentes.

C) Pruebas del sistema.

D) Pruebas de aceptación.

a) 1D, 2B, 3A, 4C.

b) 1D, 2B, 3C, 4A.

c) 1B, 2A, 3D, 4C.

d) 1C, 2B, 3A, 4D.

Seleccione una opción.

Solución

Considerando lo siguiente:

> ▼ *La base de prueba para las pruebas de aceptación son las necesidades comerciales del usuario (1D).*

> ▼ *La comunicación entre componentes se prueba durante las pruebas de integración de componentes (2B).*

> ▼ *Se pueden encontrar fallas en la lógica durante las pruebas de componentes (3A).*

> ▼ *Las reglas de negocios son la base de prueba para las pruebas del sistema (4C).*

Así que:

a) *Es correcto.*

b) *No es correcto.*

c) *No es correcto.*

d) *No es correcto.*

14. Pregunta 14 (1 Punto)

Estás probando una historia de usuario con tres criterios de aceptación: AC1, AC2 y AC3. AC1 está cubierto por el caso de prueba TC1, AC2 por TC2 y AC3 por TC3. El historial de ejecución de pruebas tuvo tres ejecuciones de pruebas en tres versiones consecutivas del software de la siguiente manera:

	Ejecución 1	Ejecución 2	Ejecución 3
TC1	(1) Fallo	(4) Pasado	(7) Pasado
TC2	(2) Pasado	(5) Fallo	(8) Pasado
TC3	(3) Fallo	(6) Fallo	(9) Pasado

Las pruebas se repiten una vez que se le informa que todos los defectos encontrados en la ejecución de la prueba se han corregido y que hay una nueva versión del software disponible.

¿Cuáles de las pruebas anteriores se ejecutan como pruebas de regresión?

a) Sólo 4, 7, 8, 9.

b) Sólo 5, 7.

c) Sólo 4, 6, 8, 9.

d) Sólo 5, 6.

Seleccione una opción.

Solución

Debido a que TC1 y TC3 fallaron en la ejecución 1 (es decir, prueba (1) y prueba (3)), la prueba (4) y la prueba (6) son pruebas de confirmación. Debido a que TC2 y TC3 fallaron en la ejecución 2 (es decir, las pruebas (5) y (6)), las pruebas (8) y (9) también son pruebas de confirmación. TC2 pasó en la ejecución 1 (es decir, prueba (2)), por lo que la prueba (5) es una prueba de regresión. TC1 pasó en la ejecución 2 (es decir, prueba (4)), por lo que la prueba (7) también es una prueba de regresión.

Así que:

a) *No es correcto.*

b) *Es correcto.*

c) *No es correcto.*

d) *No es correcto.*

Mirar la sección 3.2.3.

15. Pregunta 15 (1 Punto)

¿Cuál de los siguientes no es un beneficio de las pruebas estáticas?

a) Tener una gestión de defectos menos costosa debido a la facilidad de detectar defectos más adelante en el SDLC.

b) La reparación de los defectos encontrados durante las pruebas estáticas es generalmente mucho menos costosa que la reparación de los defectos encontrados durante las pruebas dinámicas.

c) Encontrar defectos de codificación que podrían no haberse encontrado realizando únicamente pruebas dinámicas.

d) Detectar lagunas e inconsistencias en los requisitos.

Seleccione una opción.

Solución

a) *Es correcto. La gestión de defectos no es menos costosa. Encontrar y reparar defectos más adelante en SDLC es más costoso.*

b) *No es correcto. Este es un beneficio de las pruebas estáticas.*

c) *No es correcto. Este es un beneficio de las pruebas estáticas.*

d) *No es correcto. Este es un beneficio de las pruebas estáticas.*

Mirar sección 4.1.2.

16. Pregunta 16 (1 Punto)

¿Cuál de los siguientes es un beneficio de la retroalimentación temprana y frecuente?

a) Mejora el proceso de prueba para futuros proyectos.

b) Obliga a los clientes a priorizar sus requisitos en función de los riesgos acordados.

c) Es la única manera de medir la calidad de los cambios.

d) Ayuda a evitar malentendidos sobre los requisitos.

Seleccione una opción.

Solución

a) *No es correcto. La retroalimentación puede mejorar el proceso de prueba, pero si uno solo quiere mejorar proyectos futuros, no es necesario que la retroalimentación llegue temprano o con frecuencia.*

b) *No es correcto. La retroalimentación no se utiliza para priorizar los requisitos.*

c) *No es correcto. La calidad de los cambios se puede medir de múltiples formas.*

d) *Es correcta. La retroalimentación temprana y frecuente permite la comunicación temprana de posibles problemas de calidad.*

Mirar sección 4.2.1.

17. Pregunta 17 (1 Punto)

Las revisiones que se utilizan en su organización tienen los siguientes atributos:

- Existe el papel de un escriba.
- El objetivo principal es evaluar la calidad.
- La reunión es liderada por el autor del producto del trabajo.
- Hay preparación individual.
- Se elabora un informe de revisión.

¿Cuál de los siguientes tipos de revisión es más probable que se utilice?

a) Revisión informal.

b) Tutorial.

c) Revisión técnica.

d) Inspección.

Seleccione una opción.

Solución

Considerando los atributos:

Especificados para recorridos, revisiones técnicas e inspecciones; por lo tanto, las revisiones que se realizan no pueden ser revisiones informales.

El propósito de evaluar la calidad es uno de los objetivos más importantes de un recorrido.

Esto no está permitido para las inspecciones y normalmente no se hace en las revisiones técnicas. Se necesita un moderador en los tutoriales y se le permite realizar revisiones informales.

Todos los tipos de revisiones pueden incluir preparación individual (incluso revisiones informales).

Todos los tipos de revisiones pueden producir un informe de revisión, aunque las revisiones informales no requieren documentación.

Así que:

a) *No es correcto.*

b) *Es correcto.*

c) *No es correcto.*

d) *No es correcto.*

Mirar sección 4.2.4.

18. Pregunta 18 (1 punto)

¿Cuál de estas afirmaciones no es un factor que contribuye a que las revisiones sean exitosas?

a) Los participantes deben dedicar el tiempo adecuado a la revisión.

b) Dividir los productos de trabajo grandes en partes pequeñas para hacer que el esfuerzo requerido sea menos intenso.

c) Los participantes deben evitar comportamientos que puedan indicar aburrimiento, exasperación u hostilidad hacia otros participantes.

d) Las fallas encontradas deben reconocerse, apreciarse y manejarse objetivamente.

Seleccione una opción.

Solución

a) *No es correcto. El tiempo adecuado para las personas es un factor de éxito.*

b) *No es correcto. Dividir los productos de trabajo en pequeñas partes adecuadas es un factor de éxito.*

c) *No es correcto. Evitar conductas que puedan indicar aburrimiento, exasperación, etc. es un factor de éxito.*

d) **Es correcto. Durante las revisiones se pueden encontrar defectos, no fallos.**

Mirar sección 4.2.5.

19. Pregunta 19 (1 Punto)

¿Cuál de las siguientes es una característica de las técnicas de prueba basadas en la experiencia?

a) Los casos de prueba se crean basándose en información de diseño detallada.

b) Los elementos probados dentro de la sección del código de interfaz se utilizan para medir la cobertura.

c) Las técnicas dependen en gran medida del conocimiento del software y del dominio empresarial del evaluador.

d) Los casos de prueba se utilizan para identificar desviaciones de los requisitos.

Seleccione una opción.

Solución

a) *No es correcto. Esta es una característica común de las técnicas de prueba de caja blanca. Las condiciones de prueba, los casos de prueba y los datos de prueba se derivan de una base de prueba que puede incluir código, arquitectura de software, diseño detallado o cualquier otra fuente de información sobre la estructura del software.*

b) *No es correcto. Esta es una característica común de las técnicas de prueba de caja blanca. La cobertura se mide en función de los elementos probados dentro de una estructura seleccionada y la técnica aplicada a la base de la prueba.*

c) *Es correcto. Esta es una característica común de las técnicas de prueba basadas en la experiencia. Este conocimiento y experiencia incluyen el uso esperado del software, su entorno, posibles defectos y la distribución de esos defectos se utiliza para definir las pruebas.*

d) *No es correcto. Esta es una característica común de las técnicas de prueba de caja negra. Los casos de prueba se pueden utilizar para detectar brechas dentro de los requisitos y la implementación de estos, así como desviaciones de los requisitos.*

Mirar sección 4.1.1.

20. Pregunta 20 (1 Punto)

Estás probando un formulario de búsqueda de apartamento simplificado que sólo tiene dos criterios de búsqueda:

- ▶ Piso (con tres opciones posibles: planta baja; primer piso; segundo o piso superior).

- ▶ Tipo de jardín (con tres opciones posibles: sin jardín; jardín pequeño; jardín grande).

Sólo los apartamentos de la planta baja podrán tener jardín. El formulario tiene un mecanismo de validación incorporado que no le permitirá utilizar criterios de búsqueda que violen esta regla.

Cada prueba tiene dos valores de entrada: tipo de piso y jardín. Desea aplicar partición de equivalencia (PE) para cubrir cada piso y cada tipo de jardín en sus pruebas.

¿Cuál es la cantidad mínima de casos de prueba para lograr una cobertura de PE del 100%?

a) 3.

b) 4.

c) 5.

d) 6.

Seleccione una opción.

Solución

"Jardín pequeño" y "jardín grande" solo pueden ir con "planta baja", por lo que necesitamos dos casos de prueba con "planta baja" que cubran estas dos particiones de "tipo jardín". Necesitamos dos casos de prueba más para cubrir las otras dos particiones de "piso" y una partición restante "tipo jardín" de "sin jardín". Necesitamos un total de cuatro casos de prueba: TC1 (planta baja, jardín pequeño) TC2 (planta baja, jardín grande) TC3 (primer piso, sin jardín) TC4 (segundo piso o superior, sin jardín).

Así que:

a) *No es correcto.*

b) *Es correcto.*

c) *No es correcto.*

d) *No es correcto.*

Mirar sección 5.2.1.

21. Pregunta 21 (1 Punto)

Estás probando un sistema que calcula la calificación final del curso para un estudiante determinado.

La calificación final se asigna en función del resultado final, según las siguientes reglas:

- ► 0 – 50 puntos: reprobado.
- ► 51 – 60 puntos: justo.
- ► 61 – 70 puntos: satisfactorio.
- ► 71 – 80 puntos: bueno.
- ► 81 – 90 puntos: muy bueno.
- ► 91 – 100 puntos: excelente.

Ha preparado el siguiente conjunto de casos de prueba:

	Resultado final	Nota Final
CP1	91	Excelente.
CP2	50	Suspenso.
CP3	81	Muy bien.
CP4	60	Justa.
CP5	70	Satisfactorio.
CP6	80	Bueno.

¿Cuál es la cobertura del análisis de valor límite (BVA) de 2 valores para el resultado final que se logra con los casos de prueba existentes?

a) 50%.

b) 60%.

c) 33,3%.

d) 100%.

Seleccione una opción.

Solución

Hay 12 valores límite para los valores del resultado final: 0, 50, 51, 60, 61, 70, 71, 80, 81, 90, 91 y 100.

Los casos de prueba cubren seis de ellos (TC1 – 91, TC2 – 50, TC3 – 81, TC4 – 60, TC5 – 70 y TC7 – 51). Por lo tanto, los casos de prueba cubren 6/12 = 50%.

Así que:

a) *Es correcto.*

b) *No es correcto.*

c) *No es correcto.*

d) *No es correcto.*

Mirar sección 5.2.2.

22. Pregunta 22 (1 Punto)

Tu tienda favorita de alquiler diario de bicicletas acaba de presentar un nuevo sistema de gestión de relaciones con el cliente y te ha pedido a ti, uno de sus miembros más leales, que lo pruebes.

Las características implementadas son las siguientes:

▸ Cualquiera puede alquilar una bicicleta, pero los socios reciben un 20% de descuento.

▸ Sin embargo, si no se cumple el plazo de devolución, el descuento ya no estará disponible.

▸ Después de 15 alquileres, los miembros reciben un regalo: una camiseta. La tabla de decisiones que describe las características implementadas es la siguiente:

Condiciones	R1	R2	R3	R4	R5	R6	R7	R8
Ser miembro	T	T	T	T	F	F	F	F
Plazo incumplido	T	F	T	F	T	F	F	T
15 alquileres	F	F	T	T	F	F	T	T
Acciones								
20 % de descuento		X		X				
Regalo de camiseta			X	X				X

Basándose únicamente en la descripción de las funciones del sistema de gestión de relaciones con el cliente, ¿cuál de las reglas anteriores describe una situación imposible?

a) R4.

b) R2.

c) R6.

d) R8.

Seleccione una opción.

Solución

a) *No es correcto. Un miembro que no haya incumplido el plazo puede obtener un descuento y una camiseta de regalo después de 15 alquileres de bicicletas.*

b) *No es correcto. Un miembro que no haya incumplido el plazo puede obtener un descuento, pero no una camiseta de regalo hasta que alquile una bicicleta 15 veces.*

c) *No es correcto. Los no miembros no pueden obtener un descuento, incluso si aún no han incumplido una fecha límite.*

d) *Es correcto. No habrá descuento como no socio que además haya incumplido un plazo, pero sólo los socios podrán recibir una camiseta de regalo. Por tanto, la acción no es correcta.*

Mirar sección 5.2.3.

23. Pregunta 23 (1 Punto)

Usted prueba un sistema cuyo ciclo de vida está modelado por el diagrama de transición de estado que se muestra a continuación. El sistema arranca en el estado INIT y finaliza su funcionamiento en el estado OFF.

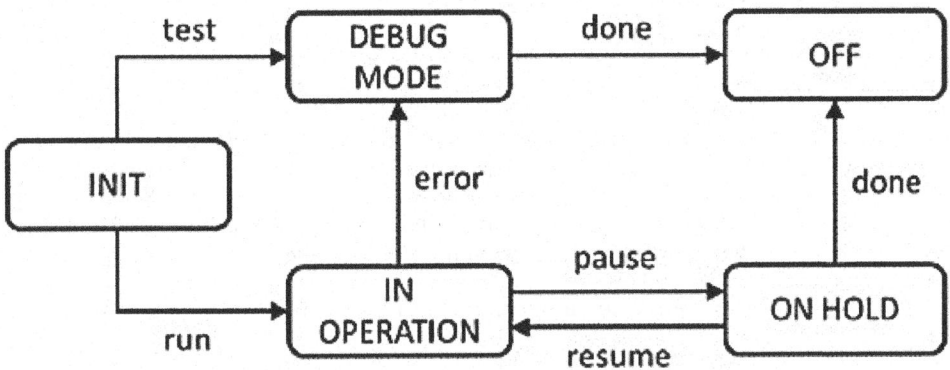

¿Cuál es el número mínimo de casos de prueba para lograr una cobertura de transiciones válida?

a) 4.

b) 2.

c) 7.

d) 3.

Seleccione una opción.

Solución

Las transiciones de "prueba" y "error" no pueden ocurrir en un caso de prueba. Tampoco pueden ambas transiciones "terminadas". Esto significa que necesitamos al menos tres casos de prueba para lograr la cobertura de transición. Por ejemplo: CP1: prueba, hecho CP2: ejecutar, error, hecho CP3: ejecutar, pausar, reanudar, pausar, hecho.

Así que:

a) *No es correcto.*

b) *No es correcto.*

c) *No es correcto.*

d) *Es correcto.*

Mirar sección 5.2.4.

24. Pregunta 24 (1 Punto)

Su conjunto de pruebas logró una cobertura de declaraciones del 100 %. ¿Cuál es la consecuencia de este hecho?

a) Cada instrucción del código que contiene un defecto se ha ejecutado al menos una vez.

b) Cualquier conjunto de pruebas que contenga más casos de prueba que su conjunto de pruebas también logrará una cobertura de declaración del 100%.

c) Cada ruta en el código se ha ejecutado al menos una vez.

d) Cada combinación de valores de entrada se ha probado al menos una vez. Seleccione una opción.

Solución

a) *Es correcto. Dado que se logra una cobertura del 100% de los extractos, todos los extractos, incluidos los defectuosos, deben haber sido ejecutados y evaluados al menos una vez.*

b) *No es correcto. La cobertura depende de lo que se prueba, no de la cantidad de casos de prueba. Por ejemplo, para el código "if (x==0) y=1", un caso de prueba (x=0) logra una cobertura de declaración del 100%, pero dos casos de prueba (x=1) y (x=2) juntos solo logran 50% de cobertura del estado de cuenta.*

c) *No es correcto. Si hay un bucle en el código puede haber un número infinito de rutas posibles, por lo que no es posible ejecutar todas las rutas posibles en el código.*

d) *No es correcto. No es posible realizar pruebas exhaustivas (consulte la sección de los siete principios de las pruebas en el libro). Por ejemplo, para el código "entrada x; imprimir x" cualquier prueba única con x arbitraria logra una cobertura de declaración del 100%, pero cubre un valor de entrada.*

Mirar sección 5.3.1.

25. Pregunta 25 (1 Punto)

¿Cuál de las siguientes afirmaciones no es cierta para las pruebas de caja blanca?

a) Durante las pruebas de caja blanca se considera toda la implementación del software.

b) Las métricas de cobertura de caja blanca pueden ayudar a identificar pruebas adicionales para aumentar la cobertura del código.

c) Las técnicas de prueba de caja blanca se pueden utilizar en pruebas estáticas.

d) Las pruebas de caja blanca pueden ayudar a identificar brechas en la implementación de requisitos.

Seleccione una opción.

Solución

a) *No es correcto. La ventaja fundamental de las técnicas de prueba de caja blanca es que durante las pruebas se tiene en cuenta toda la implementación del software.*

b) *No es correcto. Las medidas de cobertura de caja blanca proporcionan una medida objetiva de la cobertura y proporcionan la información necesaria para permitir que se generen pruebas adicionales para aumentar esta cobertura.*

c) *No es correcto. Se pueden utilizar técnicas de prueba de caja blanca para realizar revisiones (pruebas estáticas).*

d) *Es correcto. Esta es la debilidad de las técnicas de prueba de caja blanca. No pueden identificar la implementación faltante porque se basan únicamente en la estructura del objeto de prueba, no en la especificación de requisitos.*

Mirar sección 5.3.3.

26. Pregunta 26 (1 Punto)

¿Cuál de las siguientes opciones describe mejor el concepto detrás de la adivinación errónea?

a) La adivinación de errores implica utilizar su conocimiento y experiencia sobre defectos encontrados en el pasado y errores típicos cometidos por los desarrolladores.

b) Adivinar errores implica utilizar su experiencia personal de desarrollo y los errores que cometió como desarrollador.

c) La adivinación de errores requiere que usted imagine que es el usuario del objeto de prueba y que adivine los errores que el usuario podría cometer al interactuar con él.

d) La adivinación de errores requiere que usted duplique rápidamente la tarea de desarrollo para identificar el tipo de errores que podría cometer un desarrollador.

Seleccione una opción.

Solución

a) *Es correcto. El concepto básico detrás de la adivinación de errores es que el evaluador intenta adivinar qué errores pudo haber cometido el desarrollador y qué defectos puede haber en el objeto de prueba basándose en experiencias pasadas (y, a veces, en listas de verificación).*

b) *No es correcto. Aunque los evaluadores que solían ser desarrolladores pueden usar su experiencia personal para ayudarlos a la hora de adivinar errores, la técnica de prueba no se basa en conocimientos previos de desarrollo.*

c) *No es correcto. La adivinación de errores no es una técnica de usabilidad para adivinar cómo los usuarios pueden no interactuar con el objeto de prueba.*

d) *No es correcto. Duplicar la tarea de desarrollo tiene varios defectos que la hacen poco práctica, como que el evaluador tenga habilidades equivalentes a las del desarrollador y el tiempo necesario para realizar el desarrollo. No es un error adivinar.*

Mirar sección 5.4.1.

27. Pregunta 27 (1 Punto)

En su proyecto hubo un retraso en el lanzamiento de una aplicación nueva y la ejecución de la prueba comenzó tarde, pero usted tiene un conocimiento muy detallado del dominio y buenas habilidades analíticas. La lista completa de requisitos aún no se ha compartido con el equipo, pero la gerencia solicita que se presenten algunos resultados de las pruebas.

¿Qué técnica de prueba se adapta mejor a esta situación?

a) Pruebas basadas en listas de verificación.

b) Error al adivinar.

c) Pruebas exploratorias.

d) Prueba de rama. Seleccione una opción.

Solución

a) *No es correcto. Este es un nuevo producto. Probablemente aún no tenga una lista de verificación y es posible que no conozca las condiciones de la prueba debido a que faltan requisitos.*

b) *No es correcto. Este es un nuevo producto. Probablemente no tenga suficiente información para realizar conjeturas erróneas correctas.*

c) *Es correcto. Las pruebas exploratorias son más útiles cuando hay pocas especificaciones conocidas y/o hay un cronograma apremiante para las pruebas.*

d) *No es correcto. Las pruebas de sucursales llevan mucho tiempo y su gerencia está preguntando sobre algunos resultados de las pruebas ahora. Además, las pruebas de rama no implican conocimiento del dominio.*

Mirar sección 5.4.2.

28. Pregunta 28 (1 Punto)

¿Cuál de las siguientes opciones describe mejor la forma en que se pueden documentar los criterios de aceptación?

a) Realizar retrospectivas para determinar las necesidades reales de las partes interesadas con respecto a una historia de usuario determinada.

b) Usar el formato dado/cuándo/entonces para describir una condición de prueba de ejemplo relacionada con una historia de usuario determinada.

c) Utilizar la comunicación verbal para reducir el riesgo de que otros malinterpreten los criterios de aceptación.

d) Documentar los riesgos relacionados con una historia de usuario determinada en un plan de prueba para facilitar las pruebas basadas en riesgos de una historia de usuario determinada.

Seleccione una opción.

Solución

a) *No es correcto. Las retrospectivas se utilizan para capturar las lecciones aprendidas y mejorar el proceso de desarrollo y prueba, no para documentar los criterios de aceptación.*

b) *Es correcto. Esta es la forma estándar de documentar los criterios de aceptación.*

c) *No es correcto. La comunicación verbal no permite documentar físicamente los criterios de aceptación como parte de una historia de usuario (aspecto "tarjeta" en el modelo 3C).*

d) *No es correcto. Los criterios de aceptación están relacionados con una historia de usuario, no con un plan de prueba. Además, los criterios de aceptación son las condiciones que deben cumplirse para decidir si la historia del usuario está completa. Los riesgos no son tales condiciones.*

Mirar sección 4.5.2.

29. Pregunta 29 (1 Punto)

Considere la siguiente historia de usuario:

Como editor.

Quiero revisar el contenido antes de que se publique.

Para que pueda asegurar que la gramática es correcta y sus criterios de aceptación:

▸ El usuario puede iniciar sesión en el sistema de gestión de contenidos con el rol de "Editor".

▸ El editor puede ver páginas de contenido existentes.

- ▶ El editor puede editar el contenido de la página.

- ▶ El editor puede agregar comentarios de marcado.

- ▶ El editor puede guardar los cambios.

- ▶ El editor puede reasignarlo al rol de "propietario del contenido" para realizar actualizaciones.

¿Cuál de los siguientes es el mejor ejemplo de una prueba ATDD para esta historia de usuario?

a) Probar si el editor puede guardar el documento después de eliminar el contenido de la página.

b) Probar si el propietario del contenido puede iniciar sesión y realizar actualizaciones del contenido.

c) Probar si el editor puede programar la publicación del contenido editado.

d) Probar si el editor puede reasignarse a otro editor para realizar actualizaciones. Seleccione una opción.

Solución

a) *Es correcto. Esta prueba cubre dos criterios de aceptación: uno sobre editar el documento y otro sobre guardar cambios.*

b) *No es correcto. Los criterios de aceptación cubren las actividades del editor, no las actividades del propietario del contenido.*

c) *No es correcto. Programar el contenido editado para su publicación puede ser una buena característica, pero no está cubierta por los criterios de aceptación.*

d) *No es correcto. Los criterios de aceptación establecen la reasignación de un editor al propietario del contenido, no a otro editor.*

Mirar sección 5.5.3.

30. Pregunta 30 (1 Punto)

¿Cómo añaden los evaluadores valor a la planificación de iteraciones y lanzamientos?

a) Los evaluadores determinan la prioridad de las historias de usuario a desarrollar.

b) Los probadores se centran únicamente en los aspectos funcionales del sistema que se va a probar.

c) Los evaluadores participan en la identificación detallada de riesgos y la evaluación de riesgos de las historias de usuarios.

d) Los evaluadores garantizan el lanzamiento de software de alta calidad mediante un diseño de prueba temprano durante la planificación del lanzamiento.

Seleccione una opción.

Solución

a) *No es correcto. Las prioridades para las historias de usuarios las determina el representante comercial junto con el equipo de desarrollo.*

b) *No es correcto. Los evaluadores se centran en los aspectos funcionales y no funcionales del sistema que se va a probar.*

c) *Es correcto. Según el programa de estudios, esta es una de las formas en que los evaluadores agregan valor a la planificación de iteraciones y lanzamientos.*

d) *No es correcto. El diseño de prueba inicial no forma parte de la planificación del lanzamiento. El diseño temprano de las pruebas no garantiza automáticamente el lanzamiento de software de calidad.*

Mirar sección 6.1.2.

31. Pregunta 31 (1 Punto)

¿Cuáles dos de las siguientes opciones son los criterios de salida para probar un sistema?

a) Preparación del entorno de prueba.

b) La capacidad de iniciar sesión en el objeto de prueba por parte del evaluador.

c) Se alcanza la densidad de defectos estimada.

d) Los requisitos se traducen al formato dado/cuándo/entonces.

e) Las pruebas de regresión están automatizadas.

Seleccione dos opciones.

Solución

a) *No es correcto. La preparación del entorno de prueba es un criterio de disponibilidad de recursos; por lo tanto, pertenece a los criterios de entrada.*

b) *No es correcto. Este es un criterio de disponibilidad de recursos; por lo tanto, pertenece a los criterios de entrada.*

c) *Es correcto. La densidad estimada de defectos es una medida de diligencia; por tanto, pertenece a los criterios de salida.*

d) *No es correcto. Los requisitos traducidos a un formato determinado dan como resultado requisitos comprobables; por lo tanto, pertenece a los criterios de entrada.*

e) *Es correcto. La automatización de las pruebas de regresión es un criterio de finalización; por lo tanto, pertenece a los criterios de salida.*

Mirar sección 6.1.3.

32. Pregunta 32 (1 Punto)

Su equipo utiliza la técnica de estimación de tres puntos para estimar el esfuerzo de prueba de una nueva característica de alto riesgo. Se hicieron las siguientes estimaciones:

- Estimación más optimista: 2 horas-persona.
- Estimación más probable: 11 horas-persona.
- Estimación más pesimista: 14 horas-persona.

¿Cuál es la estimación final?

a) 9 horas-persona.

b) 14 horas-persona.

c) 11 horas-persona.

d) 10 horas-persona.

Seleccione una opción.

Solución

En la técnica de estimación de tres puntos: E = (optimista + 4*más probable + pesimista) /6 E = (2+(4*11) +14) /6 = 10

Así que:

a) *No es correcto.*

b) *No es correcto.*

c) *No es correcto.*

d) *Es correcto.*

Mirar sección 6.1.4.

33. Pregunta 33 (1 Punto)

Estás probando una aplicación móvil que permite a los usuarios encontrar un restaurante cercano según el tipo de comida que quieren comer. Considere la siguiente lista de casos de prueba, prioridades (es decir, un número menor significa una prioridad más alta) y dependencias:

Número caso de prueba	Condición de prueba cubierta	Prioridad	Dependencia de lógica
CP 001	Seleccione tipo de comida	3	Ninguna
CP 002	Seleccione restaurante	2	CP 001
CP 003	Devolver dirección	1	CP 002
CP 004	Llamar restaurante	2	CP 002
CP 005	Hacer reserva	3	CP 002

¿Cuál de los siguientes casos de prueba debería ejecutarse como el tercero?

a) TC 003.

b) TC 005.

c) TC 002.

d) TC 001.

Seleccione una opción.

Solución

La prueba TC 001 debe ser primero, seguida por la TC 002, para satisfacer las dependencias. Posteriormente, el TC 003 para satisfacer prioridad y luego el TC 004, seguido del TC 005.

Así que:

a) *Es correcto.*

b) *No es correcto.*

c) *No es correcto.*

d) *No es correcto.*

Mirar sección 6.1.5.

34. Pregunta 34 (1 Punto)

Considere las siguientes categorías de pruebas (1-4) y cuadrantes de pruebas ágiles (A-D):

1. Pruebas de usabilidad.

2. Prueba de componentes.

3. Pruebas funcionales.

4. Pruebas de confiabilidad.

A) Cuadrante de pruebas ágiles Q1: cara a la tecnología y apoyo al equipo de desarrollo.

B) Cuadrante de pruebas ágiles Q2: orientación empresarial, apoyo al equipo de desarrollo.

C) Cuadrante de pruebas ágiles Q3: cara al negocio, crítica del producto.

D) Cuadrante de pruebas ágiles Q4: frente a la tecnología, criticar el producto.

¿Cómo se asignan las siguientes categorías de pruebas a los cuadrantes de pruebas ágiles?

a) 1C, 2A, 3B, 4D.

b) 1D, 2A, 3C, 4B.

c) 1C, 2B, 3D, 4A.

d) 1D, 2B, 3C, 4A.

Seleccione una opción.

Solución

Considerando:

Las pruebas de usabilidad están en Q3 (1 – C).

Las pruebas de componentes están en Q1 (2 – A).

Las pruebas funcionales están en Q2 (3 – B).

Las pruebas de confiabilidad están en Q4 (4 – D).

Así que:

a) *Es correcto.*

b) *No es correcto.*

c) *No es correcto.*

d) *No es correcto.*

Mirar sección 6.1.7.

35. Pregunta 35 (1 Punto)

Durante un análisis de riesgos, se identificaron y evaluaron los siguientes riesgos:

▸ Riesgo: el tiempo de respuesta es demasiado largo para generar un informe.

▸ Probabilidad de riesgo: media; impacto del riesgo: alto.

▸ Respuesta al riesgo:

O un equipo de pruebas independiente realiza pruebas de rendimiento durante las pruebas del sistema.

O una muestra seleccionada de usuarios finales realiza pruebas de aceptación alfa y beta antes del lanzamiento.

¿Qué medida se propone tomar frente a este riesgo analizado?

a) Aceptación del riesgo.

b) Plan de contingencia.

c) Mitigación de riesgos.

d) Transferencia de riesgos.

Seleccione una opción.

Solución

a) *No es correcto. No aceptamos el riesgo; se proponen acciones concretas.*

b) *No es correcto. No se proponen planes de contingencia.*

c) *Es correcto. Las acciones propuestas están relacionadas con las pruebas, que es una forma de mitigación de riesgos.*

d) *No es correcto. El riesgo no se transfiere, sino que se mitiga.*

Mirar sección 6.2.4.

36. Pregunta 36 (1 Punto)

¿Qué herramienta puede utilizar un equipo ágil para mostrar la cantidad de trabajo que se ha completado y la cantidad de trabajo total restante para una iteración determinada?

a) Criterios de aceptación.

b) Informe de defectos.

c) Informe de finalización de la prueba.

d) Gráfico de evolución.

Seleccione una opción.

Solución

a) *No es correcto. Los criterios de aceptación son las condiciones utilizadas para decidir si la historia de usuario está lista. No pueden mostrar el progreso del trabajo.*

b) *No es correcto. Los informes de defectos informan sobre los defectos. No muestran avances de obra.*

c) *No es correcto. El informe de finalización de la prueba se puede crear una vez finalizada la iteración, por lo que no mostrará el progreso continuamente dentro de una iteración.*

d) *Es correcto. Los gráficos de evolución son una representación gráfica del trabajo que queda por hacer en comparación con el tiempo restante. Se actualizan diariamente, para que puedan mostrar continuamente el avance del trabajo.*

Mirar sección 6.3.3.

37. Pregunta 37 (1 Punto)

Debe actualizar uno de los scripts de prueba automatizados para que se ajuste a un nuevo requisito. ¿Qué proceso indica que se crea una nueva versión del script de prueba en el repositorio de pruebas?

a) Gestión de la trazabilidad.

b) Pruebas de mantenimiento.

c) Gestión de la configuración.

d) Ingeniería de requisitos.

Seleccione una opción.

Solución

a) *No es correcto. La trazabilidad es la relación entre dos o más productos de trabajo, no entre diferentes versiones del mismo producto de trabajo.*

b) *No es correcto. Las pruebas de mantenimiento consisten en probar cambios; no está estrechamente relacionado con el control de versiones.*

c) *Es correcto. Para respaldar las pruebas, la gestión de la configuración puede implicar el control de versiones de todos los elementos de prueba.*

d) *No es correcto. La ingeniería de requisitos es la obtención, documentación y gestión de requisitos; no está estrechamente relacionado con el control de versiones del script de prueba.*

Mirar sección 6.4.1.

38. Pregunta 38 (1 Punto)

Recibió el siguiente informe de defectos de los desarrolladores indicando que la anomalía descrita en este informe de prueba no es reproducible.

La aplicación cuelga

03-mayo-2022 – John Doe – Rechazado

La aplicación se cuelga después de ingresar "Entrada de prueba: $ä" en el campo Nombre en la pantalla de creación de nuevo usuario. Intenté cerrar sesión, iniciar sesión con la cuenta test_admin01, el mismo problema. Probé con otras cuentas de administrador de prueba, el mismo problema. No se recibió ningún mensaje de error; log (ver adjunto) contiene una notificación de error fatal. Según el caso de prueba TC-1305, la aplicación debe aceptar la entrada proporcionada y crear el usuario.

Corrija con alta prioridad, esta característica está relacionada con REQ-0012, que es un nuevo requisito comercial crítico.

¿Qué información crítica falta en este informe de prueba que hubiera sido útil para los desarrolladores?

   a) Resultado esperado y resultado real.

   b) Referencias y estado de los defectos.

   c) Entorno de prueba y elemento de prueba.

   d) Prioridad y severidad.

Seleccione una opción.

Solución

   a) *No es correcto. El resultado esperado es "la aplicación debería aceptar la entrada proporcionada y crear el usuario". El resultado real es "La aplicación se cuelga después de ingresar" Entrada de prueba. $ä""".*

   b) *No es correcto. Hay una referencia al caso de prueba y al requisito relacionado y establece que se rechaza el defecto. Además, el estado del defecto no sería de mucha ayuda para los desarrolladores.*

   c) *Es correcto. No sabemos en qué entorno de prueba se detectó la anomalía y tampoco sabemos qué aplicación (y su versión) está afectada.*

   d) *No es correcto. El informe de defectos establece que la anomalía es urgente, que es un problema global (es decir, muchas, si no todas, las cuentas de administración de pruebas se ven afectadas) y afirma que el impacto es alto para las partes interesadas del negocio.*

Mirar sección 6.5.1.

39. Pregunta 39 (1 Punto)

¿Qué actividad de prueba admite una herramienta de preparación de datos?

   a) Seguimiento y control de las pruebas.

   b) Análisis y diseño de pruebas.

   c) Implementación y ejecución de pruebas.

   d) Finalización de la prueba.

Seleccione una opción.

Solución

a) *No es correcto. El monitoreo de pruebas implica la verificación continua de todas las actividades y la comparación del progreso real con el plan de pruebas. El control de pruebas implica tomar las acciones necesarias para cumplir con los objetivos de prueba del plan de pruebas. No se preparan datos de prueba durante estas actividades.*

b) *No es correcto. El análisis de pruebas incluye analizar la base de la prueba para identificar las condiciones de la prueba y priorizarlas. El diseño de pruebas incluye la elaboración de las condiciones de prueba en casos de prueba y otro software de prueba. Los datos de prueba no se preparan durante estas actividades.*

c) *Es correcto. La implementación de la prueba incluye la creación o adquisición del software de prueba necesario para la ejecución de la prueba (por ejemplo, datos de prueba).*

d) *No es correcto. Las actividades de finalización de la prueba ocurren en los hitos del proyecto (por ejemplo, lanzamiento, final de la iteración, finalización del nivel de prueba), por lo que es demasiado tarde para preparar los datos de la prueba.*

Mirar sección 7.1.1.

40. Pregunta 40 (1 Punto)

¿Qué elemento identifica correctamente un riesgo potencial al realizar la automatización de pruebas?

a) Puede introducir regresiones desconocidas en la producción.

b) Es posible que no se asignen adecuadamente los esfuerzos suficientes para mantener el software de prueba.

c) Es posible que no se confíe suficientemente en las herramientas de prueba y el software de prueba asociado.

d) Puede reducir el tiempo asignado para las pruebas manuales.

Seleccione una opción.

Solución

a) *No es correcto. La automatización de pruebas no introduce regresiones desconocidas en la producción.*

b) *Es correcto. La asignación incorrecta de esfuerzos para mantener el software de prueba es un riesgo.*

c) *No es correcta. Las herramientas de prueba deben seleccionarse de manera que se pueda confiar en ellas y en su software de prueba.*

d) *No es correcto. El objetivo principal de la automatización de pruebas es reducir las pruebas manuales. Entonces, esto es un beneficio, no un riesgo.*

Mirar sección 7.2.1.

8.2 MODELO DE EXAMEN DE PRUEBA TIPO B RESUELTO Y EXPLICADO

1. Pregunta 1 (1 Punto)

¿Cuál de los siguientes es un ejemplo de por qué son necesarias las pruebas?

a) Las pruebas dinámicas aumentan la calidad al hacer que los objetos de prueba fallen de manera que los usuarios nunca podrían lograr.

b) Los desarrolladores utilizan las pruebas estáticas para identificar fallas en el código de su programa antes de lo que se puede lograr mediante pruebas dinámicas.

c) El análisis estático proporciona evidencia a los clientes de que los elementos del sistema que no proporcionan resultados son aptos para su lanzamiento.

d) Las revisiones aumentan la calidad de las especificaciones de requisitos y conducen a que se necesiten menos cambios en los productos de trabajo derivados.

Seleccione una opción.

Solución

a) *No es correcto. A menudo es posible utilizar pruebas dinámicas para provocar que un objeto de prueba falle de manera que los usuarios nunca podrían lograr, como mediante el uso de inyección de fallas. Sin embargo, si la falla nunca puede ocurrir con usuarios finales reales, entonces identificarla no es especialmente valioso ya que las pruebas tienen como objetivo en última instancia mejorar el producto de trabajo para los usuarios finales. Dedicar tiempo a probar fallas que no pueden ocurrir con usuarios reales no es un uso eficiente del tiempo de un evaluador.*

b) *No es correcto. Los desarrolladores utilizan las pruebas estáticas en forma de análisis estático para identificar defectos en el código de su programa antes de lo que se puede lograr mediante pruebas dinámicas. Sin embargo, tenga en cuenta que las pruebas estáticas (y el análisis estático) se utilizan para detectar defectos, no fallas, que se encuentran mediante pruebas dinámicas. Por lo tanto, es el uso del término "fracasos" lo que hace que ésta sea una opción incorrecta.*

c) *No es correcto. El análisis estático detecta directamente anomalías en el código, que pueden ser defectos, y esto normalmente corresponde al desarrollador, no al cliente. La provisión de evidencia de liberación mediante el uso de análisis estático de elementos que no proporcionan ningún resultado es una tontería.*

d) *Es correcto. Las revisiones son una forma de prueba estática que se puede aplicar desde el inicio del ciclo de vida del desarrollo de software y se utilizan para encontrar defectos que se pueden eliminar antes de que las actividades de desarrollo posteriores desperdicien esfuerzos en requisitos defectuosos. Si los defectos no se detectan y eliminan a tiempo, cuando se encuentre el defecto, los productos derivados del trabajo, como el diseño y el código, deberán cambiarse, ya que se basaron en requisitos defectuosos.*

Mirar sección 2.2.1.

2. Pregunta 2 (1 Punto)

¿Cuál de las siguientes afirmaciones sobre garantía de calidad (QA) y/o control de calidad (QC) es correcta?

a) El control de calidad se realiza como parte de las pruebas.

b) La prueba se realiza como parte del control de calidad.

c) Pruebas es otro término para el control de calidad.

d) Las pruebas se realizan como parte del control de calidad.

Seleccione una opción.

Solución

a) *No es correcto. La afirmación "El control de calidad se realiza como parte de las pruebas" es incorrecta porque el control de calidad se concentra en la mejora e implementación del proceso, utilizando un enfoque preventivo para evitar errores y defectos, mientras que las pruebas son una forma de control de calidad que se utiliza para detectar defectos.*

b) *Es correcto. La afirmación "Las pruebas se realizan como parte del control de calidad" es correcta porque el control de calidad tiene como objetivo lograr niveles apropiados de calidad centrándose en identificar y corregir los defectos del producto. Las pruebas son una parte importante del control de calidad y ayudan a descubrir estos defectos.*

c) *No es correcto. La afirmación "Pruebas es otro término para el control de calidad" es incorrecta porque, aunque las pruebas son una parte importante del control de calidad y ayudan a descubrir defectos, otras técnicas (que no son pruebas) utilizadas en el control de calidad incluyen métodos formales como la verificación de modelos y la prueba de corrección, así como simulación y creación de prototipos.*

d) *No es correcto. La afirmación "Las pruebas se realizan como parte del control de calidad" es incorrecta porque el control de calidad se concentra en la mejora e implementación del proceso, utilizando un enfoque preventivo para evitar errores y defectos, mientras que las pruebas son una forma de control de calidad que se utiliza para detectar defectos.*

Mirar sección 2.2.2.

3. Pregunta 3 (1 Punto)

Uno de los "principios de las pruebas" establece que las pruebas exhaustivas son imposibles. ¿Cuál de los siguientes es un ejemplo de cómo abordar este principio en la práctica?

a) Crear casos de prueba que cubran todos los resultados especificados posibles.

b) Documentar todas las posibles variaciones de entrada de prueba y priorizarlas según su importancia.

c) Comenzar las pruebas lo antes posible con revisiones y otros enfoques de pruebas estáticas.

d) Uso de partición de equivalencia y análisis de valores límite para generar casos de prueba.

Seleccione una opción.

Solución

El principio de "las pruebas exhaustivas son imposibles" se refiere al hecho de que no es factible probar todas las variaciones posibles de las entradas de prueba en todas las circunstancias diferentes, excepto en casos triviales. En cambio, las pruebas utilizan técnicas de prueba, priorización de casos de prueba y pruebas basadas en riesgos para tomar muestras del conjunto de posibilidades y centrar los esfuerzos de prueba.

a) *No es correcto. El principio establece que no es factible probarlo todo excepto en casos triviales. Probar todo requeriría probar cada variación posible de las entradas de prueba en todas las circunstancias diferentes, lo que generalmente no es factible ya que habrá un número prácticamente infinito. Probar cada salida especificada posible no solucionará este problema ya que la relación entre las entradas y las salidas especificadas puede ser diferente para cada objeto de prueba. A veces puede haber un número prácticamente infinito de posibles salidas especificadas (por ejemplo, cuando hay varias variables que representan números reales), mientras que en otras ocasiones puede haber solo dos salidas especificadas, como con una sola variable que puede ser verdadera o falsa.*

b) *No es correcto. El principio establece que no es factible probar todas las variaciones posibles de las entradas de prueba en todas las circunstancias diferentes. Esto se debe a que para los sistemas no triviales existe un número prácticamente infinito. Por lo tanto, en la práctica, documentar todas las posibles variaciones de las entradas de prueba no sería práctico, ya que llevaría un tiempo infinito.*

c) *No es correcto. Comenzar las pruebas lo antes posible con revisiones y otros enfoques de pruebas estáticas no solucionará el problema de que haya demasiados casos de prueba posibles. El principio de "las pruebas tempranas ahorran tiempo y dinero" se refiere a la reparación temprana de defectos para evitar la aparición de defectos posteriores en los productos de trabajo derivados, reduciendo así los costos y la probabilidad de fallas.*

d) *Es correcto. El uso de la partición de equivalencia y el análisis de valores límite para generar casos de prueba es una forma de abordar el principio, ya que estas técnicas de prueba proporcionan una forma sistemática de derivar un subconjunto finito de todos los casos de prueba posibles.*

Mirar sección 2.3.1.

4. Pregunta 4 (1 Punto)

¿Qué actividad de prueba implica trabajar con requisitos de datos de prueba, condiciones de prueba, requisitos del entorno de prueba y casos de prueba?

- a) Diseño de prueba.
- b) Ejecución de la prueba.
- c) Análisis de pruebas.
- d) Implementación de pruebas.

Seleccione una opción.

Solución

- a) *Es correcto. El diseño de pruebas implica el uso de condiciones de prueba para crear casos de prueba y otro software de prueba necesario, como requisitos de datos de prueba y cartas de prueba para pruebas exploratorias. También se especifican los requisitos del entorno de prueba, incluida la infraestructura y las herramientas necesarias.*

- b) *No es correcto. La ejecución de pruebas implica la ejecución de casos de prueba (como parte de los procedimientos de prueba), sin embargo, no cubre directamente el otro software de prueba mencionado en la pregunta, como los requisitos de datos de prueba, los requisitos del entorno de prueba y las condiciones de prueba.*

- c) *No es correcto. El análisis de prueba se utiliza para identificar las características que requieren prueba. La base de la prueba se analiza y define como condiciones de prueba, que luego se priorizan junto con los riesgos relacionados. Si bien esta actividad implica trabajar con condiciones de prueba, no cubre el otro software de prueba mencionado en la pregunta, como los requisitos de datos de prueba, los requisitos del entorno de prueba y los casos de prueba.*

- d) *No es correcto. La implementación de pruebas incluye la generación de procedimientos de prueba, como scripts de prueba manuales y automatizados, que se crean a partir de casos de prueba y pueden ensamblarse en conjuntos de pruebas. Los procedimientos de prueba se priorizan y organizan en un cronograma de ejecución de pruebas. Se crean los datos de prueba, se construye el entorno de prueba y se verifica su configuración. Si bien esta actividad implica trabajar explícitamente con casos de prueba y puede utilizar requisitos de datos de prueba y requisitos del entorno de prueba para crear datos de prueba y el entorno de prueba, no cubre condiciones de prueba.*

Mirar sección 2.4.1.

5. Pregunta 5 (1 Punto)

¿Cuál de los siguientes es más probable que afecte la forma en que se realizan las pruebas para un objeto de prueba determinado?

a) El nivel promedio de experiencia del equipo de marketing de la organización.

b) El conocimiento de los usuarios de que se está desarrollando un nuevo sistema para ellos.

c) El número de años de experiencia de los miembros del equipo de prueba.

d) La estructura organizativa del usuario final para una aplicación comercial de transmisión de música.

Seleccione una opción.

Solución

a) *No es correcto. Es poco probable que el equipo de marketing de la organización realice muchas pruebas (aunque en algunas organizaciones pueden participar en pruebas de aceptación), por lo que su nivel promedio de experiencia (la mayor parte de la cual sería en marketing) no es probable que afecte la forma en que se realizan las pruebas para un objeto de prueba dado.*

b) *No es correcto. Es poco probable que el nivel de conocimiento de los usuarios de que se está construyendo un nuevo sistema para ellos afecte la forma en que se realizan las pruebas. Es más probable que cualquier participación del usuario que pueda afectar la forma en que se realizan las pruebas sea el resultado de decisiones tomadas por los evaluadores, el cliente y el gerente del proyecto.*

c) *Es correcto. La cantidad de años de experiencia de los miembros del equipo de pruebas de rendimiento ayudará a determinar las capacidades y conocimientos (por ejemplo, de diferentes herramientas y tipos de defectos) que los miembros del equipo aplicarán cuando realicen pruebas.*

d) *No es correcto. La estructura organizativa de los diferentes usuarios finales (que pueden ser variadas) cambiará entre usuarios. Por lo tanto, es posible que ni siquiera se sepa cuándo se está probando la aplicación y, por lo tanto, la estructura organizativa del usuario final puede tener poco efecto en la forma en que se realizan las pruebas.*

Mirar sección 2.4.2.

6. Pregunta 6 (1 Punto)

¿Cuál de las siguientes afirmaciones es un ejemplo correcto del valor de la trazabilidad?

a) La trazabilidad entre los riesgos mitigados y los casos de prueba aprobados proporciona un medio para determinar el nivel de riesgo residual.

b) La trazabilidad entre los requisitos del usuario y los resultados de la ejecución de las pruebas proporciona un medio para medir el progreso del proyecto en comparación con los objetivos comerciales.

c) La trazabilidad entre los evaluadores y los casos de prueba fallidos proporciona un medio para determinar el nivel de habilidad de los evaluadores.

d) La trazabilidad entre los riesgos identificados y las condiciones de prueba escritas proporciona un medio para determinar qué riesgos vale la pena probar.

Seleccione una opción.

Solución

a) *No es correcto. La trazabilidad entre los riesgos mitigados y los casos de prueba aprobados proporciona poca información, porque para ser mitigados (mediante pruebas) los riesgos necesitarían tener un caso de prueba aprobado correspondiente. Para poder evaluar el riesgo residual, es necesario disponer de trazabilidad entre todos los riesgos y los resultados de las pruebas, de modo que los riesgos que no hayan superado la prueba correspondiente puedan identificarse como riesgos residuales.*

b) *Es correcto. La trazabilidad entre los requisitos del usuario y los resultados de la ejecución de las pruebas proporciona una indicación de qué requisitos del usuario se han probado y, por lo tanto, proporciona un medio para medir el progreso del proyecto (en el contexto de las pruebas) en comparación con los objetivos comerciales.*

c) *No es correcto. No está claro que los casos de prueba fallidos proporcionen una indicación de las habilidades del evaluador más que los casos de prueba aprobados. Dependería en parte del objetivo de la prueba (por ejemplo, generar confianza o provocar fallas). Además, dicha medición de los evaluadores basada en casos de prueba aprobados y fallidos puede ser contraproducente, ya que podría hacer que los evaluadores optimicen sus pruebas en función de esa métrica en lugar del objetivo de la prueba.*

d) *No es correcto. La trazabilidad entre los riesgos identificados y las condiciones de prueba escritas proporciona un medio para determinar qué condiciones de prueba adicionales deben escribirse. Determinar qué riesgos vale la pena probar es parte de la gestión de riesgos y, en particular, de la mitigación de riesgos.*

Mirar sección 2.5.1.

7. Pregunta 7 (1 Punto)

¿Cuál de los siguientes es más probable que sea un ejemplo de un evaluador que utiliza una habilidad genérica al realizar pruebas?

a) El profundo conocimiento del evaluador sobre una variedad de juegos de computadora significó que se llevaban bien con uno de los desarrolladores que también estaba interesado en los juegos.

b) El evaluador era un expiloto y podía comprender mejor los criterios de aceptación del sistema de control del helicóptero.

c) El evaluador trabajó anteriormente como programador y utilizó sus habilidades en esta área para comunicarse mejor con los analistas de negocios.

d) El evaluador tuvo mucho cuidado de no cometer errores cuando generó metódicamente casos de prueba antes de comenzar su sesión de prueba exploratoria.

Seleccione una opción.

Solución

a) *No es correcto. Fuertes habilidades de comunicación, escucha activa y trabajo en equipo permiten a un evaluador interactuar de manera efectiva con todas las partes interesadas; sin embargo, un conocimiento profundo de una variedad de juegos de computadora que le permitió llevarse bien con un desarrollador no es un ejemplo de una habilidad genérica útil para probadores.*

b) *Es correcto. El conocimiento del dominio o sector que se puede utilizar para comprender y comunicarse con los usuarios finales y los representantes comerciales es una de las habilidades genéricas que requieren los evaluadores. Un probador con experiencia como piloto le permitirá apreciar mejor los criterios de aceptación del sistema de control del helicóptero.*

c) *No es correcto. Aunque las habilidades de programación podrían considerarse conocimientos técnicos que pueden aumentar la eficiencia al utilizar algunas herramientas de prueba, es poco probable que estas habilidades mejoren su comunicación con los analistas de negocios.*

d) *No es correcto. Aunque la minuciosidad, la atención al detalle, la curiosidad y un enfoque metódico para identificar defectos difíciles de encontrar son habilidades genéricas útiles para los evaluadores, es dudoso que generen casos de prueba antes de comenzar las pruebas exploratorias. Esto se debe a que uno de los principios principales de las pruebas exploratorias es que los casos de prueba se generan durante la prueba, no se programan de antemano.*

Mirar sección 2.5.1.

8. Pregunta 8 (1 Punto)

¿Cuál de las siguientes es una ventaja del enfoque de todo el equipo?

a) Permite a los miembros del equipo asumir cualquier rol en cualquier momento.

b) Solo necesita un único equipo para soportar el proyecto de desarrollo completo.

c) Incorpora representantes comerciales junto con desarrolladores en el mismo equipo.

d) Genera una sinergia de equipo que beneficia a todo el proyecto.

Seleccione una opción.

Solución

a) *No es correcto. El enfoque de equipo completo permite que cualquier miembro del equipo con las habilidades y conocimientos necesarios realice cualquier tarea; sin embargo, eso no significa que los miembros del equipo puedan asumir cualquier rol en cualquier momento. Por lo general, solo asumen roles en los que son competentes y no se sugiere que cada miembro del equipo pueda desempeñar todos los roles.*

b) *No es correcto. El enfoque de todo el equipo se aplica a cómo funciona un solo equipo (normalmente en el desarrollo de software ágil); no cubre cómo se supone que deben trabajar varios equipos en proyectos más grandes, y no sugiere que solo se necesita un equipo "completo" para un proyecto completo.*

c) *No es correcto. El enfoque de equipo completo no espera que todos los miembros del equipo participen en todas las decisiones importantes. Por ejemplo, no es necesario que el representante comercial (es decir, el propietario del producto) participe en cada decisión técnica que no afecte el resultado comercial y la implementación de dicho enfoque ralentizaría innecesariamente el progreso del equipo.*

d) *Es correcto. Al aprovechar las diversas habilidades de cada miembro del equipo de manera más efectiva, el enfoque de equipo completo fomenta una dinámica de equipo superior, promueve una comunicación y colaboración sólidas y genera una sinergia de equipo que beneficia a todo el proyecto.*

Mirar sección 2.5.2.

9. Pregunta 9 (1 Punto)

¿Cuál de las siguientes afirmaciones sobre el ciclo de vida de desarrollo de software elegido es correcta?

a) Si se utiliza el desarrollo de software ágil, la automatización de pruebas del sistema reemplaza la necesidad de pruebas de regresión.

b) Si se utiliza un modelo de desarrollo secuencial, entonces las pruebas dinámicas generalmente se restringen a una etapa posterior del ciclo de vida.

c) Si se utiliza un modelo de desarrollo iterativo, los desarrolladores suelen realizar las pruebas de componentes manualmente.

d) Si se utiliza un modelo de desarrollo incremental, entonces las pruebas estáticas se realizan en incrementos iniciales y las pruebas dinámicas en incrementos posteriores.

Seleccione una opción.

Solución

a) *No es correcto. En el desarrollo ágil de software, los resultados se producen en cada iteración, y la entrega frecuente de incrementos requiere pruebas de regresión exhaustivas. Aunque algunas (o todas) estas pruebas de regresión pueden automatizarse, las pruebas de regresión (automatizadas o no) no pueden reemplazarse por la automatización de pruebas del sistema.*

b) *Es correcto. Si se utiliza un modelo de desarrollo secuencial, al principio del ciclo de vida no hay código disponible para su ejecución, por lo que durante este tiempo se realizan pruebas estáticas (por ejemplo, revisiones). Más adelante en el ciclo de vida, cuando el código esté disponible para su ejecución, es posible realizar pruebas dinámicas. Sin embargo, tenga en cuenta que la preparación para las pruebas dinámicas a menudo ocurrirá temprano en cualquier ciclo de vida de desarrollo de software.*

c) *No es correcto. Si se utiliza un modelo de desarrollo iterativo, como el desarrollo ágil de software, entonces las pruebas de componentes pueden usarse para pruebas de regresión para cada iteración. En cuyo caso, existe un argumento sólido para automatizar estas pruebas de componentes, que deberán ejecutarse con frecuencia, y es poco probable que haya un argumento sólido para que los desarrolladores realicen estas pruebas de componentes manualmente.*

d) *No es correcto. En la mayoría de los modelos de desarrollo incremental, los entregables se producen en cada incremento, lo que requiere pruebas tanto estáticas como dinámicas en todos los niveles de prueba para cada incremento entregado.*

Mirar sección 3.1.1.

10. Pregunta 10 (1 Punto)

¿Cuál de las siguientes es una buena práctica de prueba que se aplica a todos los ciclos de vida de desarrollo de software?

a) Los evaluadores deben revisar los productos de trabajo como parte de la siguiente fase de desarrollo.

b) Los evaluadores deben revisar los productos de trabajo tan pronto como los borradores estén disponibles.

c) Los evaluadores deben revisar los productos del trabajo antes de que comience el análisis y el diseño de las pruebas.

d) Los evaluadores deben revisar los productos de trabajo inmediatamente después de su publicación.

Seleccione una opción.

Solución

a) *No es correcto. Los evaluadores deben revisar los productos de trabajo tan pronto como los borradores estén disponibles para permitir pruebas tempranas como parte de un enfoque de desplazamiento a la izquierda. Si esperaban hasta la siguiente fase de desarrollo, entonces se podría iniciar trabajo de desarrollo (y prueba) innecesario en productos de trabajos defectuosos y no revisados.*

b) *Es correcto. Los evaluadores deben revisar los productos de trabajo tan pronto como los borradores estén disponibles para permitir pruebas tempranas como parte de un enfoque de desplazamiento hacia la izquierda.*

c) *No es correcto. Los evaluadores generalmente revisan los productos de trabajo que forman la base de la prueba como parte del análisis de la prueba, no antes del análisis y diseño de la prueba.*

d) *No es correcto. Los evaluadores deben revisar los productos de trabajo tan pronto como los borradores estén disponibles para permitir pruebas tempranas como parte de un enfoque de desplazamiento a la izquierda. Esperar hasta que se publiquen significa que cualquier defecto que pueda encontrar la revisión del evaluador estará en el documento publicado.*

Mirar sección 3.1.2.

11. Pregunta 11 (1 Punto)

¿Cuál de los siguientes es un ejemplo de un enfoque de desarrollo basado en las pruebas primero?

a) Desarrollo basado en pruebas.

b) Desarrollo impulsado por la cobertura.

c) Desarrollo impulsado por la calidad.

d) Desarrollo impulsado por funciones.

Seleccione una opción.

Solución

a) *Es correcto. El desarrollo basado en pruebas (TDD) es un ejemplo bien conocido de un enfoque de desarrollo basado en las pruebas.*

b) *No es correcto. El desarrollo impulsado por la cobertura no es un ejemplo correcto de un enfoque de desarrollo basado en las pruebas.*

c) *No es correcto. El desarrollo impulsado por la calidad no es un ejemplo correcto de un enfoque de desarrollo basado en las pruebas.*

d) *No es correcto. El desarrollo basado en funciones no es un ejemplo de un enfoque de desarrollo basado en pruebas, sino que es, en cambio, una metodología de desarrollo de software ágil basada en la entrega de funciones (a diferencia de las historias de usuarios en Scrum).*

Mirar sección 3.2.1.

12. Pregunta 12 (1 Punto)

¿Cuál de las siguientes afirmaciones sobre DevOps es correcta?

a) Para acelerar los lanzamientos, se utiliza la integración continua para alentar a los desarrolladores a enviar código rápidamente sin la necesidad de completar las pruebas de componentes.

b) Para poder actualizar y lanzar sistemas con más frecuencia, se requieren muchas pruebas de regresión automatizadas para reducir el peligro de regresión.

c) Para tratar a los desarrolladores y a las operaciones por igual, los evaluadores asignarán más esfuerzos para publicar las pruebas por parte de las operaciones utilizando un enfoque de desplazamiento hacia la derecha.

d) Para crear una mayor sinergia entre los evaluadores, los desarrolladores y las operaciones, las pruebas deben volverse completamente automatizadas sin pruebas manuales.

Seleccione opción.

Solución

a) *Es correcto. El desarrollo basado en pruebas (TDD) es un ejemplo bien conocido de un enfoque de desarrollo basado en las pruebas.*

b) *No es correcto. El desarrollo impulsado por la cobertura no es un ejemplo correcto de un enfoque de desarrollo basado en las pruebas.*

c) *No es correcto. El desarrollo impulsado por la calidad no es un ejemplo correcto de un enfoque de desarrollo basado en las pruebas.*

d) *No es correcto. El desarrollo basado en funciones no es un ejemplo de un enfoque de desarrollo basado en pruebas, sino que es, en cambio, una metodología de desarrollo de software ágil basada en la entrega de funciones (a diferencia de las historias de usuarios en Scrum).*

Mirar sección 3.1.4.

13. Pregunta 13 (1 Punto)

¿Cuál de las siguientes acciones es más probable que se realice como parte de las pruebas del sistema?

a) Pruebas de seguridad de un sistema de gestión de crédito por parte de un equipo de pruebas independiente.

b) Probar la interfaz de un sistema de cambio de divisas con un sistema bancario externo.

c) Prueba beta de un sistema de aprendizaje remoto por parte de desarrolladores de cursos.

d) Probar las interacciones entre la interfaz de usuario y la base de datos de un sistema de recursos humanos.

Seleccione una opción.

Solución

a) *Es correcto. Las pruebas del sistema examinan el comportamiento y las capacidades del sistema completo y cubren pruebas no funcionales de características de calidad, que incluyen pruebas de seguridad. Este tipo de pruebas suele realizarlas un equipo de pruebas independiente en función de las especificaciones del sistema.*

b) *No es correcto. Las pruebas de integración del sistema examinan las interfaces con otros sistemas y servicios externos.*

c) *No es correcto. La prueba beta es un tipo de prueba de aceptación realizada en un sitio externo por roles ajenos a la organización de desarrollo.*

d) *No es correcto. Las pruebas de integración de componentes implican probar las interfaces e interacciones entre los componentes de un sistema, como la interfaz de usuario y la base de datos.*

Mirar sección 3.2.1.

14. Pregunta 14 (1 Punto)

¿Cuál de las siguientes afirmaciones es correcta?

a) Las pruebas de regresión aumentan en número a medida que avanza el proyecto, mientras que el número de pruebas de confirmación disminuye a medida que avanza el proyecto.

b) Las pruebas de regresión se crean y ejecutan cuando se repara el objeto de prueba, mientras que las pruebas de confirmación se ejecutan siempre que se mejora el objeto de prueba.

c) Las pruebas de regresión se ocupan de comprobar que el entorno operativo permanece sin cambios, mientras que las pruebas de confirmación se ocupan de probar los cambios en el objeto de prueba.

d) Las pruebas de regresión se ocupan de los efectos adversos en el código sin cambios, mientras que las pruebas de confirmación se ocupan de probar el código modificado.

Seleccione una opción.

Solución

a) *No es correcto. Las pruebas de regresión aumentan en número a medida que avanza el proyecto, ya que normalmente se requieren nuevas pruebas de regresión a medida que se realizan cambios en el sistema. De manera similar, el número de pruebas de confirmación también suele aumentar a medida que avanza el proyecto, ya que se necesitan nuevas pruebas de confirmación para cada corrección realizada en un sistema.*

b) *No es correcto. Es al contrario. Las pruebas de confirmación se crean y ejecutan cuando se repara el objeto de prueba, y las pruebas de regresión se ejecutan (idealmente) cada vez que se mejora (cambia) el objeto de prueba.*

c) *No es correcto. Las pruebas de confirmación verifican que un defecto se haya solucionado correctamente y, por lo tanto, se ocupan de probar los cambios en el objeto de prueba. Sin embargo, las pruebas de regresión garantizan que los cambios (incluidos los cambios en el entorno operativo) no tengan efectos negativos en el software sin cambios y, por lo tanto, no verifican que el entorno operativo permanezca sin cambios.*

d) *Es correcto. Las pruebas de regresión garantizan que los cambios no tengan efectos negativos en el software no modificado. Las pruebas de confirmación verifican que se haya solucionado un defecto y, por lo tanto, se ocupan del código modificado.*

Mirar sección 2.2.3.

15. Pregunta 15 (1 Punto)

¿Cuál de los siguientes es un ejemplo de un defecto que se puede encontrar mediante pruebas estáticas, pero no mediante pruebas dinámicas?

a) Falta de usabilidad proporcionada a través de la interfaz de usuario.

b) Código sin camino que lo alcance.

c) Tiempos de respuesta deficientes para la mayoría de los usuarios esperados.

d) Funciones requeridas que no están implementadas en el código.

Seleccione una opción.

Solución

a) *No es correcto. La falta de usabilidad proporcionada a través de la interfaz de usuario se puede detectar mediante una revisión utilizando una lista de verificación adecuada, pero la falta de usabilidad también se puede identificar haciendo que varios usuarios típicos prueben dinámicamente la interfaz de usuario y proporcionen comentarios sobre su usabilidad.*

b) *Es correcto. Una revisión de código puede detectar código al que no se puede llegar por ninguna ruta; sin embargo, las pruebas dinámicas solo pueden ejercitar el código accesible y no pueden determinar que no se puede alcanzar el código sin ejecutar todas las combinaciones posibles de entradas y estados de entrada, lo cual no es práctico para el código real.*

c) *No es correcto. Los tiempos de respuesta deficientes para la mayoría de los usuarios esperados son difíciles de determinar sin ejecutar el código (es decir, mediante pruebas estáticas), por lo que en esta situación las pruebas dinámicas podrían encontrar un defecto, pero es poco probable que las pruebas estáticas lo encuentren.*

d) *No es correcto. Una revisión del código por parte de alguien que conozca las características requeridas podría detectar que las características requeridas no se han implementado en el código, y también se podrían usar pruebas dinámicas para determinar qué estas características requeridas no se han implementado.*

Mirar sección 4.1.3.

16. Pregunta 16 (1 Punto)

¿Cuál de los siguientes es un beneficio de la retroalimentación temprana y frecuente de las partes interesadas?

a) Los gerentes son conscientes de qué desarrolladores son menos productivos.

b) Permite a los gerentes de proyectos priorizar las interacciones con las partes interesadas.

c) Facilita la comunicación temprana de posibles problemas de calidad.

d) Los usuarios finales comprenden mejor por qué se retrasa la entrega del producto del trabajo.

Seleccione una opción.

Solución

a) *No es correcto. Los comentarios provienen de las partes interesadas (por ejemplo, representantes comerciales, usuarios finales), no de los desarrolladores, por lo que no es probable que estos comentarios informen a los gerentes qué desarrolladores son más o menos productivos.*

b) *No es correcto. Los gerentes de proyectos no utilizan la retroalimentación temprana y frecuente de las partes interesadas para priorizar cómo interactúan con las diferentes partes interesadas.*

c) *Es correcto. Obtener comentarios de las partes interesadas desde el principio y con frecuencia durante el proceso de desarrollo de software puede ser muy beneficioso, ya que facilita la comunicación temprana de posibles problemas de calidad, puede evitar malentendidos sobre los requisitos y garantiza que cualquier cambio en los requisitos de las partes interesadas se comprenda e implemente antes.*

d) *No es correcto. La retroalimentación temprana y frecuente puede impedir el desarrollo de un producto que no satisfaga las necesidades de las partes interesadas y resulte en costosas repeticiones de trabajo y plazos incumplidos, por lo que, idealmente, no debería haber demoras. Además, la retroalimentación proviene de las partes interesadas (no de ellos), lo que incluye a los usuarios finales, por lo que el hecho de que los usuarios finales proporcionen retroalimentación no ayudará a que los usuarios finales comprendan.*

Mirar sección 4.2.1.

17. Pregunta 17 (1 Punto)

Dadas las siguientes descripciones de tareas:

1. Se seleccionan las características de calidad a evaluar y los criterios de salida.

2. Todos tienen acceso al producto del trabajo.

3. Se identifican anomalías en el producto del trabajo.

4. Se discuten las anomalías.

Y las siguientes actividades de revisión.

A) Revisión individual.

B) Inicio de la revisión.

C) Planificación.

D) Comunicación y análisis.

¿Cuál de las siguientes opciones coincide mejor con las descripciones de tareas y actividades?

a) 1B, 2C, 3D, 4A.

b) 1B, 2D, 3C, 4A.

c) 1C, 2A, 3B, 4D.

d) 1C, 2B, 3A, 4D.

Seleccione una opción.

Solución

Considerando cada una de las descripciones de tareas enumeradas:

1. *Se seleccionan las características de calidad a evaluar y los criterios de salida–(Planificación (C): definir el alcance de la revisión, propósito, producto de trabajo a revisar, características de calidad a evaluar, áreas de enfoque, criterios de salida, información de respaldo como estándares, esfuerzo y plazos).*

2. *Todos tienen acceso al producto del trabajo–(Inicio de la revisión (B): garantizar que todos los participantes tengan acceso al producto del trabajo y a los recursos necesarios, y aclarar sus funciones y responsabilidades).*

3. *Se identifican anomalías en el producto de trabajo–(Revisión individual (A): evaluación de la calidad del producto de trabajo, identificación y registro de anomalías, recomendaciones y preguntas utilizando técnicas de revisión como la revisión basada en listas de verificación y en escenarios).*

4. *Las anomalías se analizan y discuten–(Comunicación y análisis (D): analizar y discutir cada anomalía, determinar su estado, propiedad y acciones requeridas, y tomar decisiones de revisión, normalmente en una reunión. Esto podría incluir determinar la necesidad de una revisión de seguimiento).*

Así que:

    a) *No es correcto.*

    b) *No es correcto.*

    c) *No es correcto.*

    d) *Es correcto. La coincidencia correcta es: 1C, 2B, 3A, 4D.*

Mirar sección 4.2.2.

18. Pregunta 18 (1 Punto)

Dados los siguientes roles en las revisiones:

    1. Escriba.

    2. Líder de revisión.

    3. Facilitador.

    4. Gerente.

Y las siguientes responsabilidades en las revisiones:

    A) Garantiza el desarrollo eficaz de las reuniones de revisión y el establecimiento de un entorno de revisión seguro.

    B) Información de revisión de registros, como decisiones y nuevas anomalías encontradas durante la reunión de revisión.

    C) Decide qué se va a revisar y proporciona recursos, como personal y tiempo para la revisión.

    D) Asume la responsabilidad general de la revisión, como organizar cuándo y dónde se llevará a cabo la revisión.

¿Cuál de los siguientes se adapta mejor a los roles y responsabilidades?

    a) 1A, 2B, 3D, 4C.

    b) 1A, 2C, 3B, 4D.

    c) 1B, 2D, 3A, 4C.

    d) 1B, 2D, 3C, 4A.

Seleccione una opción.

Solución

Teniendo en cuenta cada una de las funciones enumeradas:

1. *Escribano (o registrador): responsable de recopilar comentarios de los revisores y documentar la información de la revisión, como las decisiones tomadas y cualquier nueva anomalía identificada durante la reunión de revisión. (Registros de información de revisión, como decisiones y nuevas anomalías encontradas durante la reunión de revisión – B).*

2. *Líder de revisión: responsable de supervisar el proceso de revisión, como seleccionar a los miembros del equipo de revisión, programar reuniones de revisión y garantizar que la revisión se complete exitosamente. (Asume la responsabilidad general de la revisión, como organizar cuándo y dónde se llevará a cabo la revisión–D).*

3. *Facilitador (o Moderador): responsable de garantizar que las reuniones de revisión se desarrollen de manera efectiva, incluida la gestión del tiempo, la mediación en las discusiones y la creación de un entorno seguro donde todos puedan expresar sus opiniones libremente. (Garantiza el desarrollo eficaz de las reuniones de revisión y el establecimiento de un entorno de revisión seguro–A).*

4. *Gerente: responsable de decidir qué es necesario revisar y asignar recursos, como personal y tiempo, para la revisión. (Decide qué se va a revisar y proporciona recursos, como personal y tiempo para la revisión–C).*

Así que:

  a) *No es correcto.*

  b) *No es correcto.*

  c) *Es correcto. La coincidencia correcta es: 1B, 2D, 3A, 4C.*

  d) *No es correcta.*

Mirar sección 4.2.3.

19. Pregunta 19 (1 Punto)

¿Cuál de las siguientes afirmaciones describe mejor la diferencia entre las pruebas de tabla de decisión y las pruebas de rama?

a) En las pruebas de tablas de decisiones, los casos de prueba se derivan de las declaraciones de decisión en el código. En las pruebas de rama, los casos de prueba se derivan del conocimiento del flujo de control del objeto de prueba.

b) En las pruebas de tablas de decisiones, los casos de prueba se derivan de la especificación que describe la lógica de negocios. En las pruebas en rama, los casos de prueba se basan en la anticipación de posibles defectos en el código fuente.

c) En las pruebas de tabla de decisiones, los casos de prueba se derivan del conocimiento del flujo de control del objeto de prueba. En las pruebas de rama, los casos de prueba se derivan de la especificación que describe la lógica empresarial.

d) En las pruebas de tablas de decisiones, los casos de prueba son independientes de cómo se implementa el software. En las pruebas de rama, los casos de prueba solo se pueden crear después del diseño o implementación del código.

Seleccione una opción.

Solución

a) *No es correcto. La prueba de tabla de decisiones es una técnica de prueba de caja negra, por lo que se basa en especificaciones, no en estructuras; los casos de prueba no se basan en las decisiones del código fuente. En las pruebas de rama, los casos de prueba se derivan del conocimiento del flujo de control del objeto de prueba.*

b) *No es correcto. La anticipación de defectos potenciales se utiliza en la adivinación de errores (una técnica de prueba basada en la experiencia), no en las pruebas de rama (una técnica basada en estructura). En las pruebas de tablas de decisiones, los casos de prueba se derivan de la especificación que describe la lógica empresarial.*

c) *No es correcto. Si un caso de prueba se basa en el conocimiento del flujo de control del objeto de prueba, es una técnica de prueba de caja blanca. Las pruebas de tablas de decisiones generalmente se basan en un análisis de la lógica empresarial, por lo que es una técnica de prueba de caja negra. En las pruebas de rama, los casos de prueba no se derivan de la especificación; esto la convertiría en una técnica de prueba de caja negra. La prueba de rama es una técnica de prueba de caja blanca, donde los casos de prueba se derivan en función de la estructura del código fuente.*

d) *Es correcto. La prueba de tabla de decisiones es una técnica de prueba de caja negra, por lo que se basa en un análisis del comportamiento especificado del objeto de prueba sin referencia a su estructura interna. Por lo tanto, los casos de prueba son independientes de cómo se implementa el software. Las pruebas de rama son una técnica de prueba de caja blanca, por lo que los casos de prueba se basan en un análisis de la estructura interna y el procesamiento del objeto de prueba. Como los casos de prueba dependen de cómo se diseña y codifica el software, solo se pueden crear después del diseño o implementación del objeto de prueba.*

Mirar sección 5.1.1.

20. Pregunta 20 (1 Punto)

Los clientes de la cadena de lavado de coches TestWash disponen de tarjetas con el registro del número de lavados realizados hasta el momento. El valor inicial es 0. Después de ingresar al túnel de lavado, el sistema aumenta en uno el número de la tarjeta. Este valor representa el número del lavado actual. En base a este número, el sistema decide a qué descuento tiene derecho el cliente.

Por cada décimo lavado, el sistema ofrece un descuento del 10 % y por cada vigésimo lavado, el sistema ofrece un descuento adicional del 40 % (es decir, un descuento del 50 % en total).

¿Cuál de los siguientes conjuntos de datos de entrada (entendidos como los números del lavado actual) logra la cobertura de partición de equivalencia más alta?

   a) 19, 20, 30.

   b) 11, 12, 20.

   c) 1, 10, 50.

   d) 10, 29, 30, 31.

Seleccione una opción.

Solución

   a) *Es correcto. 19 cubre la partición "sin descuento", 20 cubre la partición "50% de descuento" y 30 cubre la partición "10% de descuento". Estos tres valores cubren las tres particiones de equivalencia válidas.*

   b) *No es correcto. 11 y 12 cubren la partición "sin descuento", mientras que 20 cubre la partición "50% de descuento", cubriendo así dos de las tres particiones de equivalencia válidas.*

   c) *No es correcto. 1 cubre la partición "sin descuento", mientras que 10 y 50 cubren la partición "10% de descuento". La partición "50% de descuento" no está cubierta, por lo que en total están cubiertas dos de las tres particiones de equivalencia válidas.*

d) *No es correcto. 29 y 31 cubren la partición "sin descuento", mientras que 10 y 30 cubren la partición "10% de descuento". La partición "50% de descuento" no está cubierta, por lo que en total están cubiertas dos de las tres particiones de equivalencia válidas.*

Mirar sección 5.2.1.

21. Pregunta 21 (1 Punto)

Está probando un formulario que verifica la exactitud de la longitud de la contraseña proporcionada como entrada. El formulario acepta una contraseña con la longitud correcta y rechaza una contraseña que sea demasiado corta o larga. La longitud de la contraseña es correcta si tiene entre 6 y 12 caracteres inclusive. En caso contrario, se considera incorrecto.

Al principio, el formulario está vacío (longitud de la contraseña = 0). Se aplica el análisis del valor límite a la variable "longitud de la contraseña".

Su conjunto de casos de prueba logra una cobertura del 100% del valor límite de 2 valores. El equipo decidió que, debido al alto riesgo de este componente, se deberían agregar casos de prueba para garantizar una cobertura del 100% del valor límite de 3 valores.

¿Qué longitudes de contraseña adicionales deberían probarse para lograrlo?

a) 4, 5, 13, 14.

b) 7, 11.

c) 1, 5, 13.

d) 1, 4, 7, 11, 14.

Seleccione una opción.

Solución

El dominio para la longitud de la contraseña tiene tres particiones de equivalencia:

- ▶ *contraseñas demasiado cortas {0, 1,..., 4, 5}*
- ▶ *contraseñas correctas {6, 7,..., 11, 12}*
- ▶ *contraseñas demasiado largas {13, 14,... }*

Para lograr una cobertura total para BVA de 3 valores, necesitamos probar los siguientes valores:

0, 1, 4, 5, 6, 7, 11, 12, 13, 14.

Dado que BVA de 2 valores ya está cubierto, esto significa que ya hemos probado las contraseñas de longitud: 0, 5, 6, 12 y 13.

Esto significa que las longitudes adicionales que deben cubrirse para pasar del valor 2 al valor 3 son: 1, 4, 7, 11 y 14.

Así que:

a) *No es correcto.*

b) *No es correcto.*

c) *No es correcto.*

d) *Es correcto.*

Mirar sección 5.2.2.

22. Pregunta 22 (1 Punto)

La siguiente tabla de decisiones contiene las reglas para determinar el riesgo de aterosclerosis.

Condiciones	Regla 1	Regla 2	Regla 3	Regla 4	Regla 6
Colesterol (mg/dl)	<=124	<=124	125-200	125-200	>=201
Presión arterial (mm Hg)	<=140	>140	<=140	>140	-
Acción					
Nivel de riesgo	Muy baja	Baja	Media	Alta	Muy alta

Diseñó los casos de prueba con los siguientes datos de entrada de prueba:

TC1: Colesterol = 125 mg/dl Presión arterial = 141 mm Hg.

TC2: Colesterol = 200 mg/dl Presión arterial = 201 mm Hg.

TC3: Colesterol = 124 mg/dl Presión arterial = 201 mm Hg.

CT4: Colesterol = 109 mg/dl Presión arterial = 200 mm Hg.

CT5: Colesterol = 201 mg/dl Presión arterial = 140 mm Hg.

¿Cuál es la cobertura de la tabla de decisiones lograda por estos casos de prueba?

a) 40%.

b) 60%.

c) 80%.

d) 100%.

Seleccione una opción.

Solución

Hay cinco columnas en la tabla de decisiones. Cada caso de prueba cubre uno de ellos.

TC1 y TC2 cubren ambos la Regla 4 TC3 y TC4 cubren la Regla 2 TC5 cubre la Regla 5.

Entonces, estos cinco casos de prueba cubren tres de cinco columnas, logrando una cobertura de (3/5)*100% = 60%. Por tanto, la opción b) es la opción correcta.

Así:

a) *No es correcto.*

b) *Es correcto.*

c) *No es correcto.*

d) *No es correcto.*

Mirar sección 5.2.3

23. Pregunta 23 (1 Punto)

Un sistema de almacenamiento puede almacenar hasta tres elementos y se modela mediante el siguiente diagrama de transición de estados. La variable N representa el número de elementos almacenados actualmente.

Add [N < 2] / N := N + 1

Add [N = 2] / N := N + 1

START   Add / N := 1   NOT FULL   FULL

Remove / N := N − 1

Remove [N > 0] / N := N − 1

¿Cuál de los siguientes casos de prueba, representados como secuencias de eventos, logra el nivel más alto de cobertura de transiciones válidas?

a) Agregar, Quitar, Agregar, Agregar, Agregar.

b) Agregar, Agregar, Agregar, Agregar, Eliminar, Eliminar.

c) Agregar, Agregar, Agregar, Quitar, Quitar.

d) Agregar, Agregar, Agregar, Eliminar, Agregar.

Seleccione una opción.

Solución

Nos referimos a las transiciones con E1,..., E5 como en la imagen. La variable N denota el número de elementos almacenados actualmente. Cada evento "Agregar" lo aumenta en 1 y cada evento "Eliminar" lo disminuye en 1. Tenga en cuenta que cuando el evento "Agregar" ocurre mientras se encuentra en el estado NO COMPLETO, el estado cambia a COMPLETO solo si N=2. Si N<2, el sistema permanece en el estado NO LLENO. Si N=0, no es posible realizar ninguna acción de "Eliminar". De manera similar, si N=3, no es posible realizar ninguna acción "Agregar". La prueba a) se puede escribir como E1, E3, E3, E2, E4 (por lo que cubre 4 de 5 transiciones válidas, logrando una cobertura de transiciones válidas del 80%). La prueba b) no es factible, porque después de las primeras tres acciones de "Agregar" el sistema está en el estado COMPLETO y no hay una transición válida desde COMPLETO provocada por el evento "Agregar". Después de las tres primeras transiciones, sólo se logra el 60% de la cobertura de las transiciones válidas. La prueba c) se puede escribir como E1, E2, E4, E5, E3 (por lo que cubre

5 de 5 transiciones válidas, logrando una cobertura de transiciones válidas del 100%). La prueba d) se puede escribir como E1, E2, E4, E5, E4 (por lo que cubre 4 de 5 transiciones válidas, logrando una cobertura de transiciones válidas del 80%).

Así que:

a) *No es correcto.*

b) *No es correcto.*

c) *Es correcto.*

d) *No es correcto.*

Mirar sección 5.2.4.

24. Pregunta 24 (1 Punto)

Ejecuta dos casos de prueba, T1 y T2, en el mismo código. La prueba T1 logró una cobertura de declaraciones del 40% y la prueba T2 logró una cobertura de declaraciones del 65%.

¿Cuál de las siguientes oraciones debe ser necesariamente cierta?

a) El conjunto de pruebas compuesto por las pruebas T1 y T2 logra una cobertura de declaración del 105%.

b) Existe al menos una declaración que debe haber sido ejecutada tanto por T1 como por T2.

c) Al menos el 5% de las declaraciones en el código bajo prueba no son ejecutables.

d) El conjunto de pruebas compuesto por las pruebas T1 y T2 logra una cobertura total de la sucursal.

Seleccione una opción.

Solución

a) *No es correcto. La cobertura siempre se define como el porcentaje de los elementos cubiertos. Por tanto, no puede superar el 100%.*

b) *Es correcto. Si las declaraciones ejecutadas por T1 y T2 fueran disjuntas, la cobertura del conjunto de pruebas {T1, T2} sería del 105%, lo cual es imposible (ver respuesta a). Por lo tanto, al menos el 5% de las sentencias ejecutables deben haber sido ejecutadas tanto por T1 como por T2.*

c) *No es correcto. La cobertura de declaraciones no nos dice nada sobre la cantidad de declaraciones no ejecutables en el código.*

d) *No es correcto. Incluso si un conjunto de pruebas logra una cobertura total de las declaraciones, esto no implica lograr una cobertura total de las sucursales.*

Mirar sección 5.3.1.

25. Pregunta 25 (1 Punto)

Definamos la métrica de cobertura de sucursales como BCov = (X / Y) * 100%.

¿Qué representan X e Y en esta fórmula?

a) X = número de resultados de decisión ejercidos por los casos de prueba. Y = número total de resultados de decisiones en el código.

b) X = número de ramas condicionales ejercidas por los casos de prueba. Y = número total de sucursales en el código.

c) X = número de ramas ejercidas por los casos de prueba. Y = número total de sucursales en el código.

d) X = número de ramas condicionales ejercidas por los casos de prueba. Y = número total de resultados de decisiones en el código.

Seleccione una opción.

Solución

La prueba de sucursales es una técnica de prueba de caja blanca en la que los elementos de cobertura son sucursales. Una rama es una transferencia de control entre dos nodos en el gráfico de flujo de control, que muestra las posibles secuencias en las que se ejecutan las declaraciones del código fuente en el objeto de prueba. Cada transferencia de control puede ser incondicional (es decir, un código lineal) o condicional (es decir, un resultado de decisión). La cobertura se mide como el número de sucursales ejercidas por los casos de prueba divididos por el número total de sucursales y se expresa como porcentaje.

Así que:

a) *No es correcta. El resultado de una decisión es una rama condicional. Para las pruebas de rama, X cuenta no solo las ramas condicionales, sino también las incondicionales.*

b) *No es correcto. La cobertura de sucursales cuenta no solo las sucursales condicionales sino también las incondicionales.*

c) *Es correcto. La cobertura de sucursales se mide como el número de sucursales ejercidas por los casos de prueba divididos por el número total de sucursales y se expresa como un porcentaje.*

d) *No es correcto. Tanto X como Y cuentan sólo las ramas condicionales y no tienen en cuenta las ramas incondicionales.*

Mirar sección 5.3.2.

26. Pregunta 26 (1 Punto)

¿Cuáles dos de las siguientes afirmaciones proporcionan la mejor justificación para utilizar pruebas exploratorias?

a) A los evaluadores no se les ha asignado suficiente tiempo para el diseño y la ejecución de las pruebas.

b) La estrategia de prueba existente requiere que los evaluadores utilicen técnicas de prueba formales de caja negra.

c) La especificación está escrita en un lenguaje formal que puede ser procesado por una herramienta.

d) Los evaluadores son miembros de un equipo ágil y tienen buenas habilidades de programación.

e) Los evaluadores tienen experiencia en el ámbito empresarial y buenas capacidades analíticas.

Seleccione dos opciones.

Solución

Las pruebas exploratorias son útiles cuando hay pocas o inadecuadas especificaciones o cuando hay una presión de tiempo significativa sobre las pruebas. Las pruebas exploratorias también son útiles para complementar otras técnicas de prueba más formales. Las pruebas exploratorias serán más efectivas si el evaluador tiene experiencia, tiene conocimiento del dominio y un alto grado de habilidades esenciales, como habilidades analíticas, curiosidad y creatividad.

Así que:

a) *Es correcta. Las pruebas exploratorias son útiles cuando hay pocas o inadecuadas especificaciones o cuando hay una presión de tiempo significativa sobre las pruebas.*

b) *No es correcto. Las pruebas exploratorias no son una técnica de prueba de caja negra.*

c) *No es correcta. Las pruebas exploratorias son útiles cuando las especificaciones están mal escritas.*

d) *No es correcto. En principio, las habilidades de programación no tienen nada que ver con las pruebas exploratorias.*

e) *Es correcto. Las pruebas exploratorias serán más efectivas si el evaluador tiene experiencia, conocimiento del dominio y un alto grado de habilidades esenciales, como habilidades analíticas, curiosidad y creatividad.*

Mirar sección 5.4.2.

27. Pregunta 27 (1 Punto)

¿Cuál de los siguientes se ajusta mejor como elemento de la lista de verificación utilizada en las pruebas basadas en listas de verificación?

a) "El desarrollador cometió un error al implementar el código".

b) "La cobertura del estado de cuenta alcanzada supera el 85%".

c) "El programa funciona correctamente en cuanto a requisitos funcionales y no funcionales".

d) "Los mensajes de error están escritos en un lenguaje que el usuario pueda entender".

Seleccione una opción.

Solución

a) *No es correcto. Las listas de verificación deben contener las condiciones de prueba que deben verificarse. Este es un ejemplo de error, no una condición de prueba; incluso si el evaluador pudo deducir algunas condiciones potenciales de prueba a partir de los ejemplos de errores, esta descripción del error es demasiado general.*

b) *No es correcto. Las listas de verificación no deben contener elementos que sean más adecuados como criterios de salida. Este es un ejemplo de un criterio de salida.*

c) *No es correcto. Las listas de verificación no deben contener elementos demasiado generales. Este es un ítem muy general, que describe prácticamente el objetivo de la prueba.*

d) *Es correcto. Este es un ejemplo de una condición de prueba que puede ser verificada por un humano.*

Mirar sección 5.4.3.

28. Pregunta 28 (1 Punto)

Considere los siguientes criterios de aceptación para una historia de usuario escrita desde la perspectiva del propietario de una tienda en línea.

Dado que el usuario ha iniciado sesión y se encuentra en la página de inicio. Cuando el usuario hace clic en el botón "Agregar elemento".

Entonces debería aparecer el formulario "Crear artículo".

Y el usuario debería poder ingresar un nombre y precio para el nuevo artículo.

¿En qué formato están escritos estos criterios de aceptación?

a) Orientado a reglas.

b) Orientado a escenarios.

c) Orientado al producto.

d) Orientado a procesos.

Seleccione una opción.

Solución

a) *No es correcto. El formato orientado a reglas incluye formatos como listas de verificación con viñetas o formas tabuladas de asignaciones de entrada y salida, que muestran explícitamente las reglas a seguir. Dado/Cuándo/ Entonces es un formato orientado a escenarios porque describe un escenario que se debe verificar.*

b) *Es correcto. Este es un formato Dado/Cuándo/Entonces, que está orientado a escenarios.*

c) *No es correcto. No existe un formato de criterios de aceptación "orientado al producto".*

d) *No es correcto. No existe un formato de criterios de aceptación "orientado al proceso".*

Mirar sección 5.5.2.

29. Pregunta 29 (1 Punto)

Su equipo analiza la siguiente historia de usuario para definir los criterios de aceptación:

Como cliente registrado, quiero poder ver mis pedidos anteriores en el sitio web de la empresa, para poder realizar un seguimiento de mis compras.

¿Cuál de los siguientes casos de prueba no será relevante para esta historia de usuario?

a) Entrada: el cliente inicia sesión en su cuenta en el sitio web y hace clic en el botón "ver historial de pedidos". Salida esperada: el sistema muestra una lista de todos los pedidos anteriores del cliente, incluida la fecha, el número de pedido y el costo total.

b) Entrada: el cliente hace clic en un pedido de la lista de pedidos. Salida esperada: el sistema muestra los artículos individuales comprados, junto con sus precios y cantidades.

c) Entrada: el cliente hace clic en el botón "Ordenar ascendente" en la pantalla del historial de pedidos. Salida esperada: el sistema muestra el historial de pedidos ordenado por número de pedido en orden ascendente.

d) Entrada: un cliente no registrado se registra como un nuevo cliente con una dirección de correo electrónico válida que aún no existe en la base de datos del cliente. Salida esperada: el sistema acepta el registro y crea la cuenta.

Seleccione una opción.

Solución

a) *No es correcto. El caso de prueba está relacionado con la visualización de pedidos anteriores en el historial de pedidos.*

b) *No es correcto. El caso de prueba está relacionado con la visualización de pedidos anteriores.*

c) *No es correcto. El caso de prueba está relacionado con la visualización de pedidos anteriores en el historial de pedidos.*

d) *Es correcto. El caso de prueba está relacionado con el proceso de registro, que no se analiza en la historia del usuario. La historia del usuario trata sobre la visualización de pedidos anteriores.*

Mirar sección 5.4.3.

30. Pregunta 30 (1 Punto)

Su equipo sigue el proceso que utiliza el proceso de entrega de DevOps. Los primeros tres pasos de este proceso son:

1. Desarrollo de código.
2. Envíe el código a un sistema de control de versiones y combínelo en la rama "prueba".
3. Realizar pruebas de componentes para el código enviado.

¿Cuál de los siguientes es mejor para ser el criterio de entrada para el paso (2) de este proceso?

a) El análisis estático no devuelve advertencias de alta gravedad para el código enviado.

b) El control de versiones del sistema no informa conflictos al fusionar código en la rama "prueba".

c) Las pruebas de componentes están compiladas y listas para ser ejecutadas.

d) La cobertura del estado de cuenta es de al menos el 80%.

Seleccione una opción.

Solución

a) *Es correcto. Esto es algo que puede (y debe) comprobarse antes de enviar el código al control de versiones.*

b) *No es correcto. Esto es algo que se puede comprobar después de realizar el paso (2), porque el informe de conflictos de fusión se puede realizar después de enviar y fusionar el código.*

c) *No es correcto. Esto encaja mejor ya que el criterio de entrada es para el paso (3).*

d) *No es correcto. Esto encaja mejor como criterio de salida para el paso (3).*

Mirar sección 6.1.3.

31. Pregunta 31 (1 Punto)

Quiere estimar el esfuerzo de prueba para el nuevo proyecto utilizando una estimación basada en proporciones. La relación entre el esfuerzo de prueba y el de desarrollo se calcula utilizando datos promediados tanto para el esfuerzo de desarrollo como para el esfuerzo de prueba de cuatro proyectos históricos similares al nuevo. La tabla muestra estos datos históricos.

Proyecto	Esfuerzo de desarrollo	Esfuerzo de prueba
P1	800.000	40.000
P2	1.200.000	130.000
P3	600.000	70.000
P4	1.000.000	120.000

El esfuerzo de desarrollo estimado para el nuevo proyecto es de $800,000. ¿Cuál es su estimación del esfuerzo de prueba en este proyecto?

a) 40.000 dólares.

b) 80.000 dólares.

c) 81.250 dólares.

d) 82.500 dólares.

Seleccione una opción.

Solución

El esfuerzo de desarrollo promedio es de $900 000 y el esfuerzo de prueba promedio es de $90 000 (calculado a partir de los cuatro proyectos).

La relación promedio entre el esfuerzo de prueba y desarrollo es de 1:10 ($90 000:

$900 000), lo que significa que históricamente, en promedio, el esfuerzo de prueba es el 10 % del esfuerzo de desarrollo.

*Entonces, si el esfuerzo de desarrollo se estima en $800 000, el esfuerzo de prueba estimado se calcula como: 10 % * $800 000 = 0,1 * $800 000 = $80 000.*

Así que:

a) *No es correcto.*

b) *Es correcto.*

c) *No es correcto.*

d) *No es correcto.*

Mirar la sección 6.1.4.

32. Pregunta 32 (1 Punto)

Está probando una aplicación web que permite a los usuarios buscar productos, ver detalles del producto, agregar productos a un carrito de compras y realizar un pedido.

Ha preparado los siguientes cinco casos de prueba, que desea ejecutar según sus prioridades:

CP1: buscar producto A prioridad: media.

CP2: ver detalles del producto A prioridad: baja.

CP3: añadir producto B a un carrito de compras prioridad: media.

CP4: añadir producto C a un carrito de compras prioridad: alta.

CP5: realizar un pedido prioridad: alta.

También identificó las siguientes dependencias lógicas entre casos de prueba:

- ▶ La funcionalidad de Búsqueda se debe probar antes de poder probar la funcionalidad de Ver, ya que los detalles del producto dependen de la funcionalidad de Búsqueda.

- ▶ La funcionalidad Ver se debe probar antes de Agregar la funcionalidad, ya que agregar productos depende de la disponibilidad de detalles precisos del producto.

- ▶ La funcionalidad Agregar debe probarse antes de la funcionalidad pedir, ya que realizar un pedido depende de la disponibilidad de información precisa del carrito de compras.

¿Qué caso de prueba debería ejecutarse como el cuarto?

a) CP3.

b) CP1.

c) CP2.

d) CP4.

Seleccione una opción.

Solución

Según las dependencias, primero se deben ejecutar las pruebas de Búsqueda, luego pruebas de Ver, luego pruebas de Agregar y, al final, pruebas Ordenar. Dentro de cada uno de estos grupos, el orden está determinado por las prioridades de los casos de prueba. Entonces, primero se debe ejecutar CP1, luego CP2, luego CP 4 seguido de CP3 y luego CP5 como último. Entonces, el orden es: CP1, CP2, CP4, CP3, CP5.

Así que:

a) *Es correcta. TC3 será el cuarto caso de prueba ejecutado.*

b) *No es correcta.*

c) *No es correcta.*

d) *No es correcta.*

Mirar sección 6.1.5.

33. Pregunta 33 (1 Punto)

Según el modelo de cuadrantes de prueba, ¿cuál de los siguientes cae en el cuadrante Q1 ("enfrentado a la tecnología" y "apoyo al equipo")?

a) Pruebas de usabilidad.

b) Pruebas funcionales.

c) Pruebas de aceptación del usuario.

d) Pruebas de integración de componentes.

Seleccione una opción.

Solución

a) *No es correcto. Las pruebas de usabilidad son pruebas comerciales que critican el producto (T3).*

b) *No es correcto. Las pruebas funcionales son pruebas orientadas al negocio (P2).*

c) *No es correcto. Las pruebas de aceptación del usuario son pruebas comerciales que critican el producto (T3).*

d) *Es correcto. Las pruebas de integración de componentes son pruebas de tecnología que respaldan al equipo (guían el desarrollo) (P1).*

Mirar sección 6.1.7.

34. Pregunta 34 (1 Punto)

Dados los siguientes riesgos:

1. La implementación de bucle ineficaz provoca respuestas prolongadas del sistema.

2. Los consumidores cambian sus preferencias.

3. Inundación de la sala de servidores.

4. Los pacientes mayores de cierta edad reciben informes inexactos.

Y las siguientes actividades de mitigación:

A) Aceptación del riesgo.

B) Pruebas de rendimiento.

C) Utilizar el análisis de valores límite como técnica de prueba.

D) Transferencia de riesgos.

¿Cuál de las siguientes opciones relaciona mejor los riesgos con las actividades de mitigación?

a) 1C, 2D, 3A, 4B.

b) 1B, 2D, 3A, 4C.

c) 1B, 2A, 3D, 4C.

d) 1C, 2A, 3D, 4B.

Seleccione una opción.

Solución

Teniendo en cuenta cada uno de los riesgos enumerados y sus mitigaciones:

1. *Las respuestas largas del sistema (1) se pueden probar en pruebas de rendimiento (B).*

2. *Los cambios en las preferencias de los consumidores (2) normalmente están fuera de nuestro control, por lo que normalmente aceptamos este riesgo (A).*

3. *La inundación de la sala de servidores (3) puede causar pérdidas importantes, por lo que debemos transferir el riesgo, por ejemplo, comprando una póliza de seguro (D).*

4. *Que los pacientes mayores de cierta edad reciban informes inexactos (4) sugiere un posible problema de límites, que puede detectarse eficazmente con técnicas como BVA (C).*

Así que:

a) *No es correcto.*

b) *No es correcto.*

c) *Es correcto. Las combinaciones correctas de riesgo y mitigación son: 1B, 2A, 3D y 4C.*

d) *No es correcto.*

Mirar sección 5.2.4.

35. Pregunta 35 (1 Punto)

¿Cuál de las siguientes es una métrica de calidad del producto?

a) Tiempo medio hasta el fallo.

b) Número de defectos encontrados.

c) Cobertura de requisitos.

d) Porcentaje de detección de defectos.

Seleccione una opción.

Solución

a) *Es correcto. Las métricas de calidad del producto miden las características de calidad. El tiempo medio hasta la falla mide la madurez, por lo que es una métrica de calidad del producto.*

b) *No es correcto. Este es un ejemplo de métrica de defectos, no de métrica de calidad del producto.*

c) *No es correcto. Este es un ejemplo de métrica de cobertura, no de métrica de calidad del producto.*

d) *No es correcto. Este es un ejemplo de métrica de defectos, no de métrica de calidad del producto.*

Mirar la sección 6.3.1.

36. Pregunta 36 (1 Punto)

Usted es miembro de un equipo de pruebas ubicado en Norteamérica y desarrolla un producto para un cliente ubicado en Europa. El equipo es ágil, sigue el enfoque DevOps y utiliza un proceso de integración/entrega continua.

¿Cuál de las siguientes es la forma menos eficaz de comunicar el progreso de la prueba al cliente?

a) Cara a cara.

b) Paneles de control.

c) Correo electrónico.

d) Videoconferencia.

Seleccione una opción.

Solución

a) *Es correcto. Las métricas de calidad del producto miden las características de calidad. El tiempo medio hasta la falla mide la madurez, por lo que es una métrica de calidad del producto.*

b) *No es correcto. Este es un ejemplo de métrica de defectos, no de métrica de calidad del producto.*

c) *No es correcto. Este es un ejemplo de métrica de cobertura, no de métrica de calidad del producto.*

d) *No es correcto. Este es un ejemplo de métrica de defectos, no de métrica de calidad del producto.*

Mirar sección 6.3.3.

37. Pregunta 37 (1 Punto)

¿Cuál de las siguientes opciones describe mejor un ejemplo de cómo la gestión de configuración (CM) admite las pruebas?

a) Al tener el número de versión del entorno, la herramienta CM puede recuperar los números de versión de las bibliotecas, stubs y controladores utilizados en ese entorno.

b) Al tener un registro de los valores de las entradas de prueba, la herramienta CM puede ejecutar los casos de prueba para estas configuraciones y calcular la cobertura de la prueba.

c) Al tener datos sobre la fecha de compra de una licencia de software, la herramienta CM genera automáticamente información sobre el hecho de que la licencia del producto está llegando a su fin.

d) Al tener el número de versión del caso de prueba, la herramienta CM puede generar automáticamente datos de prueba para este caso de prueba.

Seleccione una opción.

Solución

a) *Es correcto. Para un elemento de configuración complejo (por ejemplo, un entorno de prueba), CM registra los elementos que lo componen, sus relaciones y versiones.*

b) *No es correcto. Las herramientas CM no ejecutan casos de prueba y no calculan la cobertura.*

c) *No es correcto. Una herramienta CM no es una herramienta de gestión de licencias.*

d) *No es correcto. Las herramientas CM no generan datos de prueba.*

38. Pregunta 38 (1 Punto)

Está probando una función de clasificación que obtiene un conjunto de números como entrada y devuelve el mismo conjunto de números ordenados en orden ascendente. El registro de la ejecución de la prueba tiene el siguiente aspecto.

Configuración del entorno: función de clasificación compilación 2.002.2182, conjunto de casos de prueba: TCS-3, número de TC: 5 ID de ejecución de prueba: 736 Inicio 12:43:21.003 12:43:21.003 Ejecución de TC1. Entrada: 3. Salida: 3. Resultado: aprobado 12:43:21.003 Ejecución de TC2. Entrada: 3 11 6 5. Salida: 3 5 6 11. Resultado: aprobado 12:43:21.004 Ejecución de TC3. Entrada: 8 7 3 7 1. Salida: 1 3 7 8. Resultado: fallido 12:43:21.005 Ejecución de TC4. Entrada: -2 -2 -2 -3 -3. Salida: -3 -2. Resultado: falló 12:43:21.005 Ejecución de TC5. Entrada: 0 -2 0 3 4 4. Salida: -2 0 3 4. Resultado: fallido Fin 12:43:21.005 Tiempo total del ciclo de prueba: 0:00:00.002

¿Cuál de las siguientes proporciona la mejor descripción de la falla que se puede utilizar en un informe de defectos?

a) El sistema no logra ordenar varios conjuntos de números. Referencia: TC3, TC4, TC5.

b) El sistema parece ignorar los duplicados al ordenar. Referencia: TC3, TC4, TC5.

c) El sistema no logra ordenar los números negativos. Referencia: TC4, TC5.

d) TC3, TC4 y TC5 tienen defectos (datos de entrada duplicados) y deben corregirse.

Seleccione una opción.

Solución

a) *No es correcto. Si bien la frase es cierta, no aporta mucho valor al desarrollador.*

b) *Es correcto. Según los resultados de la prueba, parece que el sistema ignora los duplicados y ordena la lista sin tener en cuenta las repeticiones. Probablemente esta sea la causa de fallos en TC3, TC4, TC5. Dicha información puede ayudar al desarrollador a encontrar el defecto y solucionarlo de manera más eficiente.*

c) *No es correcto. El sistema no falla al ordenar números negativos. El problema está más bien en ignorar los duplicados.*

d) *No es correcto. Los casos de prueba TC3, TC4 y TC5 fallan, pero no sabemos que los casos de prueba tengan algún defecto.*

Mirar la sección 6.5.1.

39. Pregunta 39 (1 Punto)

Dadas las siguientes descripciones:

1. Admitir el seguimiento del flujo de trabajo.

2. Facilitar la comunicación.

3. Máquinas virtuales.

4. Revisiones de soporte.

Y las siguientes categorías de herramientas de prueba:

A) Herramientas de prueba estáticas.

B) Herramientas que respaldan la escalabilidad y la estandarización de la implementación.

C) Herramientas de DevOps.

D) Herramientas de colaboración.

¿Cuál de las siguientes opciones relaciona mejor los riesgos con las actividades de mitigación?

a) 1A, 2B, 3C, 4D.

b) 1B, 2D, 3C, 4A.

c) 1C, 2D, 3B, 4A.

d) 1D, 2C, 3A, 4B.

Seleccione una opción.

Solución

Teniendo en cuenta cada una de las categorías de herramientas enumeradas y sus descripciones:

A) *Herramientas de prueba estáticas: apoyan al evaluador en la realización de revisiones y análisis estáticos (4).*

B) *Herramientas que respaldan la escalabilidad y la estandarización de la implementación: por ejemplo, máquinas virtuales, herramientas de contenedorización (3).*

C) *Herramientas DevOps: respaldan el proceso de entrega de DevOps, el seguimiento del flujo de trabajo, los procesos de creación automatizados, la integración/entrega continua (CI/CD) (1).*

D) *Herramientas de colaboración: facilitar la comunicación (2).*

Así que:

a) *No es correcto.*

b) *No es correcto.*

c) *Es correcto. La coincidencia correcta es: 1C, 2D, 3B, 4A.*

d) *No es correcta.*

Mirar sección 6.1.1.

40. Pregunta 40 (1 Punto)

¿Cuál de las siguientes opciones es más probable que sea un beneficio de la automatización de pruebas?

a) Proporciona medidas de cobertura que son demasiado complicadas para que los humanos las deriven.

b) Comparte la responsabilidad de las pruebas con el proveedor de la herramienta.

c) Elimina la necesidad de pensamiento crítico al analizar los resultados de las pruebas.

d) Genera casos de prueba a partir de un análisis del código del programa.

Seleccione una opción.

Solución

a) *Es correcto. La automatización de pruebas puede proporcionar medidas que son demasiado complicadas para que los humanos las obtengan, como medidas de cobertura de pruebas de caja blanca para todos los códigos excepto el más trivial.*

b) *No es correcto. Al utilizar herramientas de prueba, la responsabilidad de las pruebas no se comparte con el proveedor de la herramienta, ya que el proveedor no participa en las pruebas y es responsabilidad del evaluador. La única responsabilidad posible que pudiera asignarse al proveedor de la herramienta es si la herramienta no funciona como se esperaba y proporciona resultados de prueba incorrectos.*

c) *No es correcto. Los evaluadores aún necesitan realizar un pensamiento crítico al analizar anomalías en los resultados de las pruebas para determinar su causa probable.*

d) *No es correcto. Ni los evaluadores ni las herramientas pueden generar casos de prueba simplemente a partir de un análisis del código del programa, ya que el código es la implementación y no proporciona información sobre los resultados esperados, que deberán provenir de otra parte de la base de prueba, como la especificación de diseño.*

Mirar sección 6.2.1.

8.3 MODELO DE EXAMEN TIPO C DE PRUEBA PARA PRACTICAR EL EXAMEN

Este examen es una práctica del examen real que tendrás que realizar, por eso pon un cronómetro con 60 minutos, utiliza un papel y un lápiz porque en el examen solo podrás utilizar eso, tendrás que guardar tu móvil y todas tus pertenencias en una casilla, haz el examen sin mirar apuntes porque no podrás en el examen y en un lugar tranquilo, donde nadie te moleste.

1. Pregunta 1 (1 Punto)

¿Cuál de los siguientes es un objetivo de prueba típico?

a) Validar que se cumplan los requisitos documentados.

b) Provocar averías e identificar defectos.

c) Iniciar errores e identificar las causas fundamentales.

d) Verificar que el objeto de prueba cumpla con las expectativas del usuario.

Seleccione una opción.

2. Pregunta 2 (1 Punto)

¿Cuál de las siguientes afirmaciones describe mejor la diferencia entre probar y depurar?

a) Las pruebas causan fallas, mientras que la depuración corrige las fallas.

b) Las pruebas son una actividad negativa, mientras que la depuración es una actividad positiva.

c) Las pruebas determinan que existen defectos, mientras que la depuración elimina los defectos.

d) Las pruebas encuentran la causa de los defectos mientras que la depuración soluciona la causa de los defectos.

Seleccione una opción.

3. Pregunta 3 (1 Punto)

La "falacia de ausencia de defectos" es uno de los principios de las pruebas. ¿Cuál de los siguientes es un ejemplo de cómo abordar este principio en la práctica?

a) Explicar que no es posible que las pruebas demuestren la ausencia de defectos.

b) Apoyar a los usuarios finales para realizar pruebas de aceptación.

c) Asegurar que no queden defectos de implementación en el sistema entregado.

d) Modificar las pruebas que no causan fallas para garantizar que queden pocos defectos.

Seleccione una opción.

4. Pregunta 4 (1 Punto)

¿Cuál de las siguientes actividades de prueba es más probable que implique la aplicación del análisis de valores límite y la partición de equivalencia?

a) Implementación de pruebas.

b) Diseño de prueba.

c) Ejecución de la prueba.

d) Monitoreo de pruebas.

e) Análisis de pruebas.

Seleccione dos opciones.

5. Pregunta 5 (1 Punto)

Dado el siguiente software de prueba:

1. Artículos de cobertura.
2. Solicitudes de cambio.
3. Calendario de ejecución de pruebas.
4. Condiciones de prueba priorizadas.

Y las siguientes actividades de prueba.

A) Análisis de prueba.
B) Diseño de prueba.
C) Implementación de pruebas.
D) Finalización de la prueba.

¿Cuál de las siguientes opciones muestra mejor el software de prueba producido por las actividades?

a) 1B, 2D, 3C, 4A.
b) 1B, 2D, 3A, 4C.
c) 1D, 2C, 3A, 4B.
d) 1D, 2C, 3B, 4A.

Seleccione una opción.

6. Pregunta 6 (1 Punto)

¿Cuál de las siguientes afirmaciones sobre las diferentes funciones de prueba es más probable que sea correcta?

a) En el desarrollo de software ágil, la función de gestión de pruebas es la responsabilidad principal del equipo, mientras que la función de prueba es principalmente responsabilidad de una sola persona externa al equipo.

b) La función de prueba es la principal responsable del seguimiento y control de las pruebas, mientras que la función de gestión de pruebas es la principal responsable de la planificación y finalización de las pruebas.

c) En el desarrollo de software ágil, las actividades de gestión de pruebas que abarcan varios equipos son manejadas por un administrador de pruebas externo al equipo, mientras que algunas tareas de gestión de pruebas son manejadas por el propio equipo.

d) La función de gestión de pruebas es la principal responsable del análisis y el diseño de las pruebas, mientras que la función de pruebas es la principal responsable de la implementación y ejecución de las pruebas.

Seleccione una opción.

7. Pregunta 7 (1 Punto)

¿Cuál de las siguientes es una ventaja del enfoque de todo el equipo?

a) Equipos sin probadores.

b) Dinámica de equipo mejorada.

c) Miembros del equipo de especialistas.

d) Equipos de mayor tamaño.

Seleccione una opción.

8. Pregunta 8 (1 Punto)

¿Cuál de las siguientes afirmaciones sobre la independencia de las pruebas es correcta?

a) Los evaluadores independientes encontrarán defectos debido a su perspectiva técnica diferente a la de los desarrolladores, pero su independencia puede conducir a una relación de confrontación con los desarrolladores.

b) La familiaridad de los desarrolladores con su propio código significa que solo encuentran algunos defectos en él; sin embargo, su experiencia en software compartida con los evaluadores significa que estos defectos también los encontrarían los evaluadores.

c) Las pruebas independientes requieren evaluadores que estén fuera del equipo del desarrollador e idealmente fuera de la organización; sin embargo, a estos evaluadores les resulta difícil comprender el dominio de la aplicación.

d) Los evaluadores externos al equipo de desarrolladores son más independientes que los evaluadores internos del equipo, pero es más probable que se culpe a los evaluadores internos del equipo por los retrasos en el lanzamiento del producto.

Seleccione una opción.

9. Pregunta 9 (1 Punto)

¿Cuál de las siguientes es una buena práctica de prueba que se aplica a todos los ciclos de vida de desarrollo de software?

a) Para cada nivel de prueba, existe un nivel de desarrollo correspondiente.

b) Para cada objetivo de prueba, existe un objetivo de desarrollo correspondiente.

c) Para cada actividad de prueba de software, existe una actividad de usuario correspondiente.

d) Para cada actividad de desarrollo de software, existe una actividad de prueba correspondiente.

Seleccione una opción.

10. Pregunta 10 (1 Punto)

¿Cuál de los siguientes es un ejemplo de un enfoque de desarrollo basado en las pruebas primero?

a) Desarrollo basado en pruebas de componentes.

b) Desarrollo basado en pruebas de integración.

c) Desarrollo basado en pruebas del sistema.

d) Desarrollo basado en pruebas de aceptación.

Seleccione una opción.

11. Pregunta 11 (1 Punto)

¿Cuál de las siguientes proporciona la mejor descripción del enfoque de desplazamiento a la izquierda?

a) Cuando lo acuerden los desarrolladores, las actividades manuales en el lado izquierdo del proceso de prueba se automatizan para respaldar el principio de "las pruebas tempranas ahorran tiempo y dinero".

b) Cuando sean rentables, las actividades de prueba se trasladan para realizarse más temprano en el ciclo de vida de desarrollo de software (SDLC) para reducir el costo total de calidad al reducir la cantidad de defectos encontrados más adelante en el SDLC.

c) Cuando tienen tiempo libre disponible, los evaluadores deben automatizar las pruebas para las pruebas de regresión, comenzando con las pruebas de componentes y las pruebas de integración de componentes.

d) Cuando estén disponibles, los evaluadores están capacitados para realizar tareas en las primeras etapas del SDLC para permitir que se automaticen más actividades de prueba más adelante en el SDLC.

Seleccione una opción.

12. Pregunta 12 (1 Punto)

¿Cuál de las siguientes situaciones es menos probable que ocurra como resultado de una retrospectiva?

a) La calidad de los futuros objetos de prueba mejora al identificar mejoras en las prácticas de desarrollo.

b) La eficiencia de las pruebas mejora al acelerar la configuración de los entornos de prueba a través de la automatización.

c) Se mejora la comprensión de los usuarios finales sobre los procesos de desarrollo y prueba.

d) Los scripts de prueba automatizados se mejoran gracias a los comentarios de los desarrolladores.

Seleccione una opción.

13. Pregunta 13 (1 Punto)

¿Cuál de los siguientes niveles de prueba es más probable que se realice si la prueba se centra en la validación y no la realizan los evaluadores?

a) Prueba de componentes.

b) Pruebas de integración de componentes.

c) Pruebas de integración del sistema.

d) Pruebas de aceptación.

Seleccione una opción.

14. Pregunta 14 (1 Punto)

El software del sistema de navegación se ha actualizado porque sugiere rutas que infringen las leyes de tráfico, como conducir en sentido contrario por calles de sentido único. ¿Cuál de las siguientes describe mejor las pruebas que se realizarán?

a) Sólo pruebas de confirmación.

b) Prueba de confirmación y luego prueba de regresión.

c) Sólo pruebas de regresión.

d) Pruebas de regresión y luego pruebas de confirmación.

Seleccione una opción.

15. Pregunta 15 (1 Punto)

Dados los siguientes defectos de ejemplo:

I. Dos partes diferentes de la especificación de diseño no están de acuerdo debido a la complejidad del diseño.

II. El tiempo de respuesta es demasiado largo y hace que los usuarios pierdan la paciencia.

III. No se puede alcanzar una ruta en el código durante la ejecución.

IV. Una variable se declara, pero nunca se utiliza posteriormente en el programa.

V. La cantidad de memoria que necesita el programa para generar un informe es demasiado alta.

¿Cuál de los siguientes identifica mejores ejemplos de defectos que podrían encontrarse mediante pruebas estáticas (en lugar de pruebas dinámicas)?

a) II, V.

b) III, V.

c) I, II, IV.

d) I, III, IV.

Seleccione una opción.

16. Pregunta 16 (1 Punto)

¿Cuál de los siguientes es un beneficio de la retroalimentación temprana y frecuente de las partes interesadas?

a) Los cambios en los requisitos se entienden e implementan antes.

b) Garantiza que las partes interesadas del negocio comprendan los requisitos de los usuarios.

c) Permite a los propietarios de productos cambiar sus requisitos con la frecuencia que quieran.

d) Se informa a los usuarios finales qué requisitos no se implementarán antes del lanzamiento.

Seleccione una opción.

17. Pregunta 17 (1 Punto)

Dados los siguientes tipos de revisión:

1. Revisión técnica.

2. Revisión informal.

3. Inspección.

4. Tutorial.

Y las siguientes descripciones:

A) Incluye objetivos como lograr consenso, generar nuevas ideas y motivar a los autores a mejorar.

B) Incluye objetivos como educar a los revisores, lograr consenso, generar nuevas ideas y detectar defectos potenciales.

C) El objetivo principal es detectar defectos potenciales y requiere la recopilación de métricas para respaldar la mejora del proceso.

D) El objetivo principal es detectar defectos potenciales y no genera resultados documentados formales.

¿Cuál de las siguientes opciones coincide mejor con los tipos de reseñas y las descripciones?

   a) 1A, 2B, 3C, 4D.

   b) 1A, 2D, 3C, 4B.

   c) 1B, 2C, 3D, 4A.

   d) 1C, 2D, 3A, 4B.

Seleccione una opción.

18. Pregunta 18 (1 Punto)

¿Cuál de los siguientes es un factor que contribuye a una revisión exitosa?

   a) Garantizar que la dirección participe como revisores.

   b) Dividir los productos de trabajo grandes en partes más pequeñas.

   c) Establecer como objetivo la evaluación del revisor.

   d) Planee cubrir un documento por revisión.

Seleccione una opción.

19. Pregunta 19 (1 Punto)

¿Cuál es la principal diferencia entre las técnicas de prueba de caja negra y las técnicas de prueba basadas en la experiencia?

   a) El objeto de prueba.

   b) El nivel de prueba en el que se utiliza la técnica de prueba.

   c) La base de la prueba.

   d) El ciclo de vida de desarrollo de software (SDLC) en el que se puede utilizar la técnica de prueba.

Seleccione una opción.

20. Pregunta 20 (1 Punto)

Está probando un validador de PIN, que acepta PIN válidos y rechaza PIN no válidos. Un PIN es una secuencia de dígitos. Un PIN es válido si consta de cuatro dígitos, de los cuales al menos dos son diferentes. Ha identificado las siguientes particiones de equivalencia válidas:

▶ Variable: longitud del código PIN.

- La partición de "longitud correcta": PIN de cuatro dígitos.
- La partición tiene "longitud incorrecta": PIN con una longitud distinta de 4.

▶ Variable: número de dígitos diferentes.

- La partición "número de dígitos diferentes correcto": PIN con al menos dos dígitos diferentes.
- La partición "número de dígitos diferentes incorrecto": PIN con todos los dígitos iguales.

¿Cuál de los siguientes es un conjunto MÍNIMO de datos de prueba de entrada que cubre todas las particiones de equivalencia identificadas?

a) 1234, 12345, 1.

b) 111, 1111, 1112.

c) 1, 1234.

d) 12345, 1234.

Seleccione una opción.

21. Pregunta 21 (1 Punto)

W se pidió a un desarrollador que implementara la siguiente regla comercial:

INPUT: value (integer number)
IF (value ≤ 100 OR value ≥ 200) THEN write "value incorrect"
ELSE write "value OK"

Los casos de prueba se diseñan utilizando el análisis de valores límite de 2 valores.

¿Cuál de los siguientes conjuntos de entradas de prueba logra la mayor cobertura?

a) 100, 150, 200, 201.

b) 99, 100, 200, 201.

c) 98, 99, 100, 101.

d) 101, 150, 199, 200.

Seleccione una opción.

22. Pregunta 22 (1 Punto)

Está trabajando en un proyecto para desarrollar un sistema para analizar los resultados de los exámenes de conducción. Se le ha pedido que diseñe casos de prueba basados en la siguiente tabla de decisiones.

	R1	R2	R3
C1: ¿Primer intento en el examen?	-	-	F
C2: ¿Examen teórico pasado?	T	F	-
C3: ¿Examen práctico pasado?	T	-	F
Expedir licencia de conducir	X		
¿Solicitudes adicionales de lecciones de conducir?			X
¿Solicitud para tomar el examen de nuevo?		X	

¿Qué datos de prueba mostrarán que hay reglas contradictorias en la tabla de decisiones?

a) C1 = T, C2 = T, C3 = F.

b) C1 = T, C2 = F, C3 = T.

c) C1 = T, C2 = T, C3 = T y C1 = F, C2 = T, C3 = T.

d) C1 = F, C2 = F, C3 = F.

Seleccione una opción.

23. Pregunta 23 (1 Punto)

Está diseñando casos de prueba basados en el siguiente diagrama de transición de estado:

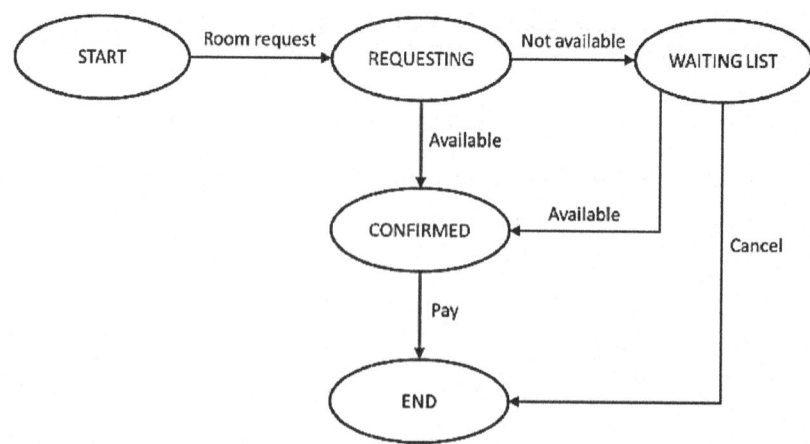

¿Cuál es el número mínimo de casos de prueba necesarios para lograr una cobertura de transiciones válida al 100 %?

a) 3.

b) 2.

c) 5.

d) 6.

Seleccione una opción.

24. Pregunta 24 (1 Punto)

Desea aplicar pruebas de rama al código representado por el siguiente gráfico de flujo de control.

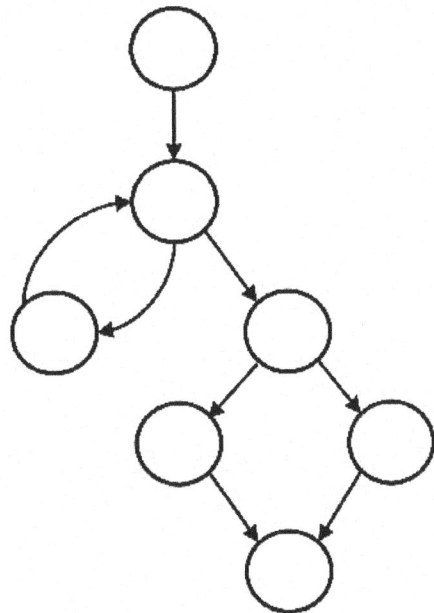

¿Cuántos elementos de cobertura necesita probar?

a) 2.

b) 4.

c) 8.

d) 7.

Seleccione una opción.

25. Pregunta 25 (1 Punto)

¿Cómo pueden ser útiles las pruebas de caja blanca para respaldar las pruebas de caja negra?

a) Las medidas de cobertura de caja blanca pueden ayudar a los evaluadores a evaluar las pruebas de caja negra en términos de la cobertura de código lograda por estas pruebas de caja negra.

b) El análisis de cobertura de caja blanca puede ayudar a los evaluadores a identificar fragmentos inalcanzables del código fuente.

c) Las pruebas de sucursal incluyen técnicas de prueba de caja negra, por lo que lograr una cobertura total de la sucursal garantiza lograr una cobertura total de cualquier técnica de caja negra.

d) Las técnicas de prueba de caja blanca pueden proporcionar elementos de cobertura para las técnicas de caja negra.

Seleccione una opción.

26. Pregunta 26 (1 Punto)

Considere la siguiente lista:

▶ Entrada correcta no aceptada.
▶ Se aceptan entradas incorrectas.
▶ Formato de salida incorrecto.
▶ División por cero.

¿Qué técnica de prueba utiliza más probablemente el evaluador que utiliza esta lista al realizar la prueba?

a) Pruebas exploratorias.

b) Ataque de falla.

c) Pruebas basadas en listas de verificación.

d) Análisis de valor límite.

Seleccione una opción.

27. Pregunta 27 (1 Punto)

¿Cuál de las siguientes opciones describe mejor cómo el uso de pruebas basadas en listas de verificación puede dar como resultado una mayor cobertura?

a) Los elementos de la lista de verificación se pueden definir con un nivel de detalle suficientemente bajo, de modo que el evaluador pueda implementar y ejecutar casos de prueba detallados basados en estos elementos.

b) Las listas de verificación se pueden automatizar, de modo que cada vez que la ejecución de una prueba automatizada cubra los elementos de la lista de verificación, se obtendrá una cobertura adicional.

c) Cada elemento de la lista de verificación debe probarse por separado e independientemente, de modo que los elementos cubran diferentes áreas del software.

d) Dos evaluadores que diseñan y ejecutan pruebas basadas en los mismos elementos de la lista de verificación de alto nivel normalmente realizarán las pruebas de maneras ligeramente diferentes.

Seleccione una opción.

28. Pregunta 28 (1 Punto)

¿Cuál de los siguientes proporciona el mejor ejemplo de un criterio de aceptación orientado a escenarios?

a) La aplicación debe permitir a los usuarios eliminar su cuenta y todos los datos asociados previa solicitud.

b) Cuando un cliente agrega un artículo a su carrito y procede al pago, se le debe solicitar que inicie sesión o cree una cuenta si aún no lo ha hecho.

c) SI (contiene (producto (23). Nombre, carrito. Productos ())) ENTONCES devuelve FALSO.

d) El sitio web debe cumplir con los Estándares 508 de Accesibilidad a las TIC y garantizar que todo el contenido sea accesible para usuarios con discapacidades.

Seleccione una opción.

29. Pregunta 29 (1 Punto)

Está utilizando el desarrollo basado en pruebas de aceptación y diseñando casos de prueba basados en la siguiente historia de usuario:

Como usuario Regular o Especial, quiero poder utilizar mi tarjeta de piso electrónica, para acceder a pisos específicos.

Criterios de aceptación:

AC1: los usuarios habituales tienen acceso a los pisos 1 al 3.

AC2: el piso 4 solo es accesible para usuarios especiales.

AC3: los usuarios especiales tienen todos los derechos de acceso de los usuarios regulares.

¿Qué caso de prueba es el MÁS razonable para probar AC3?

   a) Comprobar que un usuario Regular puede acceder a los pisos 1 y 3.

   b) Comprobar que un usuario Regular no pueda acceder al piso 4.

   c) Comprobar que un usuario Especial puede acceder al piso 5.

   d) Comprobar que un usuario Especial puede acceder a los pisos 1, 2 y 3.

Seleccione una opción.

30. Pregunta 30 (1 Punto)

¿Cuál de los siguientes no es un propósito de un plan de prueba?

   a) Definir datos de prueba y resultados esperados para pruebas de componentes y pruebas de integración de componentes.

   b) Definir como criterio de salida del nivel de prueba de componentes que "se debe alcanzar el 100% de cobertura del estado de cuenta y el 100% de cobertura de sucursales".

   c) Describir qué campos debe contener el informe de progreso de la prueba y cuál debe ser la forma de este informe.

   d) Explicar por qué las pruebas de integración del sistema se excluirán de las pruebas, aunque la estrategia de prueba requiere este nivel de prueba.

Seleccione una opción.

31. Pregunta 31 (1 Punto)

Al comienzo de cada iteración, el equipo estima la cantidad de trabajo (en días-persona) que necesitarán completar durante la iteración. Sea E(n) la cantidad de trabajo estimada para la iteración n, y sea A(n) la cantidad real de trabajo realizado en la iteración n. A partir de la tercera iteración, el equipo utiliza el siguiente modelo de estimación basado en extrapolación: $(n)=3*A(n-1)+A(n-2)4$

El gráfico muestra la cantidad de trabajo estimada y real para las primeras cuatro iteraciones.

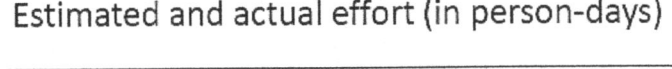

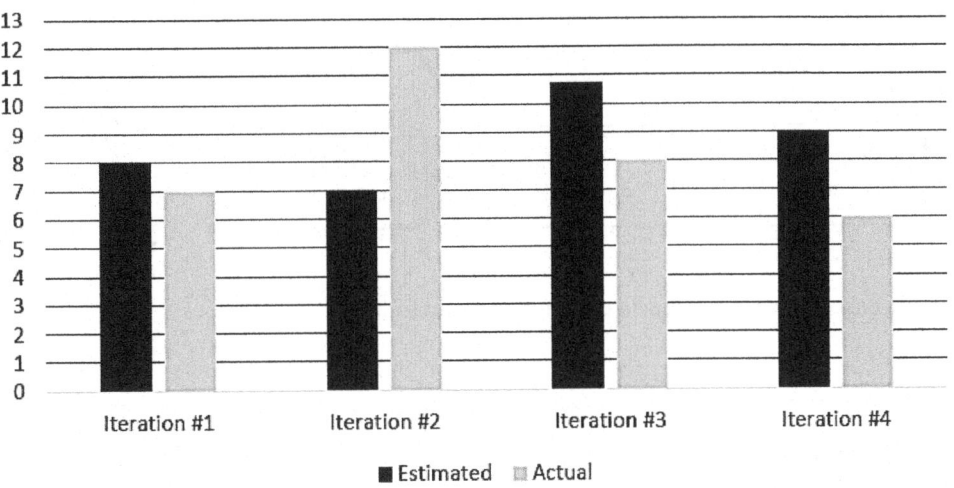

¿Cuál es la cantidad estimada de trabajo para la iteración N° 5?

a) 10,5 días-persona.

b) 8,25 días-persona.

c) 6,5 días-persona.

d) 9,4 días-persona.

Seleccione una opción.

32. Pregunta 32 (1 Punto)

Está preparando un programa de ejecución de pruebas para ejecutar siete casos de prueba TC 1 a TC 7.

La siguiente figura incluye las prioridades de estos casos de prueba (1 = prioridad más alta, 3 = prioridad más baja).

La figura también muestra las dependencias entre casos de prueba mediante flechas. Por ejemplo, la flecha de TC 4 a TC 5 significa que TC 5 solo se puede ejecutar si TC 4 se ejecutó previamente.

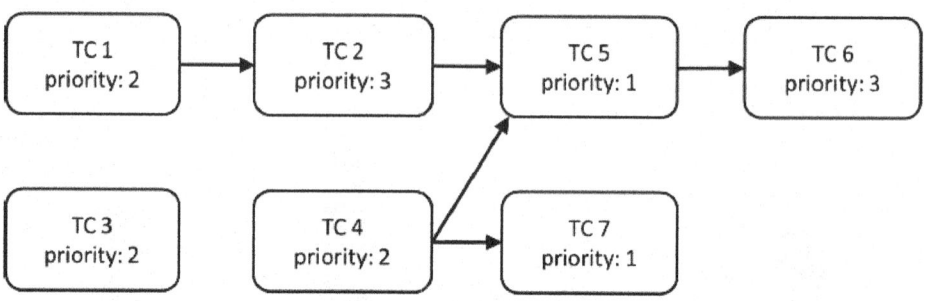

¿Qué caso de prueba debería ejecutarse en sexto lugar?

a) CT 3.

b) CT 5.

c) CT 6.

d) CT 2.

Seleccione una opción.

33. Pregunta 33 (1 Punto)

¿Qué muestra el modelo piramidal de prueba?

a) Que las pruebas pueden tener diferentes prioridades.

b) Que las pruebas pueden tener diferente granularidad.

c) Que las pruebas pueden requerir criterios de cobertura diferentes.

d) Que las pruebas pueden depender de otras pruebas.

Seleccione una opción.

34. Pregunta 34 (1 Punto)

¿Cuál es la relación entre los cuadrantes de prueba, los niveles de prueba y los tipos de prueba?

a) Los cuadrantes de prueba representan combinaciones particulares de niveles y tipos de prueba, definiendo su ubicación en el ciclo de vida del desarrollo de software.

b) Los cuadrantes de prueba describen el grado de granularidad de los tipos de prueba individuales realizados en cada nivel de prueba.

c) Los cuadrantes de prueba asignan los tipos de prueba que se pueden realizar a los niveles de prueba.

d) Los cuadrantes de prueba agrupan niveles de prueba y tipos de prueba según varios criterios, como dirigirse a partes interesadas específicas.

Seleccione una opción.

35. Pregunta 35 (1 Punto)

¿Cuál de los siguientes es un ejemplo de cómo el análisis de riesgos del producto puede influir en la minuciosidad y el alcance de las pruebas?

a) El seguimiento continuo del riesgo nos permite identificar el riesgo emergente lo antes posible.

b) La identificación de riesgos nos permite implementar actividades de mitigación de riesgos y reducir el nivel de riesgo.

c) El nivel de riesgo evaluado nos ayuda a seleccionar el rigor de las pruebas.

d) El análisis de riesgos nos permite derivar partidas de cobertura.

Seleccione una opción.

36. Pregunta 36 (1 Punto)

¿Cuál de las siguientes actividades en el proceso de prueba hace mayor uso de los informes de progreso de la prueba?

a) Diseño de prueba.

b) Finalización de la prueba.

c) Análisis de pruebas.

d) Planificación de pruebas.

Seleccione una opción.

37. Pregunta 37 (1 Punto)

¿Cuál de los siguientes no es un ejemplo de cómo la gestión de la configuración respalda las pruebas?

a) Todas las confirmaciones al repositorio están identificadas de forma única y controlada por versión.

b) Se realiza un seguimiento de todos los cambios en los elementos del entorno de prueba.

c) Todas las especificaciones de requisitos se mencionan sin ambigüedades en los planes de prueba.

d) Todos los defectos identificados tienen un estado asignado.

Seleccione una opción.

38. Pregunta 38 (1 Punto)

Considere el siguiente informe de defectos para una aplicación de compras basada en web:

Aplicación: WebShop v0.99

Defecto: el botón de inicio de sesión no funciona. Pasos para reproducir:

Inicie el sitio web, haga clic en el botón de inicio de sesión.

Resultado esperado: el usuario debe redirigirse a la página de inicio de sesión. Resultado real: el botón de inicio de sesión no responde cuando se hace clic.

Gravedad: alta prioridad: urgente.

¿Cuál es la información más importante que falta en este informe?

a) Nombre del evaluador y fecha del informe.

b) Elementos del entorno de prueba y sus números de versión.

c) Identificación del objeto de prueba.

d) Impacto en los intereses de las partes interesadas.

Seleccione una opción.

39. Pregunta 39 (1 Punto)

¿Herramientas de cuál de las siguientes categorías ayudan con la organización de casos de prueba, defectos detectados y gestión de configuración?

a) Herramientas de ejecución y cobertura de pruebas.

b) Herramientas de diseño e implementación de pruebas.

c) Herramientas de gestión de defectos.

d) Herramientas de gestión de pruebas.

Seleccione una opción.

40. Pregunta 40 (1 Punto)

¿Cuál de las siguientes opciones es más probable que sea un beneficio de la automatización de pruebas?

a) La capacidad de generar casos de prueba sin acceso a la base de prueba.

b) El logro de una mayor cobertura mediante una evaluación más objetiva.

c) El aumento de los tiempos de ejecución de pruebas disponibles con mayor potencia de procesamiento.

d) La prevención de errores humanos mediante una mayor coherencia y repetibilidad.

Seleccione una opción.

8.4 MODELO DE EXAMEN TIPO D DE PRUEBA PARA PRACTICAR EL EXAMEN

Este examen es una práctica del examen real que tendrás que realizar, por eso pon un cronómetro con 60 minutos, utiliza un papel y un lápiz porque en el examen solo podrás utilizar eso, tendrás que guardar tu móvil y todas tus pertenencias en una casilla, haz el examen sin mirar apuntes porque no podrás en el examen y en un lugar tranquilo, donde nadie te moleste.

1. Pregunta 1 (1 Punto)

¿Cuál de los siguientes es un objetivo de prueba típico?

a) Encontrar y reparar defectos en el objeto de prueba.

b) Mantener comunicaciones efectivas con los desarrolladores.

c) Validar que se han cumplido los requisitos legales.

d) Generar confianza en la calidad del objeto de prueba.

Seleccione una opción.

2. Pregunta 2 (1 Punto)

Un diseñador documenta un diseño para una interfaz de usuario que no se dirige adecuadamente a los usuarios discapacitados porque el diseñador está cansado. El programador implementa la interfaz de usuario de acuerdo con el diseño, pero como trabaja bajo una gran presión de tiempo, no incluye un manejo de excepciones adecuado en el código de su programa para los cálculos de bonificación. Cuando se utiliza el sistema operativo, algunos usuarios discapacitados presentan quejas sobre la interfaz y posteriormente la empresa es multada por la autoridad reguladora pertinente. Nadie se da cuenta de que los cálculos de las bonificaciones a veces son incorrectos.

¿Cuál de las siguientes afirmaciones es correcta?

a) El error de cálculo de las bonificaciones es un defecto que se presenta ocasionalmente.

b) La multa recibida por no atender a algunos usuarios discapacitados es una falta.

c) El programador que trabaja bajo una gran presión de tiempo es la causa principal.

d) El diseño de la interfaz de usuario incluye un error de diseño.

Seleccione una opción.

3. Pregunta 3 (1 Punto)

Los evaluadores utilizan condiciones de prueba de alto nivel para generar casos de prueba y ejecutar pruebas. Aunque las condiciones de prueba siguen siendo lasmismas, los casos de prueba varían cada vez. ¿Cuál de los siguientes "principios de prueba" se aborda mediante la variación de casos de prueba?

a) Las pruebas se desgastan.

b) Falacia de ausencia de defectos.

c) Las pruebas tempranas ahorran tiempo y dinero.

d) Los defectos se agrupan.

Seleccione una opción.

4. Pregunta 4 (1 Punto)

Dadas las siguientes tareas de prueba:

1. Derivar casos de prueba a partir de condiciones de prueba.

2. Identificar software de prueba reutilizable.

3. Organice los casos de prueba en procedimientos de prueba.

4. Evaluar la base de la prueba y el objeto de la prueba.

Y las siguientes actividades de prueba:

A) Análisis de prueba.

B) Diseño de prueba.

C) Implementación de pruebas.

D) Finalización de la prueba.

¿Cuál de las siguientes opciones combina mejor las tareas con las actividades?

a) 1B, 2A, 3D, 4C.

b) 1B, 2D, 3C, 4A.

c) 1C, 2A, 3B, 4D.

d) 1C, 2D, 3A, 4B.

Seleccione una opción.

5. Pregunta 5 (1 Punto)

Dado el siguiente software de prueba:

I. Informe de finalización de la prueba.

II. Datos mantenidos en una base de datos utilizada para entradas de prueba y resultados esperados.

III. La lista de elementos necesarios para construir el entorno de prueba.

IV. Secuencias documentadas de casos de prueba en orden de ejecución.

V. Casos de prueba.

¿Cuál de las siguientes opciones muestra mejor el software de prueba producido como resultado de la implementación de la prueba?

a) II, IV.

b) III, V.

c) I, II, V.

d) I, III, IV.

Seleccione una opción.

6. Pregunta 6 (1 Punto)

¿Cuál de las siguientes opciones es más probable que describa una tarea realizada por alguien en una función de gestión de pruebas?

a) Evaluar la base de prueba y el objeto de prueba.

b) Definir los requisitos del entorno de prueba.

c) Evaluar la capacidad de prueba del objeto de prueba.

d) Crear informe de finalización de la prueba.

Seleccione una opción.

7. Pregunta 7 (1 Punto)

¿Cuál de las siguientes es una ventaja del enfoque de equipo completo?

   a) Mejora de la comunicación entre los miembros del equipo.

   b) Disminución de la responsabilidad individual por la calidad.

   c) Implementación más rápida de entregables para los usuarios finales.

   d) Colaboración reducida con usuarios comerciales externos.

Seleccione una opción.

8. Pregunta 8 (1 Punto)

Teniendo en cuenta los siguientes beneficios y desventajas de la independencia de las pruebas:

   I. Los probadores trabajan en una ubicación diferente a la de los desarrolladores.

   II. Los evaluadores cuestionan las suposiciones que hacen los programadores al escribir código.

   III. Se ha establecido una dinámica de confrontación entre testers y desarrolladores.

   IV. Los desarrolladores se han convencido de que los evaluadores son los principales responsables de la calidad.

   V. Los evaluadores tienen sesgos diferentes a los de los desarrolladores.

¿Cuáles es más probable que se consideren beneficios?

   a) I, IV.

   b) II, V.

   c) I, III, IV.

   d) II, III, V.

Seleccione una opción.

9. Pregunta 9 (1 Punto)

¿Cuál de las siguientes es una buena práctica de prueba que se aplica a todos los ciclos de vida de desarrollo de software?

a) Cada nivel de prueba tiene objetivos de prueba específicos y distintos.

b) La implementación y ejecución de pruebas para un nivel de prueba determinado debe comenzar durante la fase de desarrollo correspondiente.

c) Los evaluadores deben comenzar el diseño de la prueba tan pronto como estén disponibles los borradores de los productos de trabajo relevantes.

d) Cada actividad de prueba dinámica tiene su correspondiente actividad de prueba estática.

Seleccione una opción.

10. Pregunta 10 (1 Punto)

¿Cuál de los siguientes es un ejemplo de un enfoque de desarrollo basado en las pruebas primero?

a) Desarrollo impulsado por el comportamiento.

b) Desarrollo impulsado por el nivel de prueba.

c) Desarrollo impulsado por funciones.

d) Desarrollo impulsado por el desempeño.

Seleccione una opción.

11. Pregunta 11 (1 Punto)

¿Cuál de los siguientes es más probable que sea un desafío al implementar DevOps?

a) Asegurarse de que no se pasen por alto las características de calidad no funcionales.

b) Gestionar entornos de prueba en continuo cambio.

c) La necesidad de más probadores manuales con experiencia adecuada.

d) Configurar la automatización de pruebas como parte del proceso de entrega.

Seleccione una opción.

12. Pregunta 12 (1 Punto)

¿Cuál de las siguientes opciones describe mejor las retrospectivas?

a) Las retrospectivas permiten a los miembros del equipo identificar a otros miembros del equipo que no contribuyeron plenamente al logro de la calidad como lo exige el enfoque de todo el equipo.

b) Las retrospectivas brindan a los evaluadores la oportunidad de identificar actividades que tuvieron éxito para conservarlas cuando se realicen posibles mejoras en el futuro.

c) Las retrospectivas son donde los miembros del equipo ágil pueden expresar sus preocupaciones sobre la gerencia y los clientes en un ambiente libre de culpas.

d) Las retrospectivas brindan a los miembros del equipo ágil un foro donde se concentran en discutir el plan y las decisiones técnicas para la próxima iteración.

Seleccione una opción.

13. Pregunta 13 (1 Punto)

¿Cuál de las siguientes pruebas es más probable que se realice como parte de las pruebas funcionales?

a) La prueba comprueba que la función Sort pone los elementos de la lista o matriz en orden ascendente.

b) La prueba comprueba si la función de clasificación completa la clasificación dentro de un segundo después del inicio.

c) La prueba comprueba con qué facilidad se puede cambiar la función de clasificación de clasificación ascendente a clasificación descendente.

d) La prueba comprueba que la función de clasificación sigue funcionando correctamente cuando se pasa de una arquitectura de 32 bits a una de 64 bits.

Seleccione una opción.

14. Pregunta 14 (1 Punto)

¿Cuál de los siguientes es más probable que sea un desencadenante que conduzca a una prueba de mantenimiento de un sistema de cambio de divisas?

a) Los desarrolladores informaron que cambiar el sistema de cambio de moneda era difícil y los evaluadores decidieron verificar si esto era cierto.

b) Se eliminó la opción de reembolso del sistema de cambio de moneda, ya que no siempre reembolsaba el monto correcto a los clientes.

c) El equipo ágil ha comenzado a desarrollar una historia de usuario que agrega una nueva función de fidelización de clientes al sistema de cambio de divisas.

d) El sistema de cambio de moneda se reconfiguró para admitir transacciones de moneda en inglés y en el idioma local.

Seleccione una opción.

15. Pregunta 15 (1 Punto)

¿Cuál de los siguientes no puede examinarse mediante pruebas estáticas?

a) Un contrato.

b) Plan de prueba.

c) Código cifrado.

d) Carta de prueba.

Seleccione una opción.

16. Pregunta 16 (1 Punto)

¿Cuál de las siguientes afirmaciones sobre el valor de las pruebas estáticas es correcta?

a) Los tipos de defectos encontrados mediante pruebas estáticas son diferentes de los tipos de defectos que se pueden encontrar mediante pruebas dinámicas.

b) Las pruebas dinámicas pueden detectar los tipos de defectos que se pueden encontrar mediante pruebas estáticas, más algunos tipos de defectos adicionales.

c) Las pruebas dinámicas pueden identificar algunos de los defectos que se pueden encontrar mediante las pruebas estáticas, pero no todos.

d) Las pruebas estáticas pueden identificar los tipos de defectos que se pueden encontrar mediante pruebas dinámicas, así como algunos tipos de defectos adicionales.

Seleccione una opción.

17. Pregunta 17 (1 Punto)

Dadas las siguientes descripciones de las actividades de revisión:

1. Se delibera sobre las anomalías detectadas y se toman determinaciones sobre su estado, propiedad y cualquier paso adicional necesario.

2. Se registran los problemas y se abordan las actualizaciones necesarias antes de la aceptación del producto del trabajo.

3. Los revisores emplean técnicas para generar sugerencias y preguntas sobre el producto del trabajo y detectar anomalías.

4. El objetivo de la revisión y su calendario se establecen para garantizar una revisión centrada y eficiente.

5. Los participantes tienen acceso al elemento que se está revisando.

¿Cuál de las siguientes es la secuencia correcta en el proceso de revisión de las actividades que corresponden a las descripciones?

a) $4 - 3 - 5 - 2 - 1$.

b) $4 - 5 - 3 - 1 - 2$.

c) $5 - 4 - 1 - 3 - 2$.

d) $5 - 4 - 3 - 2 - 1$.

Seleccione una opción.

18. Pregunta 18 (1 Punto)

¿Qué participante en el proceso de revisión es responsable de garantizar que las reuniones de revisión se desarrollen de manera efectiva y que todos los presentes puedan expresar sus opiniones libremente?

a) Un mánager.

b) Moderador.

c) Presidente.

d) Líder de revisión.

Seleccione una opción.

19. Pregunta 19 (1 Punto)

Realiza pruebas del sistema de una aplicación web de comercio electrónico y cumple con los siguientes requisitos:

SOLICITUD 05-017. Si el costo total de las compras supera los $100, el cliente obtiene un 5% de descuento en compras posteriores. De lo contrario, el cliente no recibe ningún descuento.

¿Qué técnicas de prueba serán más útiles para diseñar casos de prueba basados en este requisito?

a) Técnicas de prueba de caja blanca.

b) Técnicas de prueba de caja negra.

c) Técnicas de prueba basadas en la experiencia.

d) Técnicas de prueba basadas en riesgos.

Seleccione una opción.

20. Pregunta 20 (1 Punto)

El sistema de venta de entradas de cine calcula el tipo de descuento en función del año de nacimiento del cliente (BY) y del año actual (CY) de la siguiente manera:

Sea D la diferencia entre CY y BY, es decir, $D = CY - BY$

Si D < 0, imprima el mensaje de error "el año de nacimiento no puede ser mayor que el año actual".

- ▶ Si $0 \leq D < 18$ entonces aplica el descuento para estudiantes.
- ▶ Si $18 \leq D < 65$ entonces no aplica descuento.
- ▶ Si $D \geq 65$ entonces aplicar el descuento de pensionado.

Su conjunto de pruebas ya contiene dos casos de prueba:

- ▶ BY = 1990, CY = 2020, resultado esperado: sin descuento.
- ▶ BY = 2030, CY = 2029, resultado esperado: imprimir el mensaje de error.

¿Cuál de los siguientes conjuntos de datos de prueba se debe agregar para lograr una cobertura de partición de equivalencia válida completa para el tipo de descuento?

a) PARA = 2001, CY = 2065.

b) ANTES DE = 1900, CI = 1965.

c) ANTES = 1965, CI = 1900.

d) PARA = 2011, CY = 2029.

e) ANTES DE = 2000, CI = 2000.

Seleccione dos opciones.

21. Pregunta 21 (1 Punto)

Está probando un sistema de control de temperatura para una instalación de almacenamiento en frío para horticultura. El sistema recibe la temperatura (en grados Celsius completos) como entrada. Si la temperatura está entre 0 y 2 grados inclusive, el sistema muestra el mensaje "temperatura OK". Para temperaturas más bajas, el sistema muestra el mensaje "temperatura demasiado baja" y para temperaturas más altas muestra el mensaje "temperatura demasiado alta".

Utilizando el análisis de valores límite de dos valores, ¿cuál de los siguientes conjuntos de entradas de prueba proporciona el nivel más alto de cobertura de valores límite?

a) −1, 3.

b) −0, 2.

c) −1, 0, 2, 3.

d) −2, 0, 2, 4.

Seleccione una opción.

22. Pregunta 22 (1 Punto)

Está diseñando casos de prueba basados en la siguiente tabla de decisiones.

	R1	R2	R3	R4	R5	R6	R7
C1: Edad	0-18	19-65	19-65	>65	0-18	19-65	>65
C2: Experiencia	-	0-4	>4	-	-	-	-
C3: Registrado	NO	NO	NO	NO	YES	YES	YES
Categoría	A	A	B	B	B	D	C

Hasta ahora ha diseñado los siguientes casos de prueba:

CP1: hombre de 19 años, no registrado y sin experiencia; resultado esperado: categoría A.

CP2: mujer de 65 años, no registrada y con 5 años de experiencia; resultado esperado: categoría B.

CP3: hombre de 66 años, registrado y sin experiencia; resultado esperado: categoría C.

CP4: mujer de 65 años, registrada con 4 años de experiencia; resultado esperado: categoría D.

¿Cuál de los siguientes casos de prueba, cuando se agrega al conjunto de casos de prueba existente, aumentará la cobertura de la tabla de decisiones?

a) Hombre de 66 años, no registrado y sin experiencia; resultado esperado: categoría B.

b) Mujer de 55 años, no registrada y con 2 años de experiencia; resultado esperado: categoría A.

c) Mujer de 19 años, registrada y con 5 años de experiencia; resultado esperado: categoría D.

d) Ningún caso de prueba adicional puede aumentar la cobertura de la tabla de decisiones ya lograda.

Seleccione una opción.

23. Pregunta 23 (1 Punto)

Está aplicando pruebas de transición de estados al sistema de reserva de habitaciones de hotel modelado mediante la siguiente tabla de transición de estados, con 4 estados y 5 eventos diferentes:

	Eventos				
Estado	Disponible	No disponible	Cambiar habitación	Cancelar	Pagar
S1: Solicitando	S2	S3			
S2: Confirmado			S1	S4	S4
S3: Esperando lista	S2			S4	
S4: Fin					

Suponiendo que todos los casos de prueba comienzan en el estado "Solicitando", ¿cuál de los siguientes casos de prueba, representados como secuencias de eventos, logra la mayor cobertura de transiciones válidas?

a) No Disponible, Disponible, Cambiar de habitación, No Disponible, Cancelar.

b) Disponible, Cambiar Sala, No Disponible, Disponible, Pagar.

c) Disponible, Cambiar Habitación, Disponible, Cambiar Habitación, No Disponible.

d) No Disponible, Cancelar, Cambiar Habitación, Disponible, Pagar.

Seleccione una opción.

24. Pregunta 24 (1 Punto)

Su conjunto de pruebas S para un programa P logra una cobertura de declaración del 100%. Consta de tres casos de prueba, cada uno de los cuales alcanza una cobertura de declaración del 50%.

¿Cuál de las siguientes afirmaciones es correcta?

a) La ejecución de S provocará todos los fallos posibles en P.

b) S logra una cobertura de sucursales del 100% para P.

c) Cada declaración ejecutable en P que contiene un defecto se ha ejecutado al menos una vez durante la ejecución de S.

d) Después de eliminar un caso de prueba de S, los dos casos de prueba restantes aún alcanzarán una cobertura de declaración del 100%.

Seleccione una opción.

25. Pregunta 25 (1 Punto)

¿Por qué las pruebas de caja blanca facilitan la detección de defectos incluso cuando la especificación del software es vaga, desactualizada o incompleta?

a) Los casos de prueba se diseñan en función de la estructura del objeto de prueba en lugar de la especificación.

b) Para cada técnica de prueba de caja blanca, la cobertura puede estar bien definida y medirse fácilmente.

c) Las técnicas de prueba de caja blanca están muy bien diseñadas para detectar omisiones en los requisitos.

d) Las técnicas de prueba de caja blanca se pueden utilizar tanto en pruebas estáticas como en pruebas dinámicas.

Seleccione una opción.

26. Pregunta 26 (1 Punto)

¿Cuál de los siguientes no anticipa el evaluador al aplicar la adivinación de errores?

a) El desarrollador entendió mal la fórmula en la historia del usuario para calcular el interés.

b) El desarrollador escribió "$FA = A*(1+IR^N)$" en lugar de "$FA = A*(1+IR)^N$" en el código fuente.

c) El promotor se perdió el seminario sobre la nueva legislación sobre tipos de interés compuestos.

d) La exactitud del interés calculado por el sistema no es lo suficientemente precisa.

Seleccione una opción.

27. Pregunta 27 (1 Punto)

¿Cuál de las siguientes afirmaciones es cierta sobre las pruebas exploratorias?

a) Los casos de prueba se diseñan antes de que comience la sesión de prueba exploratoria.

b) El evaluador puede realizar la ejecución de la prueba, pero no puede realizar el diseño de la prueba.

c) Los resultados de las pruebas exploratorias son buenos predictores del número de defectos restantes.

d) Durante las pruebas exploratorias, el evaluador puede utilizar técnicas de prueba de caja negra.

Seleccione una opción.

28. Pregunta 28 (1 Punto)

¿Qué práctica colaborativa de redacción de historias de usuario permite al equipo lograr una comprensión colectiva de lo que se debe entregar?

a) Planificar el póquer, para que un equipo pueda lograr un consenso sobre el esfuerzo necesario para implementar una historia de usuario.

b) Revisiones, para que un equipo pueda detectar inconsistencias y contradicciones en una historia de usuario.

c) Planificación de iteraciones, de modo que las historias de usuario con el mayor valor comercial para un cliente puedan priorizarse para su implementación.

d) Conversación, para que los miembros del equipo puedan entender cómo se utilizará el software.

Seleccione una opción.

29. Pregunta 29 (1 Punto)

Acaba de comenzar a diseñar casos de prueba para la siguiente historia de usuario.

Como cliente.

Quiero poder filtrar los resultados de la búsqueda por rango de precios, para poder encontrar productos dentro de mi presupuesto más fácilmente.

Criterios de aceptación:

1. El filtro debería funcionar para todas las versiones de la aplicación desde la versión 3.0 en adelante.

2. El filtro debe permitir al cliente establecer un rango de precios con un precio mínimo y un máximo.

3. Los resultados de la búsqueda deben actualizarse dinámicamente a medida que el cliente ajusta el filtro de rango de precios.

En todos los casos de prueba, la condición previa es la siguiente: solo hay dos productos disponibles, los productos A y B. El producto A cuesta $100 y el producto B cuesta $110.

¿Cuál de los siguientes es el mejor ejemplo de un caso de prueba para esta historia de usuario?

a) Ingrese a la página web y configure el filtro para mostrar precios entre $90 y $100. Resultado esperado: los resultados muestran solo el producto A. Establezca el precio máximo en $110. Resultado esperado: los resultados ahora incluyen los productos A y B.

b) Ingresar a la página web. Resultado esperado: los precios mínimo y máximo predeterminados son $100 y $110 respectivamente. Agregue el producto C al stock, con precio $120. Actualizar la página web del cliente. Resultado esperado: el precio máximo predeterminado cambia a $120.

c) Ingrese a la página web y configure el filtro para mostrar precios entre $90 y $115. Resultado esperado: los resultados muestran los productos A y B. Cambie la moneda de USD a EUR. Resultado esperado: el rango de filtro cambia correctamente a valores de EUR, según el tipo de cambio actual.

d) Ingresar a la página web con tres navegadores diferentes: Edge, Chrome y Opera. En cada navegador establezca el filtro entre $90 y $110. Resultado esperado: los resultados incluyen los productos A y B y el diseño de los resultados es el mismo en los tres navegadores.

Seleccione una opción.

30. Pregunta 30 (1 Punto)

¿Cuál de los siguientes define mejor los criterios de salida en un proyecto de prueba?

a) Se aprueba el presupuesto.

b) Se agota el presupuesto.

c) La base de prueba está disponible.

d) Los casos de prueba lograron al menos una cobertura de declaración del 80%.

e) Todos los analistas de pruebas están certificados por ISTQB a nivel básico.

Seleccione dos opciones.

31. Pregunta 31 (1 Punto)

El equipo quiere estimar el tiempo necesario para que un evaluador ejecute cuatro casos de prueba para un componente de software. El equipo ha reunido las siguientes medidas del esfuerzo utilizado para ejecutar un único caso de prueba:

- Mejor escenario: 1 hora.
- Peor de los casos: 8 horas.
- Escenario más probable: 3 horas.

Dado que se utiliza la técnica de estimación de tres puntos, ¿cuál es la estimación final del tiempo necesario para ejecutar los cuatro casos de prueba?

a) 14 horas.

b) 3,5 horas.

c) 16 horas.

d) 12 horas.

Seleccione una opción.

32. Pregunta 32 (1 Punto)

La tabla muestra la matriz de trazabilidad desde los casos de prueba hasta los requisitos. "X" significa que un caso de prueba determinado cubre el requisito correspondiente.

	Req1	Req2	Req3	Req4	Req5	Req6	Req7
CP1	X		X	X			X
CP2	X				X		X
CP3					X	X	
CP4		X					

Quiere priorizar los casos de prueba siguiendo la técnica de priorización de cobertura adicional.

Ejecuta los cuatro casos de prueba.

¿Qué caso de prueba debería ejecutarse como último?

a) CP1.

b) CP2.

c) CP3.

d) CP4.

Seleccione una opción.

33. Pregunta 33 (1 Punto)

¿Cómo pueden ser beneficiosos los cuadrantes de prueba para las pruebas?

a) Ayudan en la planificación de pruebas dividiendo el proceso de prueba en cuatro etapas, correspondientes a los cuatro niveles de prueba básicos: prueba de componentes, integración, sistema y aceptación.

b) Ayudan a evaluar la cobertura de alto nivel (por ejemplo, cobertura de requisitos) en función de la cobertura de bajo nivel (por ejemplo, cobertura de código).

c) Ayudan a las partes interesadas no técnicas a comprender los diferentes tipos de pruebas y que algunos tipos de pruebas son más relevantes para ciertos niveles de prueba que otros.

d) Ayudan a equipos ágiles a desarrollar una estrategia de comunicación basada en clasificar a las personas según cuatro tipos psicológicos básicos, y en modelar las relaciones entre ellas.

Seleccione una opción.

34. Pregunta 34 (1 Punto)

Para un riesgo determinado, su nivel de riesgo es de $1000 y su probabilidad de riesgo se estima en 50%.

¿Cuál es el impacto del riesgo?

a) 500 dólares.

b) 2.000 dólares.

c) 50.000 dólares.

d) 200 dólares.

Seleccione una opción.

35. Pregunta 35 (1 Punto)

¿Cuáles de los siguientes son riesgos del producto?

  a) Desplazamiento del alcance.

  b) Mala arquitectura.

  c) Reducción de costos.

  d) Mal soporte de herramientas.

  e) Tiempo de respuesta demasiado largo.

Seleccione dos opciones.

36. Pregunta 36 (1 Punto)

¿Cuál de los siguientes no es un propósito válido para un informe de prueba?

  a) Seguimiento del progreso de las pruebas e identificación de áreas que requieren mayor atención.

  b) Proporcionar información sobre las pruebas realizadas, sus resultados y cualquier problema o defecto encontrado.

  c) Proporcionar información sobre cada defecto, como los pasos para reproducirlo.

  d) Proporcionar información sobre las pruebas previstas para el próximo período.

Seleccione una opción.

37. Pregunta 37 (1 Punto)

El usuario informó de una falla del software. Un ingeniero del equipo de soporte le preguntó al usuario el número de versión del software donde se observó la falla. Según el número de versión, el equipo volvió a ensamblar todos los archivos que componían la versión. Posteriormente, esto permitió a un desarrollador realizar un análisis, encontrar el defecto y solucionarlo.

¿Cuál de las siguientes opciones permitió que el equipo realizara la actividad anterior?

  a) Gestión de riesgos.

  b) Seguimiento y control de las pruebas.

  c) Enfoque de todo el equipo.

  d) Gestión de configuración.

Seleccione una opción.

38. Pregunta 38 (1 Punto)

Considere el siguiente informe de defectos para un sistema de préstamo de libros. ID de defecto: 001 | Título: no se puede devolver un libro | Gravedad: Alta | Prioridad: | Entorno: Windows 10, Google Chrome.

Descripción: al intentar devolver un libro utilizando la función Devolución de libro, el sistema no registra la devolución y el libro permanece prestado para el usuario.

Pasos para reproducir: inicie sesión en el sistema de préstamo de libros como usuario que ha prestado un libro. Haga clic en el botón "Devolver libro" del libro que se ha prestado. El sistema no registra la devolución y el libro queda prestado.

Resultado esperado: el libro debe devolverse y ya no aparecerá como prestado para el usuario. Resultado real: el libro permanece prestado para el usuario y no se registra como devuelto en el sistema.

Adjuntos: [lista vacía]

¿Cuál de las siguientes opciones es más probable que ayude al desarrollador a reproducir el error rápidamente?

a) Agregar información sobre a qué usuarios y a qué libros afecta el problema en la sección "Descripción".

b) Completar el valor que falta para el campo "Prioridad".

c) Agregar volcados de memoria e instantáneas de bases de datos tomadas después de cada paso descrito en la sección "Pasos para reproducir" a la sección "Adjuntos".

d) Repetir el mismo caso de prueba para diferentes entornos y escribir informes de defectos para cada uno de ellos por separado.

Seleccione una opción.

39. Pregunta 39 (1 Punto)

Dadas las siguientes categorías de herramientas de prueba:

I. Herramientas de colaboración.

II. Herramientas de desarrollo y operaciones.

III. Herramientas administrativas.

IV. Herramientas de prueba no funcionales.

V. Herramientas de diseño e implementación de pruebas.

¿Herramientas de cuáles de las categorías tienen más probabilidades de facilitar la ejecución de la prueba?

a) I, V.

b) II, IV.

c) I, III, V.

d) II, III, IV.

Seleccione una opción.

40. Pregunta 40 (1 Punto)

¿Cuál de los siguientes es más probable que sea un riesgo de automatización de pruebas?

a) La detección de defectos adicionales de alta gravedad.

b) Proporcionar medidas que sean demasiado complicadas para que los humanos las deriven.

c) Incompatibilidad con la plataforma de desarrollo.

d) Tiempos de ejecución de pruebas sustancialmente reducidos.

Seleccione una opción.

8.5 RESPUESTAS EXAMEN MODELO TIPO C

1. Pregunta 1 (1 Punto)

¿Cuál de los siguientes es un objetivo de prueba típico?

a) Validar que se cumplan los requisitos documentados.

b) Provocar averías e identificar defectos.

c) Iniciar errores e identificar las causas fundamentales.

d) Verificar que el objeto de prueba cumpla con las expectativas del usuario.

Seleccione una opción.

Solución

a) *No es correcto. Validar que se cumplan los requisitos documentados es incorrecto ya que la validación tiene que ver con cumplir con los requisitos y expectativas del usuario, mientras que la verificación tiene que ver con cumplir con requisitos específicos, por lo que esto sería correcto si reemplazáramos "validar" por "verificar".*

b) *Es correcto. Provocar fallos e identificar defectos es probablemente el objetivo más común de las pruebas dinámicas.*

c) *No es correcto. Iniciar errores e identificar las causas fundamentales es incorrecto porque los evaluadores no inician errores, sino que intentan provocar fallas. Los errores generalmente los cometen los desarrolladores (y en realidad no pueden iniciarse) y resultan en defectos, que los evaluadores intentan identificar directamente mediante pruebas estáticas o indirectamente mediante fallas en las pruebas dinámicas. Identificar las causas fundamentales es útil, pero forma parte de la depuración, que es una actividad independiente de las pruebas.*

d) *No es correcto. Verificar que el objeto de prueba cumpla con las expectativas del usuario es incorrecto ya que la verificación se refiere a verificar que se cumplan los requisitos especificados (documentados), mientras que la validación se refiere a cumplir con los requisitos y expectativas del usuario, por lo que esto sería correcto si reemplazáramos "verificar" por "validar".*

2. Pregunta 2 (1 Punto)

¿Cuál de las siguientes afirmaciones describe mejor la diferencia entre probar y depurar?

a) Las pruebas causan fallas, mientras que la depuración corrige las fallas.

b) Las pruebas son una actividad negativa, mientras que la depuración es una actividad positiva.

c) Las pruebas determinan que existen defectos, mientras que la depuración elimina los defectos.

d) Las pruebas encuentran la causa de los defectos mientras que la depuración soluciona la causa de los defectos.

Seleccione una opción.

Solución

a) *No es correcto. Las pruebas dinámicas causan fallas (a partir de las cuales se pueden localizar y reparar los defectos). Sin embargo, la depuración se ocupa de localizar defectos y corregirlos. Por lo tanto, la depuración no soluciona los fallos.*

b) *No es correcto. Tanto las pruebas como la depuración contribuyen a mejorar la calidad del objeto de prueba, por lo que ambas deberían considerarse positivamente. La depuración generalmente se considera una actividad positiva, ya que consiste en arreglar algo. Las pruebas dinámicas implican hacer que el objeto de prueba falle intencionalmente, razón por la cual algunas personas lo consideran una actividad negativa, pero esa es una visión muy limitada (y no es la que suelen tener los evaluadores). Son posibles casos de prueba tanto positivos como negativos. Los casos de prueba positivos verifican que el objeto de prueba realiza correctamente lo que se supone que debe hacer, mientras que las pruebas negativas verifican que el objeto de prueba no hace lo que se supone que no debe hacer.*

c) *Es correcto. Las pruebas determinan que existen defectos, ya sea directamente a través de la observación del defecto en las revisiones (o mediante una herramienta de análisis estático), o indirectamente al causar una falla en las pruebas dinámicas. La depuración es una actividad separada de las pruebas (normalmente realizadas por desarrolladores) y se ocupa de localizar defectos (solo para pruebas dinámicas) y corregirlos.*

d) *No es correcto. Las causas de los defectos suelen ser errores humanos. Las pruebas encuentran defectos directamente mediante pruebas estáticas o indirectamente provocando fallas en las pruebas dinámicas, y la depuración corrige los defectos. Entonces, las pruebas no encuentran la causa de los defectos y la depuración no soluciona las causas de los defectos.*

Mirar sección 2.1.2.

3. Pregunta 3 (1 Punto)

La "falacia de ausencia de defectos" es uno de los principios de las pruebas. ¿Cuál de los siguientes es un ejemplo de cómo abordar este principio en la práctica?

a) Explicar que no es posible que las pruebas demuestren la ausencia de defectos.

b) Apoyar a los usuarios finales para realizar pruebas de aceptación.

c) Asegurar que no queden defectos de implementación en el sistema entregado.

d) Modificar las pruebas que no causan fallas para garantizar que queden pocos defectos.

Solución

La *"falacia de ausencia de defectos"* tiene que ver con la idea de que garantizar la corrección de acuerdo con los requisitos (es decir, verificar la ausencia de defectos de implementación) no garantiza la satisfacción del usuario con el sistema. Para abordar esto, también es necesario validar que el sistema cumpla con las necesidades y expectativas de los usuarios, cumpla con los objetivos comerciales y supere a los sistemas de la competencia.

a) *No es correcto. El principio de "las pruebas muestran la presencia, no la ausencia de defectos" explica que, si bien las pruebas pueden detectar la existencia de defectos en el objeto de prueba, no es posible demostrar que no los hay y, por lo tanto, garantizar su corrección. Por lo tanto, explicar que no es posible que las pruebas demuestren la ausencia de defectos abordaría parcialmente este principio, no la falacia de la "ausencia de defectos".*

b) *Es correcto. Al ayudar al usuario final a realizar pruebas de aceptación, debería ser posible validar que el sistema satisfaga las necesidades y expectativas de los usuarios.*

c) *No es correcto. No es posible garantizar que no queden defectos de implementación en el sistema entregado, ya que el principio de "las pruebas muestran la presencia, no la ausencia de defectos" explica que, si bien las pruebas pueden detectar la existencia de defectos en el objeto de prueba, no es posible demostrar que no existen defectos y, por tanto, garantizar su corrección.*

d) *No es correcto. Modificar las pruebas que no causan fallas para garantizar que queden pocos defectos es una forma de abordar el principio de "desgaste de las pruebas". Este principio tiene que ver con la idea de que es poco probable que la repetición de pruebas idénticas en código inalterado descubra defectos nuevos y, por lo tanto, modificar las pruebas puede ser esencial. Esto no validará que el sistema cumpla con las necesidades y expectativas de los usuarios.*

Mirar sección 1.3.1.

4. Pregunta 4 (1 Punto)

¿Cuál de las siguientes actividades de prueba es más probable que implique la aplicación del análisis de valores límite y la partición de equivalencia?

a) Implementación de pruebas.

b) Diseño de prueba.

c) Ejecución de la prueba.

d) Monitoreo de pruebas.

e) Análisis de pruebas.

Seleccione dos opciones.

Solución

Dada la siguiente descripción del análisis de prueba: para identificar las características que requieren prueba, la base de la prueba se analiza y define como condiciones de prueba, que luego se priorizan junto con los riesgos relacionados. La identificación sistemática de condiciones de prueba como elementos de cobertura a menudo implica el uso de técnicas de prueba tanto durante el análisis de la prueba como parte de la actividad de diseño de la prueba. De la descripción anterior, se puede ver que las técnicas de prueba se utilizan a menudo en las actividades de análisis y diseño de pruebas. El análisis de valores límite y la partición de equivalencia son técnicas de prueba.

a) *No es correcto. No es probable que la implementación de pruebas implique el uso de técnicas de prueba, ya que se ocupa principalmente de ensamblar casos de prueba en procedimientos de prueba, mientras que las técnicas de prueba crean casos de prueba.*

b) *Es correcto. Es probable que el diseño de pruebas implique el uso de técnicas de prueba para crear casos de prueba a partir de condiciones de prueba y elementos de cobertura.*

c) *No es correcto. No es probable que la ejecución de pruebas implique el uso de técnicas de prueba, ya que se ocupa principalmente de ejecutar procedimientos de prueba (y, por tanto, casos de prueba), mientras que las técnicas de prueba crean casos de prueba.*

d) *No es correcto. No es probable que el seguimiento de las pruebas implique el uso de técnicas de prueba. El monitoreo de pruebas se ocupa principalmente de verificaciones continuas para garantizar que se siga el plan, mientras que las técnicas de prueba crean casos de prueba.*

e) *Es correcto. Es probable que el análisis de pruebas implique el uso de técnicas de prueba para identificar las condiciones de prueba.*

Mirar sección 2.4.1.

5. Pregunta 5 (1 Punto)

Dado el siguiente software de prueba:

1. Artículos de cobertura.

2. Solicitudes de cambio.

3. Calendario de ejecución de pruebas.

4. Condiciones de prueba priorizadas.

Y las siguientes actividades de prueba.

A) Análisis de prueba.

B) Diseño de prueba.

C) Implementación de pruebas.

D) Finalización de la prueba.

¿Cuál de las siguientes opciones muestra mejor el software de prueba producido por las actividades?

a) 1B, 2D, 3C, 4A.

b) 1B, 2D, 3A, 4C.

c) 1D, 2C, 3A, 4B.

d) 1D, 2C, 3B, 4A.

Seleccione una opción.

Solución

Considerando cada una de las actividades de prueba enumeradas y su software de prueba de salida:

A) *Análisis de prueba: condiciones de prueba priorizadas (4) (por ejemplo, criterios de aceptación) e informes de defectos identificados en la base de prueba.*

B) *Diseño de pruebas: casos de prueba priorizados, estatutos de prueba, elementos de cobertura (1), requisitos de datos de prueba y requisitos del entorno de prueba.*

C) *Implementación de pruebas: procedimientos de prueba, scripts de prueba automatizados, conjuntos de pruebas, datos de prueba, cronograma de ejecución de pruebas (3) y elementos del entorno de prueba, como códigos auxiliares, controladores, simuladores y virtualizaciones de servicios.*

D) *Finalización de la prueba: informe de finalización de la prueba, lecciones aprendidas documentadas, elementos de acción para mejorar y solicitudes de cambio (2) (como elementos de la cartera de productos).*

Así que:

a) *Es correcta. La coincidencia correcta es: 1B, 2D, 3C, 4A.*

b) *No es correcta.*

c) *No es correcta.*

d) *No es correcta.*

Mirar sección 2.4.1.

6. Pregunta 6 (1 Punto)

¿Cuál de las siguientes afirmaciones sobre las diferentes funciones de prueba es más probable que sea correcta?

a) En el desarrollo de software ágil, la función de gestión de pruebas es la responsabilidad principal del equipo, mientras que la función de prueba es principalmente responsabilidad de una sola persona externa al equipo.

b) La función de prueba es la principal responsable del seguimiento y control de las pruebas, mientras que la función de gestión de pruebas es la principal responsable de la planificación y finalización de las pruebas.

c) En el desarrollo de software ágil, las actividades de gestión de pruebas que abarcan varios equipos son manejadas por un administrador de pruebas externo al equipo, mientras que algunas tareas de gestión de pruebas son manejadas por el propio equipo.

d) La función de gestión de pruebas es la principal responsable del análisis y el diseño de las pruebas, mientras que la función de pruebas es la principal responsable de la implementación y ejecución de las pruebas.

Seleccione una opción.

Solución

a) *No es correcto. Aunque es correcto decir que, en el desarrollo de software ágil, algunas de las tareas de gestión de pruebas pueden ser manejadas por el propio equipo ágil, la función de prueba no es principalmente responsabilidad de una sola persona externa al equipo. En cambio, es más probable que las pruebas las realicen varios miembros del equipo siguiendo el enfoque de equipo completo.*

b) *No es correcto. La función de gestión de pruebas implica principalmente actividades relacionadas con la planificación de pruebas, el seguimiento y control de las pruebas y la finalización de las pruebas. Entonces, aunque esta afirmación es parcialmente correcta, es incorrecto decir que la función de prueba es la principal responsable del monitoreo y control de las pruebas.*

c) *Es correcto. En el desarrollo de software ágil, algunas de las tareas de gestión de pruebas pueden ser manejadas por el propio equipo ágil. Sin embargo, para las actividades de prueba que abarcan varios equipos dentro de una organización, los gerentes de pruebas fuera del equipo de desarrollo pueden realizar estas tareas.*

d) *No es correcto. La función de gestión de pruebas implica principalmente actividades relacionadas con la planificación de pruebas, el monitoreo y control de pruebas y la finalización de pruebas, mientras que la función de pruebas es principalmente responsable de los aspectos técnicos y de ingeniería de las pruebas, como el análisis de pruebas, el diseño de pruebas, la implementación de pruebas y las pruebas, ejecución. Por lo tanto, la función de gestión de pruebas normalmente no es responsable del análisis y diseño de las pruebas, aunque es correcto decir que la función de pruebas es principalmente responsable de la implementación y ejecución de las pruebas.*

Mirar sección 2.4.5.

7. Pregunta 7 (1 Punto)

¿Cuál de las siguientes es una ventaja del enfoque de todo el equipo?

a) Equipos sin probadores.

b) Dinámica de equipo mejorada.

c) Miembros del equipo de especialistas.

d) Equipos de mayor tamaño.

Seleccione una opción.

Solución

a) *No es correcto. En el enfoque de equipo completo, los evaluadores desempeñan un papel vital al compartir su experiencia en pruebas con el equipo y guiar el desarrollo de productos. Colaboran con otros miembros del equipo para lograr los niveles de calidad deseados y trabajan con representantes comerciales para crear pruebas de aceptación. Los evaluadores también se asocian con desarrolladores para determinar la estrategia de prueba óptima y los enfoques de automatización.*

b) *Es correcto. Al aprovechar las diversas habilidades de cada miembro del equipo de manera más efectiva, el enfoque de todo el equipo fomenta una dinámica de equipo superior, promueve una comunicación y colaboración sólidas y genera un efecto sinérgico que beneficia a todo el proyecto.*

c) *No es correcto. El enfoque de equipo completo permite que cualquier miembro del equipo con las habilidades y conocimientos necesarios realice cualquier tarea, por lo que los miembros del equipo especializados no son una ventaja de este enfoque.*

d) *No es correcto. No existe una guía específica sobre el tamaño óptimo de los equipos que utilizan el enfoque de equipo completo, y no hay ninguna sugerencia de que los equipos más grandes sean mejores.*

Mirar sección 2.5.2.

8. Pregunta 8 (1 Punto)

¿Cuál de las siguientes afirmaciones sobre la independencia de las pruebas es correcta?

a) Los evaluadores independientes encontrarán defectos debido a su perspectiva técnica diferente a la de los desarrolladores, pero su independencia puede conducir a una relación de confrontación con los desarrolladores.

b) La familiaridad de los desarrolladores con su propio código significa que solo encuentran algunos defectos en él; sin embargo, su experiencia en software compartida con los evaluadores significa que estos defectos también los encontrarían los evaluadores.

c) Las pruebas independientes requieren evaluadores que estén fuera del equipo del desarrollador e idealmente fuera de la organización; sin embargo, a estos evaluadores les resulta difícil comprender el dominio de la aplicación.

d) Los evaluadores externos al equipo de desarrolladores son más independientes que los evaluadores internos del equipo, pero es más probable que se culpe a los evaluadores internos del equipo por los retrasos en el lanzamiento del producto.

Seleccione una opción.

Solución

a) *Es correcto. El principal beneficio de la independencia en las pruebas es que es más probable que los evaluadores identifiquen diferentes tipos de fallas y defectos en comparación con los desarrolladores, debido a sus variados antecedentes, puntos de vista técnicos y posibles sesgos, incluido el sesgo cognitivo. Sin embargo, la principal desventaja de la independencia en las pruebas es que los evaluadores pueden quedar aislados del equipo de desarrollo, lo que genera problemas de comunicación, falta de colaboración y, potencialmente, una relación de confrontación, en la que se culpa a los evaluadores de retrasos y cuellos de botella en el proceso de lanzamiento.*

b) *No es correcto. La familiaridad de un desarrollador con el código no significa que rara vez encuentre defectos en él, sino que esta familiaridad significa que puede encontrar de manera eficiente muchos defectos en su propio código. Y, en lugar de que los desarrolladores y los evaluadores tengan una experiencia compartida, normalmente se cita que los desarrolladores tienen una experiencia diferente a la de los evaluadores como la razón por la que los evaluadores y los desarrolladores encuentran diferentes tipos de defectos.*

c) *No es correcto. Las pruebas se pueden realizar en diferentes niveles de independencia, que van desde ninguna independencia para el autor hasta una independencia muy alta para los evaluadores externos a la organización. En la mayoría de los proyectos, se utilizan múltiples niveles de independencia: los desarrolladores realizan pruebas de integración y componentes, el equipo de pruebas realiza pruebas de integración y sistemas, y los representantes comerciales realizan pruebas de aceptación. Por lo tanto, los evaluadores pueden estar en el equipo del desarrollador y no es necesario que provengan de fuera de la organización. El conocimiento del dominio de la aplicación cambiará de un caso a otro y no depende del nivel de independencia.*

d) *No es correcto. Las pruebas se pueden realizar en diferentes niveles de independencia, que van desde ninguna independencia para el autor hasta una independencia muy alta para los evaluadores externos a la organización, siendo los evaluadores externos al equipo del desarrollador generalmente más independientes que los evaluadores internos del equipo. Sin embargo, hay más razones para creer que los evaluadores externos al equipo probablemente estarán más aislados de los desarrolladores y, por lo tanto, es más probable que se les culpe por los retrasos en el lanzamiento del producto.*

Mirar sección 2.5.3.

9. Pregunta 9 (1 Punto)

¿Cuál de las siguientes es una buena práctica de prueba que se aplica a todos los ciclos de vida de desarrollo de software?

a) Para cada nivel de prueba, existe un nivel de desarrollo correspondiente.

b) Para cada objetivo de prueba, existe un objetivo de desarrollo correspondiente.

c) Para cada actividad de prueba de software, existe una actividad de usuario correspondiente.

d) Para cada actividad de desarrollo de software, existe una actividad de prueba correspondiente.

Seleccione una opción.

Solución

a) *No es correcto. El control de calidad se aplica a todas las actividades de desarrollo, lo que significa que cada actividad de desarrollo de software tiene una actividad de prueba correspondiente. Sin embargo, aquí intentamos equiparar los niveles de prueba con los niveles de desarrollo y, aunque sabemos lo que se entiende por "niveles de prueba", no existe una comprensión común del término "nivel de desarrollo".*

b) *No es correcto. Cada actividad de desarrollo de software tiene su correspondiente actividad de prueba; sin embargo, los objetivos de las pruebas son bastante diferentes. Por ejemplo, podría haber un objetivo de prueba para garantizar que un objeto de prueba cumpla con un requisito contractual de que se debe realizar un cierto tipo de prueba antes de la entrega. En este caso no hay razón para que exista un objetivo de desarrollo correspondiente.*

c) *No es correcto. El control de calidad se aplica a todas las actividades de desarrollo, lo que significa que cada actividad de desarrollo de software tiene una actividad de prueba correspondiente. Sin embargo, la misma simetría no se aplica a las pruebas y las actividades de los usuarios. Por ejemplo, para algunos sistemas es difícil incluso identificar a los usuarios finales. Además, algunas actividades de prueba se centran en los desarrolladores (por ejemplo, pruebas de facilidad de mantenimiento), lo que no tiene ningún aspecto de usuario.*

d) *Es correcto. El control de calidad se aplica a todas las actividades de desarrollo, lo que significa que cada actividad de desarrollo de software tiene una actividad de prueba correspondiente.*

Mirar sección 3.1.2.

10. Pregunta 10 (1 Punto)

¿Cuál de los siguientes es un ejemplo de un enfoque de desarrollo basado en las pruebas primero?

 a) Desarrollo basado en pruebas de componentes.

 b) Desarrollo basado en pruebas de integración.

 c) Desarrollo basado en pruebas del sistema.

 d) Desarrollo basado en pruebas de aceptación.

Seleccione una opción.

Solución

 a) *No es correcto. El desarrollo basado en pruebas de componentes no es un ejemplo correcto de un enfoque de desarrollo basado en pruebas.*

 b) *No es correcto. El desarrollo basado en pruebas de integración no es un ejemplo correcto de un enfoque de desarrollo basado en pruebas.*

 c) *No es correcto. El desarrollo basado en pruebas de sistemas no es un ejemplo correcto de un enfoque de desarrollo basado en pruebas.*

 d) *Es correcto. El desarrollo basado en pruebas de aceptación (ATDD) es un ejemplo bien conocido de un enfoque de desarrollo basado en pruebas.*

Mirar sección 3.1.3.

11. Pregunta 11 (1 Punto)

¿Cuál de las siguientes proporciona la mejor descripción del enfoque de desplazamiento a la izquierda?

 a) Cuando lo acuerden los desarrolladores, las actividades manuales en el lado izquierdo del proceso de prueba se automatizan para respaldar el principio de "las pruebas tempranas ahorran tiempo y dinero".

 b) Cuando sean rentables, las actividades de prueba se trasladan para realizarse más temprano en el ciclo de vida de desarrollo de software (SDLC) para reducir el costo total de calidad al reducir la cantidad de defectos encontrados más adelante en el SDLC.

 c) Cuando tienen tiempo libre disponible, los evaluadores deben automatizar las pruebas para las pruebas de regresión, comenzando con las pruebas de componentes y las pruebas de integración de componentes.

d) Cuando estén disponibles, los evaluadores están capacitados para realizar tareas en las primeras etapas del SDLC para permitir que se automaticen más actividades de prueba más adelante en el SDLC.

Seleccione una opción.

Solución

a) *No es correcto. Las prácticas involucradas en las pruebas de desplazamiento a la izquierda tienen como objetivo implementar más actividades de prueba en las primeras fases del ciclo de vida de desarrollo, retratando el SDLC como un movimiento de izquierda a derecha. No existe el lado izquierdo del proceso de prueba.*

b) *Es correcto. Shift-left o desplazamiento a la izquierda enfatiza la importancia de comenzar las pruebas en una etapa más temprana del ciclo de vida de desarrollo de software (SDLC). La implementación de pruebas de desplazamiento a la izquierda requiere capacitación adicional y un mayor esfuerzo y costos durante las primeras etapas del SDLC; sin embargo, los ahorros generales deberían ser mayores.*

c) *No es correcto. Aunque las pruebas de componentes automatizadas y las pruebas de integración de componentes para pruebas de regresión son generalmente valiosas, la creación de estas pruebas normalmente es responsabilidad de los desarrolladores, y si se sigue un enfoque de integración continua / entrega continua (CI/CD), entonces estas pruebas habrán sido enviadas con el código. En algunas situaciones, el evaluador puede automatizar pruebas para pruebas de regresión y, a veces, incluso para pruebas de componentes y pruebas de integración de componentes; sin embargo, esto no es parte de un enfoque de "desplazamiento hacia la izquierda" que mueve las pruebas más temprano en el SDLC.*

d) *No es correcto. Capacitar a los evaluadores para que realicen tareas en las primeras etapas del SDLC respaldaría un enfoque de desplazamiento a la izquierda al enfatizar la importancia de comenzar las pruebas antes en el SDLC. Sin embargo, automatizar más actividades de prueba que se realizarán más adelante en el SDLC no es parte de un enfoque de "desplazamiento hacia la izquierda".*

Mirar sección 3.1.5.

12. Pregunta 12 (1 Punto)

¿Cuál de las siguientes situaciones es menos probable que ocurra como resultado de una retrospectiva?

a) La calidad de los futuros objetos de prueba mejora al identificar mejoras en las prácticas de desarrollo.

b) La eficiencia de las pruebas mejora al acelerar la configuración de los entornos de prueba a través de la automatización.

c) Se mejora la comprensión de los usuarios finales sobre los procesos de desarrollo y prueba.

d) Los scripts de prueba automatizados se mejoran gracias a los comentarios de los desarrolladores.

Seleccione una opción.

Solución

a) *No es correcto. Uno de los propósitos de las retrospectivas es identificar posibles mejoras en los procesos que, si se ponen en práctica, deberían dar como resultado que la calidad de los resultados futuros del proceso de desarrollo (objetos de prueba) sea mayor. Por lo tanto, es probable que esto ocurra como resultado de una retrospectiva.*

b) *No es correcto. Un beneficio de las retrospectivas para las pruebas incluye una mayor eficiencia de las pruebas a través de mejoras en los procesos. Por lo tanto, es probable que esto ocurra como resultado de una retrospectiva.*

c) *Es correcto. Los participantes en las retrospectivas suelen incluir evaluadores, desarrolladores, arquitectos, propietarios de productos y analistas de negocios, pero los usuarios finales rara vez son invitados o asisten a estas reuniones, y es poco probable que reciban informes de estas reuniones. Por lo tanto, es muy poco probable que aprendan y comprendan más sobre los procesos de desarrollo y prueba a través de retrospectivas.*

d) *No es correcto. Un beneficio de las retrospectivas para las pruebas incluye la mejora de la calidad del software de prueba (incluidos los scripts de prueba automatizados) a través de revisiones conjuntas con los desarrolladores. Por lo tanto, es probable que esto ocurra como resultado de una retrospectiva.*

Mirar sección 3.1.6.

13. Pregunta 13 (1 Punto)

¿Cuál de los siguientes niveles de prueba es más probable que se realice si la prueba se centra en la validación y no la realizan los evaluadores?

a) Prueba de componentes.

b) Pruebas de integración de componentes.

c) Pruebas de integración del sistema.

d) Pruebas de aceptación.

Seleccione una opción.

Solución

a) *No es correcto. Las pruebas de componentes (también llamadas pruebas unitarias) implican probar componentes individuales de forma aislada y son principalmente una verificación de una especificación, en lugar de una validación de las necesidades del usuario. Sin embargo, estas pruebas normalmente no las realizan los evaluadores, ya que los desarrolladores suelen realizarlas en su entorno de desarrollo.*

b) *No es correcto. Las pruebas de integración de componentes implican probar las interfaces y las interacciones entre componentes y son principalmente una verificación de una especificación, en lugar de una validación de las necesidades del usuario. Sin embargo, esta prueba normalmente no la realizan los evaluadores, ya que los desarrolladores suelen realizarla.*

c) *No es correcto. Las pruebas de integración de sistemas examinan las interfaces con otros sistemas y servicios externos y son principalmente una verificación de una especificación, en lugar de una validación de las necesidades del usuario. Este tipo de prueba también lo realizan con mayor frecuencia los evaluadores.*

d) *Es correcto. Las pruebas de aceptación se centran en validar que el sistema satisface las necesidades comerciales del usuario y está listo para su implementación. Idealmente, estas pruebas las realizan los usuarios finales.*

Mirar sección 3.2.1.

14. Pregunta 14 (1 Punto)

El software del sistema de navegación se ha actualizado porque sugiere rutas que infringen las leyes de tráfico, como conducir en sentido contrario por calles de sentido único. ¿Cuál de las siguientes describe mejor las pruebas que se realizarán?

a) Sólo pruebas de confirmación.

b) Prueba de confirmación y luego prueba de regresión.

c) Sólo pruebas de regresión.

d) Pruebas de regresión y luego pruebas de confirmación.

Seleccione una opción.

Solución

a) *No es correcto. Es necesario realizar pruebas de confirmación para comprobar que las actualizaciones han dado como resultado una implementación correcta; sin embargo, sería sensato realizar pruebas de regresión para garantizar que no se hayan introducido o descubierto defectos en áreas sin cambios del sistema.*

b) *Es correcto. Las pruebas de confirmación comprobarán que las actualizaciones han dado como resultado una implementación correcta y luego se utilizarán pruebas de regresión para garantizar que no se hayan introducido ni descubierto defectos en áreas sin cambios del sistema.*

c) *No es correcto. Se deben utilizar pruebas de regresión para garantizar que no se hayan introducido o descubierto defectos en áreas sin cambios del sistema cuando se realizó la actualización; sin embargo, también es necesario realizar pruebas de confirmación que comprobarán que las actualizaciones han dado como resultado una implementación correcta.*

d) *No es correcto. Las pruebas de confirmación comprobarán que las actualizaciones han dado como resultado una implementación correcta y se utilizarán pruebas de regresión para garantizar que no se hayan introducido ni descubierto defectos en áreas sin cambios del sistema. Sin embargo, cuando se realiza (es decir, cuando es necesario probar una actualización), la prueba de confirmación precede a la prueba de regresión.*

Mirar sección 3.2.3.

15. Pregunta 15 (1 Punto)

Dados los siguientes defectos de ejemplo:

I. Dos partes diferentes de la especificación de diseño no están de acuerdo debido a la complejidad del diseño.

II. El tiempo de respuesta es demasiado largo y hace que los usuarios pierdan la paciencia.

III. No se puede alcanzar una ruta en el código durante la ejecución.

IV. Una variable se declara, pero nunca se utiliza posteriormente en el programa.

V. La cantidad de memoria que necesita el programa para generar un informe es demasiado alta.

¿Cuál de los siguientes identifica mejores ejemplos de defectos que podrían encontrarse mediante pruebas estáticas (en lugar de pruebas dinámicas)?

a) II, V.

b) III, V.

c) I, II, IV.

d) I, III, IV.

Seleccione una opción.

Solución

Considerando cada uno de los ejemplos de defectos enumerados:

I. *Dos partes diferentes de la especificación de diseño no están de acuerdo debido a la complejidad del diseño; este es un ejemplo de un defecto de especificación, que incluye inconsistencias, ambigüedades, contradicciones, omisiones, imprecisiones y duplicaciones, que se pueden encontrar más fácilmente mediante pruebas estáticas.*

II. *Un tiempo de respuesta es demasiado largo y, por lo tanto, hace que los usuarios pierdan la paciencia; este es un ejemplo de un defecto en el tiempo de respuesta, que en la práctica sólo puede detectarse ejecutando el programa y midiendo el tiempo de respuesta, que se puede encontrar más fácilmente mediante pruebas dinámicas.*

III. *No se puede alcanzar una ruta en el código durante la ejecución: este es un ejemplo de un defecto de codificación, que incluye variables con valores indefinidos, variables no declaradas, código duplicado o inalcanzable y complejidad excesiva del código, que se puede encontrar más fácilmente mediante pruebas estáticas.*

IV. *Una variable se declara, pero nunca se utiliza posteriormente en el programa; este es un ejemplo de un defecto de codificación, que incluye variables con valores indefinidos, variables no declaradas, código duplicado o inalcanzable y una complejidad excesiva del código, que se puede encontrar más fácilmente mediante pruebas estáticas.*

V. *La cantidad de memoria que necesita el programa para generar un informe es demasiado alta; este es un ejemplo de un defecto de rendimiento, que sólo puede detectarse en la práctica ejecutando el programa y midiendo la memoria utilizada, que se puede encontrar más fácilmente. Mediante pruebas dinámicas.*

Así que:

a) *No es correcto.*

b) *No es correcto.*

c) *No es correcto.*

d) *Es correcto. La coincidencia correcta para las pruebas estáticas es I, III y IV.*

Mirar sección 4.1.3.

16. Pregunta 16 (1 Punto)

¿Cuál de los siguientes es un beneficio de la retroalimentación temprana y frecuente de las partes interesadas?

a) Los cambios en los requisitos se entienden e implementan antes.

b) Garantiza que las partes interesadas del negocio comprendan los requisitos de los usuarios.

c) Permite a los propietarios de productos cambiar sus requisitos con la frecuencia que quieran.

d) Se informa a los usuarios finales qué requisitos no se implementarán antes del lanzamiento.

Seleccione una opción.

Solución

a) *Es correcto. Obtener comentarios de las partes interesadas desde el principio y con frecuencia durante el proceso de desarrollo de software puede resultar muy beneficioso. Facilita la comunicación temprana de posibles problemas de calidad, puede evitar malentendidos sobre los requisitos y garantiza que cualquier cambio en los requisitos de las partes interesadas se comprenda e implemente antes.*

b) *No es correcto. Los comentarios provienen de las partes interesadas y es poco probable que su aportación mejore su comprensión de los requisitos de sus propios usuarios.*

c) *No es correcto. Obtener comentarios de las partes interesadas desde el principio y con frecuencia durante el proceso de desarrollo de software puede resultar muy beneficioso. Facilita la comunicación temprana de posibles problemas de calidad, puede evitar malentendidos sobre los requisitos y garantiza que cualquier cambio en los requisitos de las partes interesadas se comprenda e implemente antes. Sin embargo, el hecho de que los cambios en los requisitos puedan entenderse e implementarse antes no significa que se fomenten cambios ilimitados en los requisitos.*

d) *No es correcto. La retroalimentación proviene de las partes interesadas y no cubre la comunicación con ellas. Las comunicaciones a los usuarios finales podrían incluir informarles sobre qué requisitos no se implementarán antes del lanzamiento, pero idealmente esto no debería suceder en absoluto.*

Mirar sección 4.2.1.

17. Pregunta 17 (1 Punto)

Dados los siguientes tipos de revisión:

1. Revisión técnica.

2. Revisión informal.

3. Inspección.

4. Tutorial.

Y las siguientes descripciones:

A) Incluye objetivos como lograr consenso, generar nuevas ideas y motivar a los autores a mejorar.

B) Incluye objetivos como educar a los revisores, lograr consenso, generar nuevas ideas y detectar defectos potenciales.

C) El objetivo principal es detectar defectos potenciales y requiere la recopilación de métricas para respaldar la mejora del proceso.

D) El objetivo principal es detectar defectos potenciales y no genera resultados documentados formales.

¿Cuál de las siguientes opciones coincide mejor con los tipos de reseñas y las descripciones?

a) 1A, 2B, 3C, 4D.

b) 1A, 2D, 3C, 4B.

c) 1B, 2C, 3D, 4A.

d) 1C, 2D, 3A, 4B.

Seleccione una opción.

Solución

Considerando cada uno de los tipos de revisión enumerados:

1. *Revisión técnica: este tipo de revisión la realizan revisores técnicamente calificados y está dirigida por un moderador. Los objetivos son lograr consenso y tomar decisiones sobre problemas técnicos, al mismo tiempo que se evalúa la calidad y se genera confianza en el producto del trabajo, se generan nuevas ideas, se motiva y capacita a los autores para mejorar y se detectan anomalías.*

2. *Revisión informal: el objetivo principal es detectar anomalías. El proceso no está definido y no requiere resultados documentados formales.*

3. *Inspección: este es el tipo de revisión más formal y sigue el proceso de revisión genérico completo. El objetivo principal es encontrar la mayor cantidad de anomalías, y otros objetivos incluyen evaluar la calidad y generar confianza en el producto del trabajo, motivar y permitir a los autores mejorar y recopilar métricas que puedan usarse para mejorar el ciclo de vida de desarrollo de software (SDLC), incluyendo el proceso de inspección. El autor no puede actuar como líder de revisión o escriba.*

4. *Tutorial: dirigido por el autor, este tipo de revisión cumple varios objetivos, como evaluar la calidad y generar confianza en el producto del trabajo, educar a los revisores, obtener consenso, generar nuevas ideas, motivar y permitir a los autores mejorar y detectar anomalías. Los revisores pueden realizar una revisión individual antes del recorrido, pero esto no es obligatorio.*

A) *Incluye objetivos como lograr consenso, generar nuevas ideas y motivar a los autores a mejorar (A).*

B) *El objetivo principal es detectar defectos potenciales y no genera resultados documentados formales (D).*

C) *El objetivo principal es detectar defectos potenciales y requiere la recopilación de métricas para respaldar la mejora del proceso (C).*

D) *Incluye objetivos como educar a los revisores, lograr consenso, generar nuevas ideas y detectar posibles defectos (B).*

Así que:

a) *No es correcto.*

b) *Es correcto. La coincidencia correcta es: 1A, 2D, 3C, 4B.*

c) *No es correcta.*

d) *No es correcta.*

Mirar sección 3.2.4.

18. Pregunta 18 (1 Punto)

¿Cuál de los siguientes es un factor que contribuye a una revisión exitosa?

a) Garantizar que la dirección participe como revisores.

b) Dividir los productos de trabajo grandes en partes más pequeñas.

c) Establecer como objetivo la evaluación del revisor.

d) Planee cubrir un documento por revisión.

Seleccione una opción.

Solución

a) *No es correcto. Para garantizar revisiones exitosas, es importante asegurar el apoyo de la administración para el proceso de revisión; sin embargo, eso no significa que deban participar como revisores.*

b) *Es correcto. Para garantizar revisiones exitosas, es importante dividir el producto de trabajo en partes que sean lo suficientemente pequeñas como para ser revisadas en un plazo de tiempo razonable para evitar que los revisores pierdan el enfoque durante la revisión individual o las reuniones de revisión.*

c) *No es correcto. Para garantizar revisiones exitosas, es importante definir claramente objetivos y criterios de salida mensurables, sin evaluar a los participantes.*

d) *No es correcto. Para garantizar revisiones exitosas, es importante dividir la revisión en partes más pequeñas para evitar que los revisores pierdan el enfoque durante la revisión individual o las reuniones de revisión. Por lo tanto, no debes planear cubrir un documento por revisión.*

Mirar sección 4.2.5.

19. Pregunta 19 (1 Punto)

¿Cuál es la principal diferencia entre las técnicas de prueba de caja negra y las técnicas de prueba basadas en la experiencia?

a) El objeto de prueba.

b) El nivel de prueba en el que se utiliza la técnica de prueba.

c) La base de la prueba.

d) El ciclo de vida de desarrollo de software (SDLC) en el que se puede utilizar la técnica de prueba.

Seleccione una opción.

Solución

a) *No es correcto. En la mayoría de los casos, se pueden utilizar tanto técnicas de prueba de caja negra como técnicas de prueba basadas en la experiencia para los mismos objetos de prueba.*

b) *No es correcto. Tanto las técnicas de prueba de caja negra como las técnicas de prueba basadas en la experiencia se pueden utilizar en todos los niveles de prueba.*

c) ***Es correcto. Las técnicas de prueba de caja negra (también conocidas como técnicas basadas en especificaciones) se basan en un análisis del comportamiento especificado del objeto de prueba sin referencia a su estructura interna. Por tanto, la base de la prueba suele ser una especificación. Las técnicas de prueba basadas en la experiencia utilizan eficazmente el conocimiento y la experiencia de los evaluadores para el diseño y la implementación de casos de prueba. Esto significa que el evaluador, al diseñar pruebas, puede no utilizar la especificación en absoluto.***

d) *No es correcto. Las técnicas de prueba basadas en la experiencia pueden detectar defectos que pueden pasarse por alto utilizando técnicas de prueba de caja negra (y caja blanca). Por lo tanto, las técnicas de prueba basadas en la experiencia son complementarias de las técnicas de prueba de caja negra y de la caja blanca, y tanto las técnicas de prueba de caja negra como las técnicas de prueba basadas en la experiencia se pueden utilizar en todos los SDLC.*

Mirar sección 5.1.1.

20. Pregunta 20 (1 Punto)

Está probando un validador de PIN, que acepta PIN válidos y rechaza PIN no válidos. Un PIN es una secuencia de dígitos. Un PIN es válido si consta de cuatro dígitos, de los cuales al menos dos son diferentes. Ha identificado las siguientes particiones de equivalencia válidas:

- Variable: longitud del código PIN.
  - La partición de “longitud correcta”: PIN de cuatro dígitos.
  - La partición tiene “longitud incorrecta”: PIN con una longitud distinta de 4.
- Variable: número de dígitos diferentes.
  - La partición “número de dígitos diferentes correcto”: PIN con al menos dos dígitos diferentes.
  - La partición “número de dígitos diferentes incorrecto”: PIN con todos los dígitos iguales.

¿Cuál de los siguientes es un conjunto mínimo de datos de prueba de entrada que cubre todas las particiones de equivalencia identificadas?

a) 1234, 12345, 1.

b) 111, 1111, 1112.

c) 1,1234.

d) 12345,1234.

Seleccione una opción.

Solución

a) *No es correcto. Estos tres valores logran una cobertura total de las particiones de equivalencia, pero se puede lograr una cobertura total con dos valores.*

b) *No es correcto. Estos tres valores logran una cobertura total de las particiones de equivalencia, pero se puede lograr una cobertura total con dos valores.*

c) *Es correcto. El valor "1" cubre "longitud incorrecta" y "número de dígitos diferentes incorrectos". El valor "1234" cubre "longitud correcta" y "número de dígitos diferentes correctos". Estos dos valores cubren las cuatro particiones de equivalencia identificadas.*

d) *No es correcto. Este conjunto no cubre la partición de equivalencia "número de dígitos diferentes incorrectos".*

Mirar sección 5.2.1.

21. Pregunta 21 (1 Punto)

W se pidió a un desarrollador que implementara la siguiente regla comercial:

INPUT: value (integer number).
IF (value ≤ 100 OR value ≥ 200) THEN write "value incorrect".
ELSE write "value OK".

Los casos de prueba se diseñan utilizando el análisis de valores límite de 2 valores.

¿Cuál de los siguientes conjuntos de entradas de prueba logra la mayor cobertura?

a) 100, 150, 200, 201.

b) 99, 100, 200, 201.

c) 98, 99, 100, 101.

d) 101, 150, 199, 200.

Seleccione una opción.

Solución

Las particiones de equivalencia son: {..., 99, 100}, {101, 102,..., 198, 199}, {200, 201,...}. Por lo tanto, hay 4 valores límite, que son: 100, 101, 199 y 200. En BVA de 2 valores, para cada valor límite hay dos elementos de cobertura (el valor límite y su vecino más cercano que pertenece a la partición adyacente). Como los vecinos más cercanos también son valores límite en la partición adyacente, solo hay cuatro elementos de cobertura.

Así que:

a) *No es correcta. Sólo 100 y 200 son artículos de cobertura válidos para BVA de 2 valores, por lo que logramos una cobertura del 50%.*

b) *No es correcto. Sólo 100 y 200 son artículos de cobertura válidos para BVA de 2 valores, por lo que logramos una cobertura del 50%.*

c) *No es correcto. Sólo 100 y 101 son artículos de cobertura válidos para BVA de 2 valores, por lo que logramos una cobertura del 50%.*

d) *Es correcto. 101, 199 y 200 son artículos de cobertura válidos para BVA de 2 valores, por lo que logramos una cobertura del 75%.*

Mirar sección 5.2.2.

22. Pregunta 22 (1 Punto)

Está trabajando en un proyecto para desarrollar un sistema para analizar los resultados de los exámenes de conducción. Se le ha pedido que diseñe casos de prueba basados en la siguiente tabla de decisiones.

	R1	R2	R3
C1: ¿Primer intento en el examen?	-	-	F
C2: ¿Examen teórico pasado?	T	F	-
C3: ¿Examen práctico pasado?	T	-	F
Expedir licencia de conducir	X		
¿Solicitudes adicionales de lecciones de conducir?			X
¿Solicitud para tomar el examen de nuevo?		X	

¿Qué datos de prueba mostrarán que hay reglas contradictorias en la tabla de decisiones?

  a) C1 = T, C2 = T, C3 = F

  b) C1 = T, C2 = F, C3 = T

  c) C1 = T, C2 = T, C3 = T y C1 = F, C2 = T, C3 = T

  d) C1 = F, C2 = F, C3 = F

Seleccione una opción.

Solución

  a) *No es correcto. La combinación (T, T, F) no coincide con ninguna regla. Este es un ejemplo de omisión, no una contradicción.*

  b) *No es correcto. La combinación (T, F, T) coincide solo con una columna, R2, por lo que no hay contradicción.*

  c) *No es correcto. Ambas combinaciones (T, T, T) y (F, T, T) coinciden solo con una columna, R1, por lo que no hay contradicción.*

  d) *Es correcto. La combinación (F, F, F) coincide con R2 y R3, pero R2 y R3 tienen acciones diferentes, por lo que esto muestra una contradicción entre R2 y R3.*

Mirar sección 5.2.3.

23. Pregunta 23 (1 Punto)

Está diseñando casos de prueba basados en el siguiente diagrama de transición de estado:

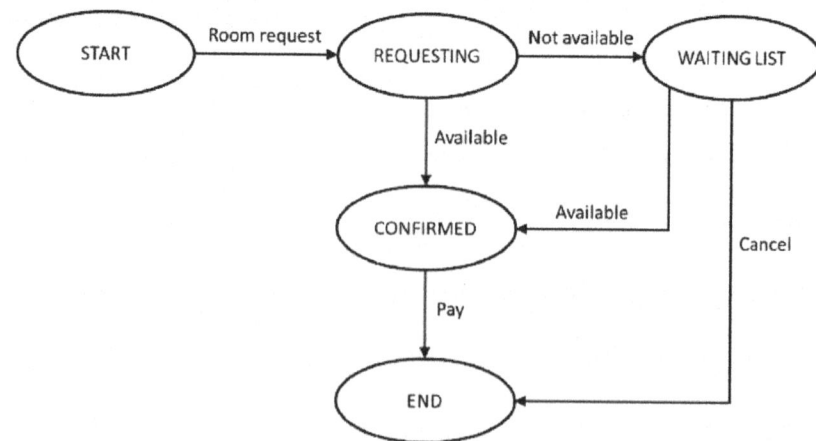

¿Cuál es el número mínimo de casos de prueba necesarios para lograr una cobertura de transiciones válida al 100 %?

a) 3.

b) 2.

c) 5.

d) 6.

Seleccione una opción.

Solución

Las siguientes tres transiciones:

"SOLICITANDO -> CONFIRMADO" "LISTA DE ESPERA -> CONFIRMADO" "LISTA DE ESPERA -> FINALIZAR".

No puede aparecer en el mismo caso de prueba, lo que sugiere que se requieren al menos tres casos de prueba. Todas las demás transiciones pueden aparecer en combinación con una o más de estas tres transiciones, por lo que necesitamos un mínimo de tres casos de prueba. De hecho, sólo son posibles tres secuencias:

▼ *CP1:*

- *INICIO (Solicitud de habitación).*
- *SOLICITANDO (Disponible).*
- *CONFIRMADO (Pago).*
- *FIN.*

▼ *CP2:*

- *INICIO (Solicitud de habitación).*
- *SOLICITANDO (No disponible).*
- *LISTA DE ESPERA (Disponible).*
- *CONFIRMADO (Pagar).*
- *FIN.*

▼ *TC3:*

- *INICIO (Solicitud de habitación).*
- *SOLICITANDO (No disponible).*
- *LISTA DE ESPERA (Cancelar).*
- *FIN.*

Así que:

   a) *Es correcto.*

   b) *No es correcto.*

   c) *No es correcto.*

   d) *No es correcto.*

Mirar sección 5.2.4.

24. Pregunta 24 (1 Punto)

Desea aplicar pruebas de rama al código representado por el siguiente gráfico de flujo de control.

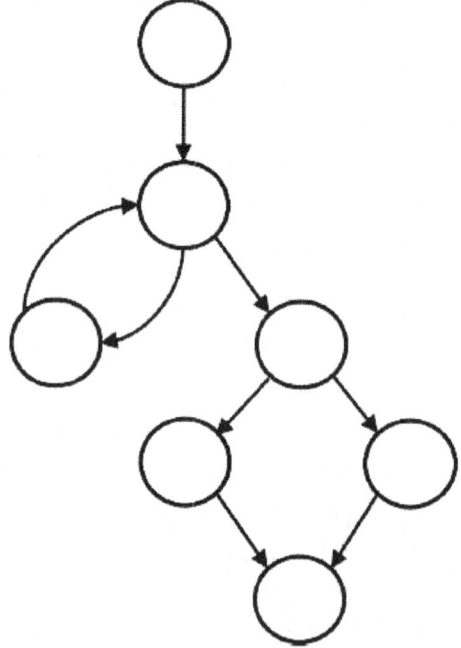

¿Cuántos elementos de cobertura necesita probar?

   a) 2.

   b) 4.

   c) 8.

   d) 7.

Seleccione una opción.

Solución

En las pruebas de rama, los elementos de cobertura son ramas, que están representados por los bordes de un gráfico de flujo de control. Hay 8 aristas en el gráfico de flujo de control.

Así que:

   a) *No es correcto.*

   b) *No es correcto.*

   c) *Es correcto.*

   d) *No es correcto.*

Mirar sección 5.3.2.

25. Pregunta 25 (1 Punto)

¿Cómo pueden ser útiles las pruebas de caja blanca para respaldar las pruebas de caja negra?

   a) Las medidas de cobertura de caja blanca pueden ayudar a los evaluadores a evaluar las pruebas de caja negra en términos de la cobertura de código lograda por estas pruebas de caja negra.

   b) El análisis de cobertura de caja blanca puede ayudar a los evaluadores a identificar fragmentos inalcanzables del código fuente.

   c) Las pruebas de sucursal incluyen técnicas de prueba de caja negra, por lo que lograr una cobertura total de la sucursal garantiza lograr una cobertura total de cualquier técnica de caja negra.

   d) Las técnicas de prueba de caja blanca pueden proporcionar elementos de cobertura para las técnicas de caja negra.

Seleccione una opción.

Solución

   a) *Es correcto. Realizar únicamente pruebas de caja negra no proporciona una medida de la cobertura real del código. Las medidas de cobertura de caja blanca proporcionan una medición objetiva de la cobertura y proporcionan la información necesaria para permitir que se generen pruebas adicionales para aumentar esta cobertura y, posteriormente, aumentar la confianza en el código.*

b) *No es correcto. Esta afirmación es falsa y además no responde la pregunta (no tiene nada que ver con las pruebas de caja negra).*

c) *No es correcto. En general, no existen relaciones subsume entre las técnicas de caja blanca y de caja negra.*

d) *No es correcto. Las técnicas de caja blanca se utilizan para diseñar pruebas basadas en el propio objeto de prueba, mientras que las técnicas de caja negra se utilizan para diseñar pruebas basadas en la especificación. Por tanto, no existe relación entre las partidas de cobertura derivadas de estos dos tipos de técnicas.*

Mirar sección 5.3.3.

26. Pregunta 26 (1 Punto)

Considere la siguiente lista:

- ▶ Entrada correcta no aceptada.
- ▶ Se aceptan entradas incorrectas.
- ▶ Formato de salida incorrecto.
- ▶ División por cero.

¿Qué técnica de prueba utiliza más probablemente el evaluador que utiliza esta lista al realizar la prueba?

a) Pruebas exploratorias.

b) Ataque de falla.

c) Pruebas basadas en listas de verificación.

d) Análisis de valor límite.

Seleccione una opción.

Solución

a) *No es correcto. Las pruebas exploratorias utilizan cartas de prueba, no una lista de posibles defectos/fallas. Aunque las pruebas exploratorias pueden incorporar el uso de otras técnicas de prueba, en este caso el ataque a fallos es la opción más probable.*

b) *Es correcto. Esta es una lista de posibles fallos. Los ataques a fallas son un enfoque metódico para la implementación de la adivinación de errores y requieren que el evaluador cree o adquiera una lista de posibles errores, defectos y fallas, y que diseñe pruebas que identifiquen defectos asociados con los errores, expongan los defectos o causen el error. Fracasos.*

c) *No es correcto. El evaluador utiliza una lista de verificación de elementos para respaldar sus pruebas. Tanto la adivinación de errores como las pruebas basadas en listas de verificación utilizan dichas listas; sin embargo, la lista aquí es de posibles fallas, no de condiciones de prueba, por lo que la técnica de prueba más probable es el ataque de fallas, que se enfoca en errores, defectos y fallas.*

d) *No es correcto. BVA se basa en un análisis de los valores límite de las particiones de equivalencia. La lista anterior no menciona las particiones de equivalencia ni sus límites.*

Mirar sección 5.4.1.

27. Pregunta 27 (1 Punto)

¿Cuál de las siguientes opciones describe mejor cómo el uso de pruebas basadas en listas de verificación puede dar como resultado una mayor cobertura?

a) Los elementos de la lista de verificación se pueden definir con un nivel de detalle suficientemente bajo, de modo que el evaluador pueda implementar y ejecutar casos de prueba detallados basados en estos elementos.

b) Las listas de verificación se pueden automatizar, de modo que cada vez que la ejecución de una prueba automatizada cubra los elementos de la lista de verificación, se obtendrá una cobertura adicional.

c) Cada elemento de la lista de verificación debe probarse por separado e independientemente, de modo que los elementos cubran diferentes áreas del software.

d) Dos evaluadores que diseñan y ejecutan pruebas basadas en los mismos elementos de la lista de verificación de alto nivel normalmente realizarán las pruebas de maneras ligeramente diferentes.

Seleccione una opción.

Solución

a) *No es correcto. Si bien es cierto que el evaluador puede implementar y ejecutar casos de prueba detallados basados en la lista de verificación, no explica cómo esto resultaría en una mayor cobertura.*

b) *No es correcto. Los elementos de la lista de verificación no deben automatizarse. Pero incluso si lo son, los scripts de prueba automatizados siempre ejecutan las pruebas de la misma manera, lo que generalmente no resulta en una mayor cobertura.*

c) *No es correcto. Es cierto que cada elemento de la lista de verificación debe probarse por separado e independientemente. Pero esto afecta el orden de ejecución de la prueba y no afecta la cobertura lograda, por lo que no resulta en una mayor cobertura.*

d) *Es correcto. Si las listas de verificación son de alto nivel, es probable que se produzca cierta variabilidad en las pruebas reales, lo que dará lugar a una cobertura potencialmente mayor, pero a una menor repetibilidad. Si dos evaluadores siguen una lista de verificación de elementos de alto nivel, cada uno de ellos puede usar diferentes datos de prueba, pasos de prueba, etc. De esta manera, un evaluador probablemente cubrirá algunas áreas no cubiertas por el otro evaluador y esto dará como resultado una mayor cobertura.*

Mirar sección 5.4.3.

28. Pregunta 28 (1 Punto)

¿Cuál de los siguientes proporciona el mejor ejemplo de un criterio de aceptación orientado a escenarios?

a) La aplicación debe permitir a los usuarios eliminar su cuenta y todos los datos asociados previa solicitud.

b) Cuando un cliente agrega un artículo a su carrito y procede al pago, se le debe solicitar que inicie sesión o cree una cuenta si aún no lo ha hecho.

c) SI (contiene (producto (23). Nombre, carrito. Productos ())) Entonces devuelve Falso.

d) El sitio web debe cumplir con los Estándares 508 de Accesibilidad a las TIC y garantizar que todo el contenido sea accesible para usuarios con discapacidades.

Seleccione una opción.

Solución

a) *No es correcto. Este criterio de aceptación describe qué reglas o regulaciones debe cumplir el sistema (en este caso, el derecho al olvido). Este es un ejemplo de un criterio de aceptación orientado a reglas.*

b) *Es correcto. Este criterio de aceptación describe un escenario de ejemplo que debe ser realizable por el sistema. Este es un ejemplo de un criterio de aceptación orientado a escenarios.*

c) *No es correcto. Esta oración se parece más a una línea de código que implementa alguna regla comercial. Los criterios de aceptación deben redactarse en colaboración con los representantes comerciales y, por lo tanto, deben redactarse en un lenguaje que comprendan. Lo más probable es que esta frase resulte ininteligible para estas partes interesadas.*

d) *No es correcto. Este criterio de aceptación describe qué reglas o regulaciones debe cumplir el sistema y cómo se garantizará el cumplimiento. Por lo tanto, este es un ejemplo de un criterio de aceptación orientado a reglas, no un criterio de aceptación basado en escenarios.*

Mirar sección 5.5.2.

29. Pregunta 29 (1 Punto)

Está utilizando el desarrollo basado en pruebas de aceptación y diseñando casos de prueba basados en la siguiente historia de usuario:

Como usuario Regular o Especial, quiero poder utilizar mi tarjeta de piso electrónica, para acceder a pisos específicos.

Criterios de aceptación:

- AC1: los usuarios habituales tienen acceso a los pisos 1 al 3.
- AC2: el piso 4 solo es accesible para usuarios especiales.
- AC3: los usuarios especiales tienen todos los derechos de acceso de los usuarios regulares.

¿Qué caso de prueba es el más razonable para probar AC3?

a) Comprobar que un usuario regular puede acceder a los pisos 1 y 3.

b) Comprobar que un usuario regular no pueda acceder al piso 4.

c) Comprobar que un usuario especial puede acceder al piso 5.

d) Comprobar que un usuario especial puede acceder a los pisos 1, 2 y 3.

Seleccione una opción.

Solución

a) *No es correcto. Queremos verificar que los usuarios especiales tengan los derechos de los usuarios regulares, por lo que debemos probar los derechos de acceso para un usuario especial, no para un usuario regular.*

b) *No es correcto. Queremos verificar que los usuarios especiales tengan los derechos de los usuarios regulares, por lo que debemos probar los derechos de acceso para un usuario especial, no para un usuario regular.*

c) *No es correcto. No existe ningún piso 5 descrito en los criterios de aceptación. Los casos de prueba no deben ampliar el alcance de la historia del usuario. Pero incluso si quisiéramos realizar una prueba negativa, esta prueba no está directamente relacionada con AC3.*

d) *Es correcto. De esta manera podemos comprobar si un usuario especial puede acceder a pisos a los que puede acceder un usuario regular.*

Mirar sección 5.5.3.

30. Pregunta 30 (1 Punto)

¿Cuál de los siguientes no es un propósito de un plan de prueba?

a) Definir datos de prueba y resultados esperados para pruebas de componentes y pruebas de integración de componentes.

b) Definir como criterio de salida del nivel de prueba de componentes que "se debe alcanzar el 100% de cobertura del estado de cuenta y el 100% de cobertura de sucursales".

c) Describir qué campos debe contener el informe de progreso de la prueba y cuál debe ser la forma de este informe.

d) Explicar por qué las pruebas de integración del sistema se excluirán de las pruebas, aunque la estrategia de prueba requiere este nivel de prueba.

Seleccione una opción.

Solución

a) *Es correcto. El plan de prueba puede incluir requisitos de datos de prueba (como parte del enfoque de prueba), pero no los datos de prueba detallados para los casos de prueba. Los datos de prueba son parte de los casos de prueba, no del plan de prueba. Además, normalmente es imposible definir dichos datos cuando se crea el plan de prueba, porque no se sabe exactamente cómo serán los componentes.*

b) *No es correcto. Uno de los propósitos de un plan de prueba es ayudar a garantizar que las actividades de prueba realizadas cumplan con los criterios establecidos, al incluir criterios de entrada y criterios de salida. Los criterios de cobertura del código son un ejemplo de dichos criterios para el nivel de prueba de componentes.*

c) *No es correcto. Las plantillas de documentación son el contenido típico de un plan de prueba. Esto ayuda a facilitar la comunicación entre las partes interesadas al definir una forma estándar de comunicación o presentación de informes.*

d) *No es correcto. Uno de los propósitos de un plan de pruebas es demostrar que las pruebas se adherirán a la política y estrategia de pruebas existentes, o explicar por qué las pruebas se desviarán de ellas. Este es un ejemplo de cómo explicar la desviación, con respecto a los niveles de prueba que se seguirán (o no).*

Mirar sección 6.1.1.

31. Pregunta 31 (1 Punto)

Al comienzo de cada iteración, el equipo estima la cantidad de trabajo (en días-persona) que necesitarán completar durante la iteración. Sea E(n) la cantidad de trabajo estimada para la iteración n, y sea A(n) la cantidad real de trabajo realizado en la iteración n. A partir de la tercera iteración, el equipo utiliza el siguiente modelo de estimación basado en extrapolación: $(n)=3*A(n-1)+A(n-2)4$

El gráfico muestra la cantidad de trabajo estimada y real para las primeras cuatro iteraciones.

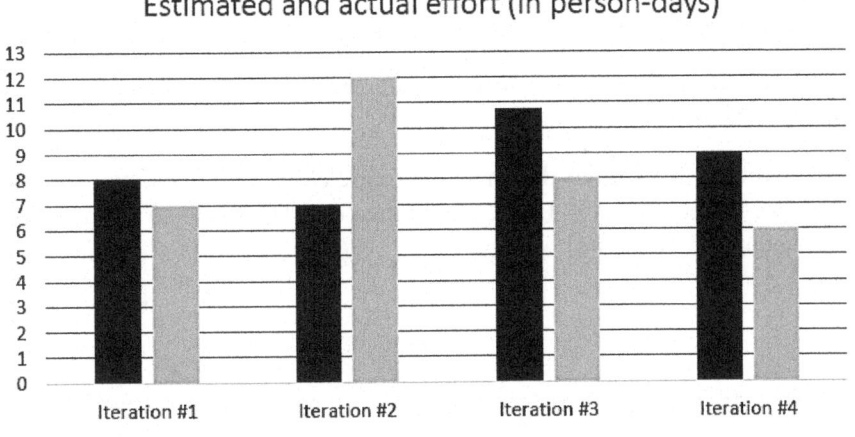

Estimated and actual effort (in person-days)

¿Cuál es la cantidad estimada de trabajo para la iteración N° 5?

   a) 10,5 días-persona.

   b) 8,25 días-persona.

   c) 6,5 días-persona.

   d) 9,4 días-persona.

Seleccione una opción.

Solución

Del gráfico tenemos: A(4)=6 y A(3)=8 (los dos últimos cuadros grises).

De la fórmula obtenemos: E(5) = (3*A(4) + A(3)) / 4 = (3*6+8) / 4 = 26 / 4 = 6,5 días-persona.

Así que:

   a) *No es correcto.*

   b) *No es correcto.*

   c) *Es correcto.*

   d) *No es correcto.*

Mirar la sección 6.1.4

32. Pregunta 32 (1 Punto)

Está preparando un programa de ejecución de pruebas para ejecutar siete casos de prueba TC 1 a TC 7.

La siguiente figura incluye las prioridades de estos casos de prueba (1 = prioridad más alta, 3 = prioridad más baja).

La figura también muestra las dependencias entre casos de prueba mediante flechas. Por ejemplo, la flecha de TC 4 a TC 5 significa que TC 5 solo se puede ejecutar si TC 4 se ejecutó previamente.

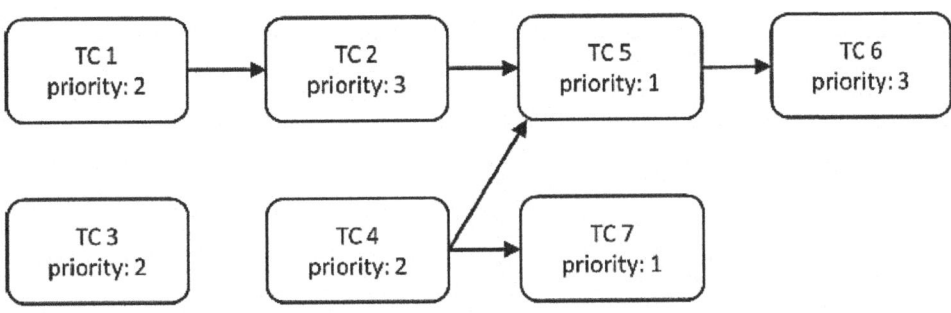

¿Qué caso de prueba debería ejecutarse en sexto lugar?

    a) CT 3.

    b) CT 5.

    c) CT 6.

    d) CT 2.

Seleccione una opción.

Solución

Queremos ejecutar casos de prueba según sus prioridades, pero también debemos considerar las dependencias.

Si solo consideramos las prioridades, primero queremos ejecutar TC 5 y TC 7 (prioridad más alta), luego TC 1, TC 3 y TC 4, y finalmente TC 2 y TC 6 (prioridad más baja).

Sin embargo, para ejecutar TC 7, primero debemos ejecutar TC 4. Para ejecutar TC 5, necesitamos ejecutar TC 4 y TC 2, pero TC 2 está bloqueado por TC 1, que debe ejecutarse antes de TC 2.

Entonces, para ejecutar casos de prueba de prioridad 1 lo antes posible, los primeros cinco casos de prueba deben ser: TC 4–TC 7–TC 1–TC 2–TC 5.

A continuación, necesitamos ejecutar TC 3, porque tiene mayor prioridad que TC 6. Por lo tanto, el cronograma completo será TC 4 – TC 7 – TC 1 – TC 2 – TC 5 – TC 3 – TC 6.

Por lo tanto, el sexto caso de prueba será TC 3.

Así que:

a) *Es correcto.*

b) *No es correcto.*

c) *No es correcto.*

d) *No es correcto.*

33. Pregunta 33 (1 Punto)

¿Qué muestra el modelo piramidal de prueba?

a) Que las pruebas pueden tener diferentes prioridades.

b) Que las pruebas pueden tener diferente granularidad.

c) Que las pruebas pueden requerir criterios de cobertura diferentes.

d) Que las pruebas pueden depender de otras pruebas.

Seleccione una opción.

Solución

a) *No es correcto. El modelo de pirámide de pruebas no proporciona información sobre las prioridades de las pruebas.*

b) *Es correcto. El modelo de pirámide de pruebas muestra que diferentes pruebas tienen diferentes niveles de granularidad.*

c) *No es correcto. El modelo piramidal de prueba es independiente de los criterios de cobertura.*

d) *No es correcto. El modelo de pirámide de pruebas no muestra ninguna relación entre diferentes pruebas.*

Mirar sección 6.1.6.

34. Pregunta 34 (1 Punto)

¿Cuál es la relación entre los cuadrantes de prueba, los niveles de prueba y los tipos de prueba?

a) Los cuadrantes de prueba representan combinaciones particulares de niveles y tipos de prueba, definiendo su ubicación en el ciclo de vida del desarrollo de software.

b) Los cuadrantes de prueba describen el grado de granularidad de los tipos de prueba individuales realizados en cada nivel de prueba.

c) Los cuadrantes de prueba asignan los tipos de prueba que se pueden realizar a los niveles de prueba.

d) Los cuadrantes de prueba agrupan niveles de prueba y tipos de prueba según varios criterios, como dirigirse a partes interesadas específicas.

Seleccione una opción.

Solución

a) *No es correcto. Los cuadrantes de prueba agrupan los niveles y tipos de prueba por separado según varios criterios. No representan ninguna combinación de niveles y tipos de prueba y no están relacionados con ninguna ubicación dentro del ciclo de vida de desarrollo de software. Tanto los niveles como los tipos de prueba se tratan por separado en el modelo de cuadrantes de prueba.*

b) *No es correcto. Los cuadrantes de prueba agrupan niveles y tipos de pruebas según varios criterios. No describen el grado de granularidad de los tipos de pruebas individuales realizados en cada nivel de prueba. Este modelo, en cuanto a los niveles de prueba, se llama pirámide de prueba.*

c) *No es correcto. La afirmación es incorrecta porque, en general, cualquier tipo de prueba se puede realizar en cualquier nivel de prueba.*

d) *Es correcto. Los cuadrantes de prueba agrupan niveles de prueba, tipos de prueba, actividades, técnicas de prueba y productos de trabajo en el desarrollo de software ágil. En este modelo, las pruebas pueden estar orientadas al negocio o a la tecnología. Las pruebas pueden apoyar al equipo (es decir, guiar el desarrollo) o criticar el producto (es decir, medir su comportamiento frente a las expectativas). La combinación de estos dos puntos de vista determina los cuatro cuadrantes.*

Mirar sección 6.1.7.

35. Pregunta 35 (1 Punto)

¿Cuál de los siguientes es un ejemplo de cómo el análisis de riesgos del producto puede influir en la minuciosidad y el alcance de las pruebas?

a) El seguimiento continuo del riesgo nos permite identificar el riesgo emergente lo antes posible.

b) La identificación de riesgos nos permite implementar actividades de mitigación de riesgos y reducir el nivel de riesgo.

c) El nivel de riesgo evaluado nos ayuda a seleccionar el rigor de las pruebas.

d) El análisis de riesgos nos permite derivar partidas de cobertura.

Seleccione una opción.

Solución

a) *No es correcto. El monitoreo de riesgos es parte del control de riesgos, no del análisis de riesgos.*

b) *No es correcto. La identificación de riesgos en sí misma no nos permite implementar actividades de mitigación de riesgos. Las acciones mitigadoras se definen durante la fase de control de riesgos.*

c) *Es correcto. Este es un ejemplo de cómo el análisis de riesgos influye en la minuciosidad y el alcance de las pruebas.*

d) *No es correcto. Los elementos de cobertura se obtienen mediante técnicas de prueba, no mediante análisis de riesgos.*

Mirar sección 6.2.3.

36. Pregunta 36 (1 Punto)

¿Cuál de las siguientes actividades en el proceso de prueba hace mayor uso de los informes de progreso de la prueba?

a) Diseño de prueba.

b) Finalización de la prueba.

c) Análisis de pruebas.

d) Planificación de pruebas.

Seleccione una opción.

Solución

a) *No es correcto. Los informes de progreso de las pruebas se utilizan principalmente durante el monitoreo y control de las pruebas, y durante su finalización, no durante el diseño de las pruebas.*

b) *Es correcto. Un informe de finalización de la prueba se prepara durante la finalización de la prueba, cuando un proyecto, nivel de prueba o tipo de prueba está completo y cuando, idealmente, se han cumplido sus criterios de salida. Este informe utiliza información de los informes de progreso de las pruebas y otros datos.*

c) *No es correcto. Los informes de progreso de las pruebas se utilizan principalmente durante el seguimiento y control de las pruebas, y durante su finalización, no durante el análisis de las pruebas.*

d) *No es correcto. Los informes de progreso de las pruebas se utilizan más durante el monitoreo y control de las pruebas, y durante su finalización, no durante la planificación de las pruebas.*

Mirar sección 6.3.2.

37. Pregunta 37 (1 Punto)

¿Cuál de los siguientes no es un ejemplo de cómo la gestión de la configuración respalda las pruebas?

a) Todas las confirmaciones al repositorio están identificadas de forma única y controladas por versión.

b) Se realiza un seguimiento de todos los cambios en los elementos del entorno de prueba.

c) Todas las especificaciones de requisitos se mencionan sin ambigüedades en los planes de prueba.

d) Todos los defectos identificados tienen un estado asignado.

Seleccione una opción.

Solución

a) *No es correcto. Cuando un usuario informa de un fallo de software, gracias a la identificación única de los commits, es posible volver a ensamblar los archivos de la versión de software que utilizó el usuario (así como las versiones correspondientes de los scripts de prueba) y así reproducir el fallo, y localizar el defecto más rápido.*

b) *No es correcto. Si un cambio en el entorno de prueba causa problemas inesperados durante las pruebas, la gestión de la configuración permite a los evaluadores retroceder a una versión anterior del entorno. Esto garantiza que las pruebas puedan continuar sin verse afectadas por el cambio.*

c) *No es correcto. La gestión de la configuración garantiza que toda la documentación identificada (por ejemplo, especificaciones de requisitos) y elementos de software estén referenciados sin ambigüedades en la documentación de prueba (por ejemplo, planes de prueba).*

d) *Es correcto. Esto lo garantiza la gestión de defectos, no el proceso de gestión de la configuración.*

Mirar sección 6.4.1.

38. Pregunta 38 (1 Punto)

Considere el siguiente informe de defectos para una aplicación de compras basada en web:

- ► Aplicación: WebShop v0.99
- ► Defecto: el botón de inicio de sesión no funciona.
- ► Pasos para reproducir:

  - Inicie el sitio web, haga clic en el botón de inicio de sesión.

  - Resultado esperado: el usuario debe redirigirse a la página de inicio de sesión. Resultado real: el botón de inicio de sesión no responde cuando se hace clic.

  - Gravedad: Alta Prioridad: urgente.

¿Cuál es la información más importante que falta en este informe?

a) Nombre del evaluador y fecha del informe.

b) Elementos del entorno de prueba y sus números de versión.

c) Identificación del objeto de prueba.

d) Impacto en los intereses de las partes interesadas.

Seleccione una opción.

Solución

a) *No es correcto. Esto es importante, pero no tanto como los elementos del entorno de prueba.*

b) *Es correcto. Lo importante que falta es la identificación del navegador y del dispositivo utilizado para la prueba. La información del navegador y del dispositivo es importante porque dicho defecto puede ser específico del navegador o del dispositivo. Por ejemplo, un botón de inicio de sesión puede funcionar bien en un navegador (o en una versión de un navegador específico) pero no en otro. Por lo tanto, la información del navegador y del dispositivo puede ayudar a los desarrolladores a reproducir el problema y encontrar la causa raíz del problema más rápidamente.*

c) *No es correcto. Se identifica el objeto de prueba (WebShop v0.99).*

d) *No es correcto. El impacto está incluido: esto es gravedad (alta).*

Mirar sección 6.5.1.

39. Pregunta 39 (1 Punto)

¿Herramientas de cuál de las siguientes categorías ayudan con la organización de casos de prueba, defectos detectados y gestión de configuración?

a) Herramientas de ejecución y cobertura de pruebas.

b) Herramientas de diseño e implementación de pruebas.

c) Herramientas de gestión de defectos.

d) Herramientas de gestión de pruebas.

Seleccione una opción.

Solución

a) *No es correcto. Las herramientas de cobertura y ejecución de pruebas facilitan la ejecución automatizada de casos de prueba y la medición de la cobertura lograda al ejecutar esos casos de prueba. Sin embargo, estas herramientas no ayudan con la organización de defectos y la gestión de la configuración.*

b) *No es correcto. Las herramientas de diseño e implementación de pruebas facilitan la generación de casos de prueba, datos de prueba y procedimientos de prueba, pero no ayudan con la organización de defectos y la gestión de la configuración.*

c) *No es correcto. Las herramientas de gestión de defectos se utilizan para gestionar defectos, pero no son herramientas de prueba y no se utilizan para organizar casos de prueba o gestión de configuración.*

d) *Es correcto. Las herramientas de gestión de pruebas aumentan la eficiencia del proceso de pruebas al facilitar la gestión del ciclo de vida de desarrollo de software (SDLC), los requisitos, las pruebas, los defectos y la gestión de la configuración.*

Mirar sección 7.1.1.

40. Pregunta 40 (1 Punto)

¿Cuál de las siguientes opciones es más probable que sea un beneficio de la automatización de pruebas?

a) La capacidad de generar casos de prueba sin acceso a la base de prueba.

b) El logro de una mayor cobertura mediante una evaluación más objetiva.

c) El aumento de los tiempos de ejecución de pruebas disponibles con mayor potencia de procesamiento.

d) La prevención de errores humanos mediante una mayor coherencia y repetibilidad.

Seleccione una opción.

Solución

a) *No es correcto. Las herramientas de cobertura y ejecución de pruebas facilitan la ejecución automatizada de casos de prueba y la medición de la cobertura lograda al ejecutar esos casos de prueba. Sin embargo, estas herramientas no ayudan con la organización de defectos y la gestión de la configuración.*

b) *No es correcto. Las herramientas de diseño e implementación de pruebas facilitan la generación de casos de prueba, datos de prueba y procedimientos de prueba, pero no ayudan con la organización de defectos y la gestión de la configuración.*

c) *No es correcto. Las herramientas de gestión de defectos se utilizan para gestionar defectos, pero no son herramientas de prueba y no se utilizan para organizar casos de prueba o gestión de configuración.*

d) *Es correcto. Las herramientas de gestión de pruebas aumentan la eficiencia del proceso de pruebas al facilitar la gestión del ciclo de vida de desarrollo de software (SDLC), los requisitos, las pruebas, los defectos y la gestión de la configuración.*

Mirar sección 7.2.1.

8.6 RESPUESTAS EXAMEN MODELO TIPO D

1. Pregunta 1 (1 Punto)

¿Cuál de los siguientes es un objetivo de prueba típico?

a) Encontrar y reparar defectos en el objeto de prueba.

b) Mantener comunicaciones efectivas con los desarrolladores.

c) Validar que se han cumplido los requisitos legales.

d) Generar confianza en la calidad del objeto de prueba.

Seleccione una opción.

Solución

a) *No es correcto. Encontrar y reparar defectos en el objeto de prueba no es un objetivo de prueba típico ya que, aunque identificar defectos es un objetivo de la prueba, corregir defectos no es una actividad de prueba.*

b) *No es correcto. Mantener comunicaciones efectivas con los desarrolladores no es un objetivo de prueba típico ya que, si bien es útil para lograr otros objetivos de las pruebas, como brindar a las partes interesadas información que les permita tomar decisiones informadas, no es una razón principal para realizar pruebas.*

c) *No es correcto. Validar que se han cumplido los requisitos legales no es un objetivo típico de prueba porque la validación se ocupa de verificar si el sistema satisface las necesidades de los usuarios y otras partes interesadas en su entorno operativo. Comprobar que se han cumplido los requisitos legales es una forma de verificación.*

d) *Es correcto. Generar confianza en la calidad del objeto de prueba se logra ejecutando pruebas que pasan.*

Mirar sección 2.1.1.

2. Pregunta 2 (1 Punto)

Un diseñador documenta un diseño para una interfaz de usuario que no se dirige adecuadamente a los usuarios discapacitados porque el diseñador está cansado. El programador implementa la interfaz de usuario de acuerdo con el diseño, pero como trabaja bajo una gran presión de tiempo, no incluye un manejo de excepciones adecuado en el código de su programa para los cálculos de bonificación. Cuando se utiliza el sistema operativo, algunos usuarios discapacitados presentan quejas sobre la interfaz y posteriormente la empresa es multada por la autoridad reguladora pertinente. Nadie se da cuenta de que los cálculos de las bonificaciones a veces son incorrectos.

¿Cuál de las siguientes afirmaciones es correcta?

a) El error de cálculo de las bonificaciones es un defecto que se presenta ocasionalmente.

b) La multa recibida por no atender a algunos usuarios discapacitados es una falta.

c) El programador que trabaja bajo una gran presión de tiempo es la causa principal.

d) El diseño de la interfaz de usuario incluye un error de diseño.

Seleccione una opción.

Solución

a) *No es correcto. El error de cálculo de las bonificaciones es un fallo del sistema, no un defecto.*

b) *No es correcto. El hecho de que el sistema no apoye adecuadamente a los usuarios discapacitados es un fallo que eventualmente resulta en una multa, pero la multa en sí no es un fallo (parece ser el correcto funcionamiento del sistema regulatorio).*

c) *Es correcto. El error lo comete el programador y este error se debe a que trabajan bajo una gran presión de tiempo, que es la causa principal del defecto posterior.*

d) *No es correcto. El mal diseño de la interfaz de usuario, que no se dirige adecuadamente a los usuarios discapacitados, es un defecto de diseño causado por un error del diseñador. Por tanto, el diseño de la interfaz de usuario incluye un defecto de diseño, no un error de diseño.*

Mirar sección 2.2.3.

3. Pregunta 3 (1 Punto)

Los evaluadores utilizan condiciones de prueba de alto nivel para generar casos de prueba y ejecutar pruebas. Aunque las condiciones de prueba siguen siendo las mismas, los casos de prueba varían cada vez. ¿Cuál de los siguientes "principios de prueba" se aborda mediante la variación de casos de prueba?

a) Las pruebas se desgastan.

b) Falacia de ausencia de defectos.

c) Las pruebas tempranas ahorran tiempo y dinero.

d) Los defectos se agrupan.

Seleccione una opción.

Solución

a) *Es correcto. El principio de "desgaste de las pruebas" tiene que ver con la idea de que es poco probable que la repetición de pruebas idénticas en código inalterado descubra defectos nuevos y, por lo tanto, modificar las pruebas puede ser esencial. Al utilizar condiciones de prueba de alto nivel para generar nuevas pruebas cada vez, las pruebas no serán idénticas y no deberían "desgastarse".*

b) *No es correcto. El principio de la "falacia de ausencia de defectos" se ocupa de garantizar que se satisfagan las necesidades de los usuarios incluso si se realizan muchas pruebas y no se encuentran defectos (es decir, la validación también es necesaria). El uso de condiciones de prueba de alto nivel para generar casos de prueba y ejecutar pruebas no aborda directamente esta preocupación.*

c) *No es correcto. El principio de "las pruebas tempranas ahorran tiempo y dinero" se refiere a corregir los defectos desde el principio para evitar la aparición de defectos posteriores en los productos de trabajo derivados, reduciendo así los costos y la probabilidad de fallas. Por lo general, esto se soluciona iniciando las pruebas (tanto estáticas como dinámicas) lo antes posible, pero no se soluciona mediante el uso de condiciones de prueba de alto nivel para generar casos de prueba y ejecutar pruebas.*

d) *No es correcto. El principio de "agrupación de defectos" se ocupa de la distribución de defectos en un sistema, que normalmente sigue una distribución de Pareto. El uso de condiciones de prueba de alto nivel para generar casos de prueba y ejecutar pruebas no aborda esta preocupación, que generalmente se aborda mediante pruebas basadas en riesgos.*

Mirar sección 2.3.

4. Pregunta 4 (1 Punto)

Dadas las siguientes tareas de prueba:

1. Derivar casos de prueba a partir de condiciones de prueba.

2. Identificar software de prueba reutilizable.

3. Organice los casos de prueba en procedimientos de prueba.

4. Evaluar la base de la prueba y el objeto de la prueba.

Y las siguientes actividades de prueba:

A) Análisis de prueba.

B) Diseño de prueba.

C) Implementación de pruebas.

D) Finalización de la prueba.

¿Cuál de las siguientes opciones combina mejor las tareas con las actividades?

a) 1B, 2A, 3D, 4C.

b) 1B, 2D, 3C, 4A.

c) 1C, 2A, 3B, 4D.

d) 1C, 2D, 3A, 4B.

Seleccione una opción.

Solución

Considerando cada una de las actividades de prueba enumeradas y sus tareas:

A) *Análisis de prueba: para identificar las características que requieren prueba, la base de la prueba se analiza y define como condiciones de prueba, que luego se priorizan junto con los riesgos relacionados. Durante este análisis de prueba, normalmente se descubren defectos en la base de prueba y también se puede evaluar la capacidad de prueba del objeto de prueba. (Tarea 4).*

B) *Diseño de pruebas: implica el uso de condiciones de prueba para crear casos de prueba y otro software de prueba necesario, como requisitos de datos de prueba y cartas de prueba para pruebas exploratorias. (Tarea 1).*

C) *Implementación de pruebas: los procedimientos de prueba, como los scripts de prueba manuales y automatizados, se crean a partir de casos de prueba y pueden ensamblarse en conjuntos de pruebas. Los procedimientos de prueba se priorizan y organizan en un cronograma de ejecución de pruebas. (Tarea 3).*

D) *Finalización de la prueba: ocurre en los hitos del proyecto, como el lanzamiento, el final de la iteración o el final del nivel de prueba. El software de prueba se identifica y archiva o se entrega a los equipos apropiados para su reutilización, se cierra el entorno de prueba y se analizan las actividades de prueba en busca de lecciones aprendidas y mejoras futuras. (Tarea 2).*

Así que:

a) *No es correcto.*

b) *Es correcto. La coincidencia correcta es: 1B, 2D, 3C, 4A.*

c) *No es correcta.*

d) *No es correcta.*

Mirar sección 2.4.3.

5. Pregunta 5 (1 Punto)

Dado el siguiente software de prueba:

    I. Informe de finalización de la prueba.

    II. Datos mantenidos en una base de datos utilizada para entradas de prueba y resultados esperados.

    III. La lista de elementos necesarios para construir el entorno de prueba.

    IV. Secuencias documentadas de casos de prueba en orden de ejecución.

    V. Casos de prueba.

¿Cuál de las siguientes opciones muestra mejor el software de prueba producido como resultado de la implementación de la prueba?

a) II, IV.

b) III, V.

c) I, II, V.

d) I, III, IV.

Seleccione una opción.

Solución

Considerando cada uno del software de prueba enumerados y la actividad de prueba que lo produce:

    I. *El informe de finalización de la prueba es un resultado de la actividad de finalización de la prueba.*

    II. *Los datos contenidos en una base de datos utilizada para las entradas de prueba y los resultados esperados son los datos de prueba: salida de la actividad de implementación de la prueba.*

    III. *La lista de elementos necesarios para construir el entorno de prueba son los requisitos del entorno de prueba: resultado de la actividad de diseño de prueba.*

    IV. *Las secuencias documentadas de casos de prueba en orden de ejecución son los procedimientos de prueba–resultado de la actividad de implementación de prueba v. Casos de prueba–resultado de la actividad de diseño de prueba.*

La implementación de la prueba produce los siguientes resultados: procedimientos de prueba (IV), scripts de prueba automatizados, conjuntos de pruebas, datos de prueba (II), cronograma de ejecución de pruebas y elementos del entorno de prueba, como códigos auxiliares, controladores, simuladores y virtualizaciones de servicios.

De este modo:

a) *Es correcto. Los elementos II y IV de la lista se generan como resultado de la implementación de la prueba.*

b) *No es correcto.*

c) *No es correcto.*

d) *No es correcto.*

Mirar sección 2.4.3.

6. Pregunta 6 (1 Punto)

¿Cuál de las siguientes opciones es más probable que describa una tarea realizada por alguien en una función de gestión de pruebas?

a) Evaluar la base de prueba y el objeto de prueba.

b) Definir los requisitos del entorno de prueba.

c) Evaluar la capacidad de prueba del objeto de prueba.

d) Crear informe de finalización de la prueba.

Seleccione una opción.

Solución

a) *No es correcto. La función de prueba es principalmente responsable de los aspectos técnicos y de ingeniería de las pruebas, como el análisis de pruebas, el diseño de pruebas, la implementación de pruebas y la ejecución de pruebas. La evaluación de la base de prueba para detectar defectos y el objeto de prueba para determinar la capacidad de prueba son tareas que se realizan como parte del análisis de la prueba, por lo que es probable que sean tareas realizadas por la función de prueba.*

b) *No es correcto. La función de prueba es principalmente responsable de los aspectos técnicos y de ingeniería de las pruebas, como el análisis de pruebas, el diseño de pruebas, la implementación de pruebas y la ejecución de pruebas. Definir los requisitos del entorno de prueba es una tarea que se realiza como parte del diseño de la prueba, por lo que es probable que sea una tarea realizada por la función de prueba.*

c) *No es correcto. La función de prueba es principalmente responsable de los aspectos técnicos y de ingeniería de las pruebas, como el análisis de pruebas, el diseño de pruebas, la implementación de pruebas y la ejecución de pruebas. La evaluación de la capacidad de prueba de un objeto de prueba es una tarea que se realiza como parte del análisis de la prueba, por lo que es probable que sea una tarea realizada por la función de prueba.*

d) *Es correcto. La función de gestión de pruebas implica principalmente actividades relacionadas con la planificación de pruebas, el seguimiento y control de las pruebas y la finalización de las pruebas. Por lo tanto, es probable que la creación del informe de finalización de la prueba, que es el resultado principal de la actividad de finalización de la prueba, sea una tarea realizada por la función de gestión de pruebas.*

Mirar sección 2.4.5.

7. Pregunta 7 (1 Punto)

¿Cuál de las siguientes es una ventaja del enfoque de equipo completo?

a) Mejora de la comunicación entre los miembros del equipo.

b) Disminución de la responsabilidad individual por la calidad.

c) Implementación más rápida de entregables para los usuarios finales.

d) Colaboración reducida con usuarios comerciales externos.

Seleccione una opción.

Solución

a) *Es correcto. El enfoque de equipo completo promueve una comunicación y colaboración sólidas entre los miembros del equipo.*

b) *No es correcto. Si bien el enfoque de equipo completo prioriza la responsabilidad colectiva por la calidad, cada miembro individual del equipo sigue siendo igualmente responsable de la calidad.*

c) *No es correcto. El enfoque de equipo completo se centra en cómo el equipo trabaja en conjunto, con el objetivo de obtener resultados de mayor calidad, pero no necesariamente da como resultado una implementación más rápida para los usuarios finales.*

d) *No es correcto. Cuando se utiliza el enfoque de equipo completo, los evaluadores trabajan con representantes comerciales para crear pruebas de aceptación. No hay ninguna sugerencia de que el enfoque reduzca la colaboración con usuarios comerciales externos.*

Mirar sección 2.5.2.

8. Pregunta 8 (1 Punto)

Teniendo en cuenta los siguientes beneficios y desventajas de la independencia de las pruebas:

I. *Los probadores trabajan en una ubicación diferente a la de los desarrolladores.*

II. *Los evaluadores cuestionan las suposiciones que hacen los programadores al escribir código.*

III. *Se ha establecido una dinámica de confrontación entre testers y desarrolladores.*

IV. *Los desarrolladores se han convencido de que los evaluadores son los principales responsables de la calidad.*

V. *Los evaluadores tienen sesgos diferentes a los de los desarrolladores.*

¿Cuáles es más probable que se consideren beneficios?

a) I, IV.

b) II, V.

c) I, III, IV.

d) II, III, V.

Seleccione una opción.

Solución

Considerando cada uno de los beneficios y desventajas enumerados de la independencia de las pruebas:

I. *Idealmente, queremos una colaboración estrecha entre evaluadores y desarrolladores, que no aumente con el aislamiento. Por lo tanto, esto es una desventaja.*

II. *Los evaluadores y desarrolladores tienen diversos antecedentes, puntos de vista técnicos y posibles sesgos, lo que les permite desafiar de manera útil las suposiciones hechas por las partes interesadas durante la especificación e implementación del sistema. Por tanto, esta es una ventaja.*

III. *La principal desventaja de la independencia en las pruebas es que los evaluadores pueden quedar aislados del equipo de desarrollo, lo que genera problemas de comunicación, falta de colaboración y, potencialmente, una relación de confrontación, y se culpa a los evaluadores por retrasos y cuellos de botella en el proceso de lanzamiento. Por lo tanto, esto es una desventaja.*

IV. *Una de las desventajas de la independencia en las pruebas es que los evaluadores pueden quedar aislados del equipo de desarrollo, lo que hace que los desarrolladores se sientan menos responsables de la calidad. Por lo tanto, esto es una desventaja.*

V. *El principal beneficio de la independencia en las pruebas es que es más probable que los evaluadores identifiquen diferentes tipos de fallas y defectos en comparación con los desarrolladores, debido a sus variados antecedentes, puntos de vista técnicos y posibles sesgos, incluido el sesgo cognitivo.*

Así que:

a) *No es correcto.*

b) *Es correcto. Las entradas de la lista que muestran beneficios son II y V.*

c) *No es correcta.*

d) *No es correcta.*

9. Pregunta 9 (1 Punto)

¿Cuál de las siguientes es una buena práctica de prueba que se aplica a todos los ciclos de vida de desarrollo de software?

a) Cada nivel de prueba tiene objetivos de prueba específicos y distintos.

b) La implementación y ejecución de pruebas para un nivel de prueba determinado debe comenzar durante la fase de desarrollo correspondiente.

c) Los evaluadores deben comenzar el diseño de la prueba tan pronto como estén disponibles los borradores de los productos de trabajo relevantes.

d) Cada actividad de prueba dinámica tiene su correspondiente actividad de prueba estática.

Seleccione una opción.

Solución

a) *Es correcto. Cada nivel de prueba tiene objetivos de prueba específicos y distintos, ya que en cada nivel de prueba se prueba una forma diferente de objeto de prueba (por ejemplo, un solo componente, sistema completo) y la superposición de objetivos de prueba conduciría a una duplicación innecesaria.*

b) *No es correcto. El análisis y el diseño de pruebas para un nivel de prueba determinado deben comenzar durante la fase de desarrollo correspondiente para facilitar las pruebas tempranas (por ejemplo, el análisis y el diseño de las pruebas de aceptación deben comenzar durante el análisis de requisitos). La implementación de la prueba generalmente comenzará más tarde y la ejecución de la prueba comenzará durante el nivel de prueba.*

c) *No es correcto. El diseño de pruebas para un nivel de prueba determinado debe comenzar durante la fase de desarrollo correspondiente para facilitar las pruebas tempranas; sin embargo, el diseño de pruebas (por ejemplo, la generación de casos de prueba) debe basarse en una base de prueba acordada, no en un borrador inicial; de lo contrario, puede ser necesario un esfuerzo de prueba significativo. Desperdiciado en la creación de casos de prueba para un diseño que luego cambia.*

d) *No es correcto. El control de calidad se aplica a todas las actividades de desarrollo, lo que significa que cada actividad de desarrollo de software tiene una actividad de prueba correspondiente. Sin embargo, la misma simetría no se aplica a las pruebas dinámicas y estáticas. Hay algunas actividades de prueba estáticas (por ejemplo, análisis estático) para las cuales no existe una actividad de prueba dinámica correspondiente obvia.*

Mirar sección 3.1.2.

10. Pregunta 10 (1 Punto)

¿Cuál de los siguientes es un ejemplo de un enfoque de desarrollo basado en las pruebas primero?

a) Desarrollo impulsado por el comportamiento.

b) Desarrollo impulsado por el nivel de prueba.

c) Desarrollo impulsado por funciones.

d) Desarrollo impulsado por el desempeño.

Seleccione una opción.

Solución

a) *Es correcto. El desarrollo impulsado por el comportamiento (BDD) es un ejemplo bien conocido de un enfoque de desarrollo basado en las pruebas.*

b) *No es correcto. El desarrollo impulsado por niveles de prueba no es un ejemplo correcto de un enfoque de desarrollo basado en las pruebas.*

c) *No es correcto. El desarrollo impulsado por funciones no es un ejemplo correcto de un enfoque de desarrollo basado en las pruebas.*

d) *No es correcto. El desarrollo impulsado por el rendimiento no es un ejemplo correcto de un enfoque de desarrollo basado en las pruebas.*

Mirar sección 3.1.3.

11. Pregunta 11 (1 Punto)

¿Cuál de los siguientes es más probable que sea un desafío al implementar DevOps?

a) Asegurarse de que no se pasen por alto las características de calidad no funcionales.

b) Gestionar entornos de prueba en continuo cambio.

c) La necesidad de más probadores manuales con experiencia adecuada.

d) Configurar la automatización de pruebas como parte del proceso de entrega.

Seleccione una opción.

Solución

a) *No es correcto. DevOps generalmente aumenta la visibilidad de las características de calidad no funcionales, como el rendimiento y la confiabilidad.*

b) *No es correcto. Los procesos automatizados como la integración continua/ entrega continua (CI/CD) utilizados en DevOps facilitan entornos de prueba estables.*

c) *No es correcto. Los procesos automatizados como CI/CD utilizados en DevOps generalmente reducen la necesidad de pruebas manuales.*

d) *Es correcto. La implementación de DevOps puede plantear varios riesgos y desafíos, incluida la necesidad de definir y configurar el proceso de entrega, introducir y mantener herramientas CI/CD y establecer y mantener la automatización de pruebas.*

Mirar sección 3.1.4.

12. Pregunta 12 (1 Punto)

¿Cuál de las siguientes opciones describe mejor las retrospectivas?

a) Las retrospectivas permiten a los miembros del equipo identificar a otros miembros del equipo que no contribuyeron plenamente al logro de la calidad como lo exige el enfoque de todo el equipo.

b) Las retrospectivas brindan a los evaluadores la oportunidad de identificar actividades que tuvieron éxito para conservarlas cuando se realicen posibles mejoras en el futuro.

c) Las retrospectivas son donde los miembros del equipo ágil pueden expresar sus preocupaciones sobre la gerencia y los clientes en un ambiente libre de culpas.

d) Las retrospectivas brindan a los miembros del equipo ágil un foro donde se concentran en discutir el plan y las decisiones técnicas para la próxima iteración.

Seleccione una opción.

Solución

a) *No es correcto. Los beneficios de las retrospectivas incluyen la unión del equipo y el aprendizaje al compartir problemas, y una mejor colaboración entre desarrolladores y evaluadores mediante la revisión y mejora de las prácticas de trabajo. Llamar a las personas que un miembro del equipo puede sentir que no contribuyeron plenamente a lograr la calidad como lo requiere el enfoque de todo el equipo no contribuirá a este vínculo y colaboración del equipo.*

b) *Es correcto. Durante la retrospectiva, el grupo analiza qué aspectos del proyecto tuvieron éxito y debería conservarse, así como las áreas que podrían mejorarse y cómo hacerlo.*

c) *No es correcto. Los beneficios de las retrospectivas se basan en una mayor eficacia y eficiencia a través de mejoras en los procesos; no son una oportunidad para desahogarse y criticar a la dirección y a los clientes. Además, los resultados se registran, generalmente en el informe de finalización de la prueba, de modo que otras partes interesadas puedan leer cualquier cosa que se diga en la reunión.*

d) *No es correcto. Las retrospectivas son reuniones que normalmente se llevan a cabo al final de una iteración donde los miembros del equipo se centrarán en discutir problemas relacionados con la calidad que han ocurrido en la iteración actual. No se utilizan para hacer planes o decisiones técnicas para la siguiente iteración; esto se haría en la reunión de planificación de iteraciones al comienzo de la siguiente iteración.*

Mirar sección 3.1.6.

13. Pregunta 13 (1 Punto)

¿Cuál de las siguientes pruebas es más probable que se realice como parte de las pruebas funcionales?

    a) La prueba comprueba que la función sort pone los elementos de la lista o matriz en orden ascendente.

    b) La prueba comprueba si la función de clasificación completa la clasificación dentro de un segundo después del inicio.

    c) La prueba comprueba con qué facilidad se puede cambiar la función de clasificación de clasificación ascendente a clasificación descendente.

    d) La prueba comprueba que la función de clasificación sigue funcionando correctamente cuando se pasa de una arquitectura de 32 bits a una de 64 bits.

Seleccione una opción.

Solución

    a) *Es correcto. Verificar que la función de clasificación coloque los elementos de la lista o matriz en orden ascendente es evaluar la corrección funcional de la función de clasificación, lo cual es parte de las pruebas funcionales.*

    b) *No es correcto. Evaluar si la función de clasificación cumple con su requisito no funcional de completarse en un segundo es parte de probar su eficiencia de rendimiento, que es parte de las pruebas no funcionales.*

    c) *No es correcto. Evaluar la facilidad con la que la función de clasificación se puede modificar de clasificación ascendente a clasificación descendente es probar su modificabilidad, una forma de prueba de mantenibilidad no funcional, que es parte de las pruebas no funcionales.*

    d) *No es correcto. Evaluar que la función de clasificación aún funciona correctamente cuando se pasa de una arquitectura de 32 bits a una de 64 bits es probar su adaptabilidad, una forma de prueba de portabilidad, que es parte de las pruebas no funcionales.*

Mirar sección 3.2.2.

14. Pregunta 14 (1 Punto)

¿Cuál de los siguientes es más probable que sea un desencadenante que conduzca a una prueba de mantenimiento de un sistema de cambio de divisas?

a) Los desarrolladores informaron que cambiar el sistema de cambio de moneda era difícil y los evaluadores decidieron verificar si esto era cierto.

b) Se eliminó la opción de reembolso del sistema de cambio de moneda, ya que no siempre reembolsaba el monto correcto a los clientes.

c) El equipo ágil ha comenzado a desarrollar una historia de usuario que agrega una nueva función de fidelización de clientes al sistema de cambio de divisas.

d) El sistema de cambio de moneda se reconfiguró para admitir transacciones de moneda en inglés y en el idioma local.

Seleccione una opción.

Solución

a) *No es correcto. Suponiendo que los evaluadores puedan verificar la facilidad de cambiar el sistema de cambio de moneda, entonces esto se haría mediante pruebas de mantenibilidad en lugar de pruebas de mantenimiento, por lo que esto no es un desencadenante para las pruebas de mantenimiento.*

b) *Es correcto. Una modificación del sistema (como una corrección o mejora) es un ejemplo de un desencadenante para las pruebas de mantenimiento. La eliminación de la opción de reembolso del sistema de cambio de moneda fue una solución que llevaría a pruebas de mantenimiento.*

c) *No es correcto. Si el equipo ágil ha comenzado a desarrollar una historia de usuario que agrega una nueva función de fidelización del cliente al sistema de cambio de divisas, esto hará que prueben la nueva función y luego realizarán pruebas de regresión. No se requieren pruebas de mantenimiento en esta situación.*

d) *No es correcto. La reconfiguración del sistema de cambio de moneda para admitir transacciones en moneda local e inglesa no es una modificación del sistema, un cambio en el entorno operativo ni un retiro del sistema, que son los tres factores desencadenantes de las pruebas de mantenimiento.*

Mirar sección 3.3.1.

15. Pregunta 15 (1 Punto)

¿Cuál de los siguientes no puede examinarse mediante pruebas estáticas?

a) Un contrato.
b) Plan de prueba.
c) Código cifrado.
d) Carta de prueba.

Seleccione una opción.

Solución

a) *No es correcto. La mayoría de los productos de trabajo pueden examinarse mediante algún tipo de prueba estática, y un contrato debe ser interpretable por humanos y, por lo tanto, podría revisarse, lo cual es una forma de prueba estática.*

b) *No es correcto. La mayoría de los productos de trabajo se pueden examinar mediante algún tipo de prueba estática, y un plan de prueba debe ser interpretable por humanos y, por lo tanto, podría revisarse, lo cual es una forma de prueba estática.*

c) *Es correcto. La mayoría de los productos de trabajo se pueden examinar mediante algún tipo de prueba estática; sin embargo, no es adecuado para productos de trabajo que son demasiado complejos para la interpretación humana y no deben ser analizados con herramientas, y el código cifrado es demasiado complejo para los humanos y, si está cifrado correctamente, no será analizable por la mayoría de las herramientas.*

d) *No es correcto. La mayoría de los productos de trabajo se pueden examinar mediante algún tipo de prueba estática, y una carta de prueba debe ser interpretada por humanos y, por lo tanto, podría revisarse, lo cual es una forma de prueba estática.*

Mirar sección 4.1.1.

16. Pregunta 16 (1 Punto)

¿Cuál de las siguientes afirmaciones sobre el valor de las pruebas estáticas es correcta?

a) Los tipos de defectos encontrados mediante pruebas estáticas son diferentes de los tipos de defectos que se pueden encontrar mediante pruebas dinámicas.

b) Las pruebas dinámicas pueden detectar los tipos de defectos que se pueden encontrar mediante pruebas estáticas más algunos tipos de defectos adicionales.

c) Las pruebas dinámicas pueden identificar algunos de los defectos que se pueden encontrar mediante las pruebas estáticas, pero no todos.

d) Las pruebas estáticas pueden identificar los tipos de defectos que se pueden encontrar mediante pruebas dinámicas, así como algunos tipos de defectos adicionales.

Seleccione una opción.

Solución

a) *No es correcto. Hay algunos tipos de defectos que se pueden encontrar tanto mediante pruebas estáticas como dinámicas, como un defecto de programación que un revisor puede observar en una revisión de código y que causa una falla observable durante las pruebas dinámicas.*

b) *No es correcto. Hay algunos tipos de defectos que solo pueden detectarse mediante pruebas estáticas, como código inalcanzable, patrones de diseño no implementados como se desea y defectos en productos de trabajo no ejecutables.*

c) *Es correcto. Hay algunos tipos de defectos que se pueden encontrar tanto mediante pruebas estáticas como dinámicas, como un defecto de programación que un revisor puede observar en una revisión de código y que causa una falla observable durante las pruebas dinámicas. También hay algunos tipos de defectos que sólo pueden detectarse mediante pruebas estáticas, como código inalcanzable, patrones de diseño no implementados como se desea y defectos en productos de trabajo no ejecutables.*

d) *No es correcto. Hay algunos tipos de defectos que solo se pueden detectar mediante pruebas dinámicas, como problemas de rendimiento o problemas de memoria que solo se pueden observar al ejecutar el código o el sistema.*

Mirar sección 4.1.2.

17. Pregunta 17 (1 Punto)

Dadas las siguientes descripciones de las actividades de revisión:

1. Se delibera sobre las anomalías detectadas y se toman determinaciones sobre su estado, propiedad y cualquier paso adicional necesario.

2. Se registran los problemas y se abordan las actualizaciones necesarias antes de la aceptación del producto del trabajo.

3. Los revisores emplean técnicas para generar sugerencias y preguntas sobre el producto del trabajo y detectar anomalías.

4. El objetivo de la revisión y su calendario se establecen para garantizar una revisión centrada y eficiente.

5. Los participantes tienen acceso al elemento que se está revisando.

¿Cuál de las siguientes es la secuencia correcta en el proceso de revisión de las actividades que corresponden a las descripciones?

a) 4 – 3 – 5 – 2 – 1.

b) 4 – 5 – 3 – 1 – 2.

c) 5 – 4 – 1 – 3 – 2.

d) 5 – 4 – 3 – 2 – 1.

Seleccione una opción.

Solución

Las cinco descripciones enumeradas y las correspondientes actividades del proceso de revisión son:

1. *Esto describe parte de la actividad de 'comunicación y análisis'.*

2. *Esto describe parte de la actividad de 'arreglar e informar'.*

3. *Esto describe parte de la actividad de 'revisión individual'.*

4. *Esto describe parte de la actividad de 'planificación'.*

5. *Esto describe parte de la actividad de 'inicio de revisión'.*

El proceso de revisión genérico de ISO/IEC 20246, que se describe en el programa de estudios, comprende las siguientes actividades en este orden lógico:

- ▼ *Planificación (4).*
- ▼ *Inicio de la revisión (5).*
- ▼ *Revisión individual (3).*
- ▼ *Comunicación y análisis (1).*
- ▼ *Reparación y presentación de informes (2).*

Así que:

a) *No es correcto.*

b) *Es correcto. La secuencia correcta de actividades es: 4 – 5 – 3 – 1 – 2.*

c) *No es correcta.*

d) *No es correcta.*

Mirar sección 4.2.2.

18. Pregunta 18 (1 Punto)

¿Qué participante en el proceso de revisión es responsable de garantizar que las reuniones de revisión se desarrollen de manera efectiva y que todos los presentes puedan expresar sus opiniones libremente?

a) Mánager.

b) Moderador.

c) Presidente.

d) Líder de revisión.

Seleccione una opción.

Solución

a) *No es correcto. El gerente es responsable de decidir qué es necesario revisar y asignar recursos, como personal y tiempo, para la revisión.*

b) *Es correcto. El moderador (o facilitador) es responsable de garantizar que las reuniones de revisión se desarrollen de manera efectiva, incluida la gestión del tiempo, la mediación en las discusiones y la creación de un entorno seguro donde todos puedan expresar sus opiniones libremente.*

c) *No es correcto. El presidente no es un rol reconocido en las revisiones.*

d) *No es correcto. El líder de revisión es responsable de supervisar el proceso de revisión, como seleccionar a los miembros del equipo de revisión, programar reuniones de revisión y garantizar que la revisión se complete con éxito.*

Mirar sección 4.2.3.

19. Pregunta 19 (1 Punto)

Realiza pruebas del sistema de una aplicación web de comercio electrónico y cumple con los siguientes requisitos:

SOLICITUD 05-017. Si el costo total de las compras supera los $100, el cliente obtiene un 5% de descuento en compras posteriores. De lo contrario, el cliente no recibe ningún descuento.

¿Qué técnicas de prueba serán más útiles para diseñar casos de prueba basados en este requisito?

a) Técnicas de prueba de caja blanca.

b) Técnicas de prueba de caja negra.

c) Técnicas de prueba basadas en la experiencia.

d) Técnicas de prueba basadas en riesgos.

Seleccione una opción.

Solución

a) *No es correcto. El documento no hace referencia a la estructura interna del objeto de prueba, pero especifica el comportamiento deseado del objeto de prueba. Por lo tanto, las técnicas de prueba de caja blanca no serán útiles en el diseño de casos de prueba.*

b) *Es correcto. El documento es un requisito que especifica el comportamiento deseado del objeto de prueba. Por lo tanto, las técnicas de prueba más adecuadas en este caso son las técnicas de prueba de caja negra (por ejemplo, análisis de valores límite o pruebas de tablas de decisión).*

c) *No es correcto. Aunque se pueden utilizar técnicas de prueba basadas en la experiencia para diseñar casos de prueba basados en este documento, las técnicas de prueba de caja negra serán más adecuadas. El documento describe una regla comercial precisa y, además, palabras como "supera los $100" sugieren la existencia de importantes límites de partición de equivalencia que deben probarse utilizando técnicas de prueba de caja negra como el análisis de valor límite.*

d) *No es correcto. Las técnicas de prueba basadas en riesgos no son un tipo reconocido de técnica de prueba.*

Mirar sección 5.1.1.

20. Pregunta 20 (1 Punto)

El sistema de venta de entradas de cine calcula el tipo de descuento en función del año de nacimiento del cliente (BY) y del año actual (CY) de la siguiente manera:

Sea D la diferencia entre CY y BY, es decir, $D = CY - BY$

Si $D < 0$, imprima el mensaje de error "el año de nacimiento no puede ser mayor que el año actual".

- Si $0 \leq D < 18$ entonces aplica el descuento para estudiantes.
- Si $18 \leq D < 65$ entonces no aplica descuento.
- Si $D \geq 65$ entonces aplicar el descuento de pensionado.

392 IFCT062PO - ISTQB. CERTIFIED TESTER ADVANCED TEST ANALYST: PREPARATION COURSE

Su conjunto de pruebas ya contiene dos casos de prueba:

- ▶ BY = 1990, CY = 2020, resultado esperado: sin descuento.
- ▶ BY = 2030, CY = 2029, resultado esperado: imprimir el mensaje de error.

¿Cuál de los siguientes conjuntos de datos de prueba se debe agregar para lograr una cobertura de partición de equivalencia válida completa para el tipo de descuento?

a) PARA = 2001, CY = 2065.

b) ANTES DE = 1900, CI = 1965.

c) ANTES = 1965, CI = 1900.

d) PARA = 2011, CY = 2029.

e) ANTES DE = 2000, CI = 2000.

Seleccione dos opciones.

Solución

Hay dos particiones de equivalencia que aún no están cubiertas, que corresponden a "descuento para estudiantes" y "descuento para pensionados".

a) *No es correcto. CY – BY = 64, por lo que estas entradas corresponden a la partición "sin descuento" ya cubierta.*

b) *Es correcto. CY – BY = 65, por lo que estos insumos corresponden a una partición que aún no está cubierta ("descuento para pensionados").*

c) *No es correcto. CY – BY = –65, por lo que estas entradas corresponden a la partición de "mensaje de error" ya cubierta.*

d) *No es correcto. CY – BY = 18, por lo que estas entradas corresponden a la partición "sin descuento" ya cubierta.*

e) *Es correcto. CY – BY = 0, por lo que estas entradas corresponden a una partición que aún no está cubierta ("descuento para estudiantes").*

Mirar sección 5.2.1.

21. Pregunta 21 (1 Punto)

Está probando un sistema de control de temperatura para una instalación de almacenamiento en frío para horticultura. El sistema recibe la temperatura (en grados Celsius completos) como entrada. Si la temperatura está entre 0 y 2 grados inclusive, el sistema muestra el mensaje "temperatura OK". Para temperaturas más bajas, el sistema muestra el mensaje "temperatura demasiado baja" y para temperaturas más altas muestra el mensaje "temperatura demasiado alta".

Utilizando el análisis de valores límite de dos valores, ¿cuál de los siguientes conjuntos de entradas de prueba proporciona el nivel más alto de cobertura de valores límite?

a) –1, 3.

b) – 0, 2.

c) –1, 0, 2, 3.

d) –2, 0, 2, 4.

Seleccione una opción.

Solución

Hay tres particiones de equivalencia: {..., –2, –1}, {0, 1, 2}, {3, 4,...}. Para BVA de 2 valores se deben cubrir todos los valores límite para todas las particiones de equivalencia. Los valores límite son –1 (para la partición de "temperatura demasiado baja"), 0, 2 (para la partición de "temperatura correcta") y 3 (para la partición de "temperatura demasiado alta").

Así que:

a) *No es correcto.*

b) *No es correcto.*

c) *Es correcto. La opción correcta es: –1, 0, 2, 3.*

d) *No es correcta.*

Mirar sección 5.2.2.

22. Pregunta 22 (1 Punto)

Está diseñando casos de prueba basados en la siguiente tabla de decisiones.

	R1	R2	R3	R4	R5	R6	R7
C1: Edad	0-18	19-65	19-65	>65	0-18	19-65	>65
C2: Experiencia	-	0-4	>4	-	-	-	-
C3: Registrado	NO	NO	NO	NO	SI	SI	SI
Categoría	A	A	B	B	B	D	C

Hasta ahora ha diseñado los siguientes casos de prueba:

- ▶ CP1: hombre de 19 años, no registrado y sin experiencia; resultado esperado: categoría A.

- ▶ CP2: mujer de 65 años, no registrada y con 5 años de experiencia; resultado esperado: categoría B.

- ▶ CP3: hombre de 66 años, registrado y sin experiencia; resultado esperado: categoría C.

- ▶ CP4: mujer de 65 años, registrada con 4 años de experiencia; resultado esperado: categoría D.

¿Cuál de los siguientes casos de prueba, cuando se agrega al conjunto de casos de prueba existente, aumentará la cobertura de la tabla de decisiones?

a) hombre de 66 años, no registrado y sin experiencia; resultado esperado: categoría B.

b) mujer de 55 años, no registrada y con 2 años de experiencia; resultado esperado: categoría A.

c) mujer de 19 años, registrada y con 5 años de experiencia; resultado esperado: categoría D.

d) Ningún caso de prueba adicional puede aumentar la cobertura de la tabla de decisiones ya lograda.

Seleccione una opción.

Solución

Los casos de prueba CP1, CP2, CP3 y CP4 cubren, respectivamente, las reglas R2, R3, R7 y R6 en la tabla de decisiones.

a) *Es correcto. Las condiciones "66 años", "no registrado" y "sin experiencia" coinciden con la regla R4, que no está cubierta por los casos de prueba existentes, por lo que después de agregar este caso de prueba, la cobertura de la tabla de decisiones aumentará.*

b) *No es correcto. Las condiciones "55 años", "no registrado" y "2 años de experiencia" coinciden con la regla R2, ya cubierta por el TC1. Entonces agregar este caso de prueba no aumentará la cobertura.*

c) *No es correcto. Las condiciones "19 años", "registrado" y "5 años de experiencia" coinciden con la regla R6, ya cubierta por el CT4. Entonces agregar este caso de prueba no aumentará la cobertura.*

d) *No es correcto. Los casos de prueba existentes cubren sólo 4 de 7 columnas de la tabla de decisiones. La cobertura se puede aumentar agregando casos de prueba que cubran columnas aún no cubiertas, es decir, R1, R4 y R5.*

Mirar sección 5.2.3.

23. Pregunta 23 (1 Punto)

Está aplicando pruebas de transición de estados al sistema de reserva de habitaciones de hotel modelado mediante la siguiente tabla de transición de estados, con 4 estados y 5 eventos diferentes:

Estado	Disponible	No disponible	Cambiar habitación	Cancelar	Pagar
			Eventos		
S1: Solicitando	S2	S3			
S2: Confirmado			S1	S4	S4
S3: Esperando lista	S2			S4	
Fin					

Suponiendo que todos los casos de prueba comienzan en el estado "Solicitando", ¿cuál de los siguientes casos de prueba, representados como secuencias de eventos, logra la mayor cobertura de transiciones válidas?

a) No Disponible, Disponible, Cambiar de Habitación, No Disponible, Cancelar.

b) Disponible, Cambiar Sala, No Disponible, Disponible, Pagar.

c) Disponible, Cambiar Habitación, Disponible, Cambiar Habitación, No Disponible.

d) No Disponible, Cancelar, Cambiar Habitación, Disponible, Pagar.

Seleccione una opción.

Solución

a) *No es correcto. Esta secuencia de cinco eventos cubre 4 transiciones válidas diferentes (ambos eventos "No disponibles" corresponden a la misma transición entre S1 y S3). Este caso de prueba cubre 4 de 7 transiciones válidas.*

b) *Es correcto. Esta secuencia de cinco eventos cubre 5 transiciones diferentes (el primer evento "Disponible" corresponde a una transición entre S1 y S2, y el segundo evento "Disponible" corresponde a una transición entre S3 y S2, por lo que se cubren dos transiciones diferentes). Este caso de prueba cubre 5 de 7 transiciones válidas y logra la cobertura de transiciones válidas más alta.*

c) *No es correcto. Esta secuencia de cinco eventos cubre 3 transiciones diferentes (ambos eventos "Disponibles" corresponden a la misma transición de S1 a S2; ambos eventos "Cambiar habitación" corresponden a la misma transición de S2 a S1). Este caso de prueba cubre 3 de 7 transiciones válidas.*

d) *No es correcto. Esta secuencia de cinco eventos no representa un caso de prueba factible, porque después de "Cancelar" el sistema termina en el estado Final y no se pueden ejecutar más transiciones válidas.*

Mirar sección 5.2.4.

24. Pregunta 24 (1 Punto)

Su conjunto de pruebas S para un programa P logra una cobertura de declaración del 100%. Consta de tres casos de prueba, cada uno de los cuales alcanza una cobertura de declaración del 50%.

¿Cuál de las siguientes afirmaciones es correcta?

a) La ejecución de S provocará todos los fallos posibles en P.

b) S logra una cobertura de sucursales del 100% para P.

c) Cada declaración ejecutable en P que contiene un defecto se ha ejecutado al menos una vez durante la ejecución de S.

d) Después de eliminar un caso de prueba de S, los dos casos de prueba restantes aún alcanzarán una cobertura de declaración del 100%.

Seleccione una opción.

Solución

a) *No es correcto. Una línea con un defecto, cuando se ejecuta, no tiene por qué provocar un fallo. Por ejemplo, una línea x := y / z causará una falla solo cuando z sea igual a 0.*

b) *No es correcto. La cobertura del 100% del estado de cuenta no garantiza una cobertura del 100% en la sucursal.*

Por ejemplo, un caso de prueba con x=0 para el código.

1. *SI (x=0) ENTONCES.*
2. *A.*
3. *ENDIF.*

Logra una cobertura del estado de cuenta del 100% pero no cubre la sucursal del 1 al 3.

c) *Es correcto. Cobertura de declaración del 100% significa que cada declaración ejecutable se ejecutó al menos una vez.*

d) *No es correcto. El caso de prueba eliminado puede proporcionar cobertura de algunas declaraciones que no están cubiertas por ninguno de los otros dos casos de prueba, en cuyo caso los dos casos de prueba restantes juntos no lograrán una cobertura de declaración del 100 %.*

Mirar sección 5.3.1.

25. Pregunta 25 (1 Punto)

¿Por qué las pruebas de caja blanca facilitan la detección de defectos incluso cuando la especificación del software es vaga, desactualizada o incompleta?

a) Los casos de prueba se diseñan en función de la estructura del objeto de prueba en lugar de la especificación.

b) Para cada técnica de prueba de caja blanca, la cobertura puede estar bien definida y medirse fácilmente.

c) Las técnicas de prueba de caja blanca están muy bien diseñadas para detectar omisiones en los requisitos.

d) Las técnicas de prueba de caja blanca se pueden utilizar tanto en pruebas estáticas como en pruebas dinámicas.

Seleccione una opción.

Solución

a) *Es correcto. Una fortaleza fundamental que comparten todas las técnicas de prueba de caja blanca es que durante las pruebas se tiene en cuenta toda la implementación del software, lo que facilita la detección de defectos incluso cuando la especificación del software es vaga, desactualizada o incompleta. Esto significa que las pruebas de caja blanca pueden encontrar defectos como una característica adicional agregada al código (ya sea accidental o deliberadamente) que no debería estar allí, y que las pruebas de caja negra no pueden detectar.*

b) *No es correcto. El hecho de que la cobertura pueda definirse con precisión no es la razón correcta. El nivel de cobertura alcanzado tendría mucho más impacto que la posibilidad de medir la cobertura.*

c) *No es correcto. Si el software no implementa uno o más requisitos, es poco probable que las pruebas de caja blanca detecten los defectos de omisión resultantes.*

d) *No es correcto. Si bien esto es cierto, no es la respuesta correcta, porque no existe conexión entre la capacidad de usarse tanto en pruebas estáticas como en pruebas dinámicas y la afirmación de que las pruebas de caja blanca facilitan la detección de defectos con especificaciones deficientes.*

Mirar sección 5.3.3.

26. Pregunta 26 (1 Punto)

¿Cuál de los siguientes no anticipa el evaluador al aplicar la adivinación de errores?

a) El desarrollador entendió mal la fórmula en la historia del usuario para calcular el interés.

b) El desarrollador escribió "FA = A*(1+IR^N)" en lugar de "FA = A*(1+IR)^N" en el código fuente.

c) El promotor se perdió el seminario sobre la nueva legislación sobre tipos de interés compuestos.

d) La exactitud del interés calculado por el sistema no es lo suficientemente precisa.

Seleccione una opción.

Solución

La adivinación de errores consiste en anticipar los errores, defectos y fallas basándose en el conocimiento del evaluador.

a) *No es correcto. Este es un ejemplo de cómo anticipar el error del desarrollador.*

b) *No es correcto. Este es un ejemplo de anticipación del defecto.*

c) *Es correcto. Este es un ejemplo de una posible causa raíz de un defecto, que no es ni un error, ni un defecto, ni una falla, y que es difícil de anticipar para el evaluador.*

d) *No es correcto. Este es un ejemplo de anticipación de una falla, quizás basado en la experiencia de sistemas anteriores en este dominio de aplicación.*

Mirar sección 5.4.1.

27. Pregunta 27 (1 Punto)

¿Cuál de las siguientes afirmaciones es cierta sobre las pruebas exploratorias?

a) Los casos de prueba se diseñan antes de que comience la sesión de prueba exploratoria.

b) El evaluador puede realizar la ejecución de la prueba, pero no puede realizar el diseño de la prueba.

c) Los resultados de las pruebas exploratorias son buenos predictores del número de defectos restantes.

d) Durante las pruebas exploratorias, el evaluador puede utilizar técnicas de prueba de caja negra.

Seleccione una opción.

Solución

a) *No es correcto. En las pruebas exploratorias, los casos de prueba generalmente se crean durante la sesión de prueba exploratoria, junto con el análisis de la prueba, la implementación de la prueba y la ejecución de la prueba.*

b) *No es correcto. En las pruebas exploratorias, las pruebas se diseñan, ejecutan y evalúan simultáneamente mientras el evaluador aprende sobre el objeto de prueba.*

c) *No es correcto. Los resultados de las pruebas exploratorias dependen en gran medida de la experiencia del evaluador, por lo que incluso si los resultados de las pruebas exploratorias pueden usarse como un predictor de riesgo y para evaluar si habrá menos o más defectos, por ejemplo, en comparación con la sesión de pruebas exploratorias anterior. No son un buen ejemplo de modelos confiables de predicción de defectos que puedan predecir el número de defectos restantes.*

d) *Es correcto. Durante las pruebas exploratorias, los evaluadores pueden utilizar cualquier técnica que consideren útil.*

Mirar sección 5.5.2.

28. Pregunta 28 (1 Punto)

¿Qué práctica colaborativa de redacción de historias de usuario permite al equipo lograr una comprensión colectiva de lo que se debe entregar?

a) Planificar el póquer, para que un equipo pueda lograr un consenso sobre el esfuerzo necesario para implementar una historia de usuario.

b) Revisiones, para que un equipo pueda detectar inconsistencias y contradicciones en una historia de usuario.

c) Planificación de iteraciones, de modo que las historias de usuario con el mayor valor comercial para un cliente puedan priorizarse para su implementación.

d) Conversación, para que los miembros del equipo puedan entender cómo se utilizará el software.

Seleccione una opción.

Solución

a) *No es correcto. La planificación del póquer puede estimar el esfuerzo de una historia de usuario que ya está escrita. No ayuda a comprender lo que se debe entregar.*

b) *No es correcto. Las reseñas no son una práctica colaborativa de redacción de historias de usuario.*

c) *No es correcto. La planificación de iteraciones es una práctica relacionada con el proyecto, que se utiliza para planificar el trabajo, no para comprender lo que se debe entregar.*

d) *Es correcto. La conversación explica cómo se utilizará el software y, a menudo, permite al equipo definir criterios de aceptación significativos, obteniendo así una visión compartida de lo que se debe entregar.*

Mirar sección 5.5.1.

29. Pregunta 29 (1 Punto)

Acaba de comenzar a diseñar casos de prueba para la siguiente historia de usuario.

Como cliente.

Quiero poder filtrar los resultados de la búsqueda por rango de precios, para poder encontrar productos dentro de mi presupuesto más fácilmente.

Criterios de aceptación:

1. El filtro debería funcionar para todas las versiones de la aplicación desde la versión 3.0 en adelante.

2. El filtro debe permitir al cliente establecer un rango de precios con un precio mínimo y un máximo.

3. Los resultados de la búsqueda deben actualizarse dinámicamente a medida que el cliente ajusta el filtro de rango de precios.

En todos los casos de prueba, la condición previa es la siguiente: solo hay dos productos disponibles, los productos A y B. El producto A cuesta $100 y el producto B cuesta $110.

¿Cuál de los siguientes es el mejor ejemplo de un caso de prueba para esta historia de usuario?

a) Ingrese a la página web y configure el filtro para mostrar precios entre $90 y $100. Resultado esperado: los resultados muestran solo el producto A. Establezca el precio máximo en $110. Resultado esperado: los resultados ahora incluyen los productos A y B.

b) Ingresar a la página web. Resultado esperado: los precios mínimo y máximo predeterminados son $100 y $110 respectivamente. Agregue el producto C al stock, con precio $120. Actualizar la página web del cliente. Resultado esperado: el precio máximo predeterminado cambia a $120.

c) Ingrese a la página web y configure el filtro para mostrar precios entre $90 y $115. Resultado esperado: los resultados muestran los productos A y B. Cambie la moneda de USD a EUR. Resultado esperado: el rango de filtro cambia correctamente a valores de EUR, según el tipo de cambio actual.

d) Ingresar a la página web con tres navegadores diferentes: Edge, Chrome y Opera. En cada navegador establezca el filtro entre $90 y $110. Resultado esperado: los resultados incluyen los productos A y B y el diseño de los resultados es el mismo en los tres navegadores.

Seleccione una opción.

Solución

a) *Es correcto. Este caso de prueba está relacionado con los criterios de aceptación 2 y 3, porque verificamos si podemos establecer un rango de precios (criterio de aceptación 2) y si los resultados se actualizan dinámicamente después de ajustar el filtro de rango de precios (criterio de aceptación 3).*

b) *No es correcto. Este caso de prueba no está relacionado con ninguno de los criterios de aceptación. Comprueba si el filtro establece dinámicamente el rango de precio mínimo y máximo predeterminado, y no que un cliente pueda hacerlo.*

c) *No es correcto. Este caso de prueba no está relacionado con ninguno de los criterios de aceptación. Comprueba la función de cambio de moneda, que no se analiza en esta historia de usuario.*

d) *No es correcto. Este caso de prueba no está relacionado con ninguno de los criterios de aceptación. Comprueba la compatibilidad de la aplicación con diferentes navegadores, algo que no se analiza en esta historia de usuario.*

Mirar sección 5.5.3.

30. Pregunta 30 (1 Punto)

¿Cuál de los siguientes define mejor los criterios de salida en un proyecto de prueba?

a) Se aprueba el presupuesto.

b) Se agota el presupuesto.

c) La base de prueba está disponible.

d) Los casos de prueba lograron al menos una cobertura de declaración del 80%.

e) Todos los analistas de pruebas están certificados por ISTQB a nivel básico.

Seleccione dos opciones.

Solución

a) *No es correcto. La aprobación del presupuesto es un ejemplo de criterio de entrada. No tendría sentido aprobar el presupuesto de alguna actividad que ya se ha realizado.*

b) *Es correcto. Quedarse sin presupuesto puede considerarse un criterio de salida válido.*

c) *No es correcto. La disponibilidad de recursos es un ejemplo de criterio de entrada para las pruebas.*

d) *Es correcto. La cobertura es una medida de minuciosidad, por lo que es un criterio de salida típico.*

e) *No es correcto. Este es un ejemplo de un criterio de entrada, verificado antes de que comience el proyecto.*

Mirar sección 6.1.3.

31. Pregunta 31 (1 Punto)

El equipo quiere estimar el tiempo necesario para que un evaluador ejecute cuatro casos de prueba para un componente de software. El equipo ha reunido las siguientes medidas del esfuerzo utilizado para ejecutar un único caso de prueba:

- ▸ Mejor escenario: 1 hora.
- ▸ Peor de los casos: 8 horas.
- ▸ Escenario más probable: 3 horas.

Dado que se utiliza la técnica de estimación de tres puntos, ¿cuál es la estimación final del tiempo necesario para ejecutar los cuatro casos de prueba?

a) 14 horas.

b) 3,5 horas.

c) 16 horas.

d) 12 horas.

Seleccione una opción.

Solución

Utilizando la técnica de estimación de tres puntos, la estimación final (E) se calcula como: E = (a + 4*m + b) / 6.

Donde a es la estimación más optimista, m es la estimación más probable y b es la estimación más pesimista.

De este modo:

a) *Es correcto. En este caso, la estimación para ejecutar un solo caso de prueba es: E = (1h + 4*3h + 8h) / 6 = 3,5 horas.*

   Entonces, el tiempo total necesario para que el evaluador ejecute 4 casos de prueba es: 3,5 h * 4 = 14 horas.

b) *No es correcto.*

c) *No es correcto.*

d) *No es correcto.*

Mirar sección 6.1.4.

32. Pregunta 32 (1 Punto)

La tabla muestra la matriz de trazabilidad desde los casos de prueba hasta los requisitos. "X" significa que un caso de prueba determinado cubre el requisito correspondiente.

	Req1	Req2	Req3	Req4	Req5	Req6	Req7
CP1	X		X	X			X
CP2	X				X		X
CP3					X	X	
CP4		X					

Quiere priorizar los casos de prueba siguiendo la técnica de priorización de cobertura adicional.

Ejecuta los cuatro casos de prueba.

¿Qué caso de prueba debería ejecutarse como último?

   a) CP1.

   b) CP2.

   c) CP3.

   d) CP4.

Seleccione una opción.

Solución

CP1 logra la cobertura más alta (4/7 – Req1, Req3, Req4 y Req7), por lo que debe ejecutarse primero. Req2, Req5 y Req6 aún no están cubiertos.

El siguiente caso de prueba que logra la mayor cobertura adicional de los requisitos restantes es CP3, que cubre 2 de estos 3 requisitos (Req5 y Req6).

Por lo tanto, CP3 debería ejecutarse como el segundo. Ahora el único requisito que aún no está cubierto es el Req2, que está cubierto por el CP4. Por lo tanto, CP4 debe ejecutarse como tercer caso de prueba. Entonces, el último caso de prueba ejecutado será CP2.

Así que:

a) *No es correcto.*

b) *Es correcto.*

c) *No es correcto.*

d) *No es correcto.*

Mirar sección 6.1.5.

33. Pregunta 33 (1 Punto)

¿Cómo pueden ser beneficiosos los cuadrantes de prueba para las pruebas?

a) Ayudan en la planificación de pruebas dividiendo el proceso de prueba en cuatro etapas, correspondientes a los cuatro niveles de prueba básicos: prueba de componentes, integración, sistema y aceptación.

b) Ayudan a evaluar la cobertura de alto nivel (por ejemplo, cobertura de requisitos) en función de la cobertura de bajo nivel (por ejemplo, cobertura de código).

c) Ayudan a las partes interesadas no técnicas a comprender los diferentes tipos de pruebas y que algunos tipos de pruebas son más relevantes para ciertos niveles de prueba que otros.

d) Ayudan a equipos ágiles a desarrollar una estrategia de comunicación basada en clasificar a las personas según cuatro tipos psicológicos básicos, y en modelar las relaciones entre ellas.

Seleccione una opción.

Solución

a) *No es correcto. Los cuadrantes de prueba no tienen nada que ver con describir las relaciones entre los niveles de prueba.*

b) *No es correcto. Los cuadrantes de prueba no pueden ayudar a evaluar ningún tipo de cobertura.*

c) *Es correcto. Los cuadrantes de prueba permiten a los gerentes y otras partes interesadas comprender las relaciones entre los tipos de pruebas, las actividades que respaldan (apoyo al equipo o crítica de productos) y el punto de vista en el que se centran (de cara al negocio o a la tecnología).*

d) *No es correcto. Probar cuadrantes no es un modelo psicológico.*

Mirar sección 6.1.7.

34. Pregunta 34 (1 Punto)

Para un riesgo determinado, su nivel de riesgo es de $1000 y su probabilidad de riesgo se estima en 50%.

¿Cuál es el impacto del riesgo?

  a) 500 dólares.

  b) 2.000 dólares.

  c) 50.000 dólares.

  d) 200 dólares.

Seleccione una opción.

Solución

La evaluación de riesgos puede utilizar un enfoque cuantitativo o cualitativo, o una combinación de ambos. En el enfoque cuantitativo, el nivel de riesgo se calcula como la multiplicación de la probabilidad del riesgo y el impacto del riesgo. Entonces, Nivel de riesgo = Probabilidad de riesgo * Impacto del riesgo luego, Impacto del riesgo = Nivel de riesgo / Probabilidad de riesgo. En nuestro caso, Impacto del riesgo = $1000 / 50% = $1000 / 0,5 = $2000.

Así que:

  a) *No es correcto.*

  b) *Es correcto.*

  c) *No es correcto.*

  d) *No es correcto.*

Mirar sección 6.2.1.

35. Pregunta 35 (1 Punto)

¿Cuáles de los siguientes son riesgos del producto?

  a) Desplazamiento del alcance.

  b) Mala arquitectura.

  c) Reducción de costos.

  d) Mal soporte de herramientas.

  e) Tiempo de respuesta demasiado largo.

Seleccione dos opciones.

Solución

a) *No es correcto. La variación del alcance es un ejemplo de riesgo de proyecto relacionado con problemas técnicos.*

b) *Es correcto. La mala arquitectura es un ejemplo de riesgo de producto ya que se refiere a una característica del producto.*

c) *No es correcto. La reducción de costos es un ejemplo de riesgo de proyecto, relacionado con cuestiones organizativas.*

d) *No es correcto. El soporte deficiente de las herramientas es un ejemplo de riesgo del proyecto relacionado con problemas técnicos.*

e) *Es correcto. Un tiempo de respuesta demasiado largo es un ejemplo de riesgo del producto, ya que se refiere a una característica del producto.*

Mirar sección 6.2.2.

36. Pregunta 36 (1 Punto)

¿Cuál de los siguientes no es un propósito válido para un informe de prueba?

a) Seguimiento del progreso de las pruebas e identificación de áreas que requieren mayor atención.

b) Proporcionar información sobre las pruebas realizadas, sus resultados y cualquier problema o defecto encontrado.

c) Proporcionar información sobre cada defecto, como los pasos para reproducirlo.

d) Proporcionar información sobre las pruebas previstas para el próximo período.

Seleccione una opción.

Solución

a) *No es correcto. El seguimiento del progreso de las pruebas y la identificación de áreas que requieren mayor atención es un ejemplo de apoyo al control continuo de las pruebas. Este es uno de los propósitos de los informes de prueba.*

b) *No es correcto. Proporcionar información sobre las pruebas ejecutadas, sus resultados y cualquier problema o defecto encontrado es un ejemplo de resumen de las actividades de prueba realizadas en un nivel de prueba determinado. Este es uno de los propósitos de los informes de prueba.*

c) *Es correcto. Proporcionar información sobre defectos es el propósito de un informe de defectos, no de un informe de prueba.*

d) *No es correcto. Proporcionar información sobre las pruebas previstas para el próximo período es uno de los propósitos de los informes de prueba.*

Mirar sección 6.3.2.

37. Pregunta 37 (1 Punto)

El usuario informó una falla del software. Un ingeniero del equipo de soporte le preguntó al usuario el número de versión del software donde se observó la falla. Según el número de versión, el equipo volvió a ensamblar todos los archivos que componían la versión. Posteriormente, esto permitió a un desarrollador realizar un análisis, encontrar el defecto y solucionarlo.

¿Cuál de las siguientes opciones permitió que el equipo realizara la actividad anterior?

a) Gestión de riesgos.

b) Seguimiento y control de las pruebas.

c) Enfoque de todo el equipo.

d) Gestión de configuración.

Seleccione una opción.

Solución

a) *No es correcto. La gestión de riesgos consiste en el análisis de riesgos y el control de riesgos. Ninguna de estas actividades admite el reensamblaje de los archivos que componían la versión, porque estas actividades tratan con riesgos, no con elementos de configuración.*

b) *No es correcto. El monitoreo de pruebas se ocupa de recopilar información sobre las pruebas. Esta información se utiliza para evaluar el progreso de las pruebas y medir si se cumplen los criterios de salida de la prueba o las tareas de prueba asociadas con los criterios de salida, como el cumplimiento de los objetivos de cobertura de riesgos del producto, requisitos u otros criterios de aceptación. El control de pruebas utiliza la información del monitoreo de pruebas para proporcionar, en forma de directivas de control, orientación y las acciones correctivas necesarias para lograr las pruebas más efectivas y eficientes. Ninguna de estas actividades tiene que ver con la gestión de elementos de configuración.*

c) *No es correcto. El enfoque de todo el equipo se basa en la habilidad del evaluador para trabajar eficazmente en un contexto de equipo y contribuir positivamente a los objetivos del equipo. Por lo tanto, se centra en cuestiones relacionadas con el equipo, no en elementos de configuración.*

d) *Es correcto. La gestión de la configuración proporciona una disciplina para identificar, controlar y rastrear los productos de trabajo. La gestión de la configuración mantiene un registro de los elementos de configuración modificados cuando se crea una nueva línea base. Al utilizar la gestión de configuración, es posible volver a una línea de base anterior para reproducir resultados de pruebas anteriores.*

Mirar sección 6.4.1.

38. Pregunta 38 (1 Punto)

Considere el siguiente informe de defectos para un sistema de préstamo de libros. ID de defecto: 001 | Título: no se puede devolver un libro | Gravedad: Alta | Prioridad:

| Entorno: Windows 10, Google Chrome.

Descripción: al intentar devolver un libro utilizando la función Devolución de libro, el sistema no registra la devolución y el libro permanece prestado para el usuario.

Pasos para reproducir: inicie sesión en el sistema de préstamo de libros como usuario que ha prestado un libro. Haga clic en el botón "Devolver libro" del libro que se ha prestado. El sistema no registra la devolución y el libro queda prestado.

Resultado esperado: el libro debe devolverse y ya no aparecerá como prestado para el usuario. Resultado real: el libro permanece prestado para el usuario y no se registra como devuelto en el sistema.

Adjuntos: [lista vacía]

¿Cuál de las siguientes opciones es más probable que ayude al desarrollador a reproducir el error rápidamente?

a) Agregar información sobre a qué usuarios y a qué libros afecta el problema en la sección "Descripción".

b) Completar el valor que falta para el campo "Prioridad".

c) Agregar volcados de memoria e instantáneas de bases de datos tomadas después de cada paso descrito en la sección "Pasos para reproducir" a la sección "Adjuntos".

d) Repetir el mismo caso de prueba para diferentes entornos y escribir informes de defectos para cada uno de ellos por separado.

Seleccione una opción.

Solución

a) *Es correcto. Agregar esta información permite al desarrollador utilizar los mismos datos de entrada, por lo que es más probable que pueda reproducir el fallo rápidamente e identificar el defecto más rápidamente.*

b) *No es correcto. Agregar el valor de Prioridad no ayudará a reproducir el defecto en sí.*

c) *No es correcto. Aunque parte de esta información puede ser valiosa, agregar los volcados de memoria y las instantáneas de la base de datos después de cada paso será demasiado, porque la mayoría de estos artefactos contendrán información inútil para el desarrollador y harán que el informe sea menos legible. También requerirá que el desarrollador dedique mucho tiempo a analizar esta información, lo que alargará el proceso de reparación.*

d) *No es correcto. La pregunta era sobre ayudar al desarrollador a reproducir el defecto observado para una configuración de entorno específica.*

Mirar sección 6.5.1.

39. Pregunta 39 (1 Punto)

Dadas las siguientes categorías de herramientas de prueba:

    I. Herramientas de colaboración.

    II. Herramientas de desarrollo y operaciones.

    III. Herramientas administrativas.

    IV. Herramientas de prueba no funcionales.

    V. Herramientas de diseño e implementación de pruebas.

¿Herramientas de cuáles de las categorías tienen más probabilidades de facilitar la ejecución de la prueba?

a) I, V.

b) II, IV.

c) I, III, V.

d) II, III, IV.

Seleccione una opción.

Solución

Considerando cada una de las categorías de herramientas enumeradas:

I. *Herramientas de colaboración: facilitan la comunicación. La comunicación no incluye la facilitación de la ejecución de la prueba.*

II. *Herramientas DevOps: respaldan el proceso de entrega de DevOps, el seguimiento del flujo de trabajo, los procesos de compilación automatizados y CI/CD. Tanto el proceso de entrega como el CI/CD incluyen la facilitación de la ejecución de pruebas, como las pruebas de componentes para CI.*

III. *Herramientas de gestión: aumente la eficiencia del proceso de prueba al facilitar la gestión del SDLC, los requisitos, las pruebas, los defectos y la configuración. La gestión de estos ítems no incluye la facilitación de la ejecución de pruebas.*

IV. *Herramientas de prueba no funcionales: permiten al evaluador realizar pruebas no funcionales que son difíciles o imposibles de realizar manualmente. Las pruebas no funcionales pueden incluir tanto pruebas estáticas como pruebas dinámicas, incluida la ejecución de pruebas.*

V. *Herramientas de diseño e implementación de pruebas: facilitan la generación de casos de prueba, datos de prueba y procedimientos de prueba. La generación de este testware no incluye la facilitación de la ejecución de las pruebas.*

Así que:

a) *No es correcto.*

b) *Es correcto. Tanto las herramientas DevOps (II) como las herramientas de prueba no funcionales (IV) facilitan la ejecución de las pruebas.*

c) *No es correcto.*

d) *No es correcto.*

Mirar sección 7.1.1.

40. Pregunta 40 (1 Punto)

¿Cuál de los siguientes es más probable que sea un riesgo de automatización de pruebas?

    a) La detección de defectos adicionales de alta gravedad.

    b) Proporcionar medidas que sean demasiado complicadas para que los humanos las deriven.

    c) Incompatibilidad con la plataforma de desarrollo.

    d) Tiempos de ejecución de pruebas sustancialmente reducidos.

Seleccione una opción.

Solución

    a) *No es correcto. La detección de defectos adicionales de alta gravedad sería un beneficio de la automatización de pruebas, en lugar de un riesgo.*

    b) *No es correcto. La provisión de medidas que son demasiado complicadas para que los humanos las obtengan por sí mismos normalmente se considera un beneficio de la automatización de pruebas.*

    c) *Es correcto. Si la automatización de pruebas es incompatible con la plataforma de desarrollo, entonces no podrá integrarlas y, por ejemplo, pasar entradas de prueba al objeto de prueba y recibir resultados de prueba del objeto de prueba.*

    d) *No es correcto. Los tiempos de ejecución de pruebas sustancialmente reducidos normalmente se considerarían un beneficio proporcionado por la automatización de pruebas.*

Mirar sección 7.2.1.

Mucha suerte en el examen y que la fuerza os acompañe.

9

PREPARACIÓN DEL EXAMEN

9.1 CÓMO ES EL EXAMEN, IDIOMAS, TIEMPO, PRECIO Y DÓNDE CERTIFICARTE Y MODO DE CERTIFICARTE

El examen de **ISTQB® Certified Tester Foundation Level (Versión 4.0)** es un examen con 40 preguntas, de las que tenemos preguntas en las que tendrás que recordar frases exactamente, otras en que tendrás que comprender bien las secciones estudiadas para poder responder correctamente y otras de aplicar conceptos como las preguntas del tema 5 de este libro, en este libro podéis ver las secciones de qué tipo son y estudiarlas de diferente manera.

Del módulo 1 del **ISTQB** suelen aparecer 8 preguntas y suelen ser las primeras, pero no te fíes puede cambiar el orden o ser aleatorio el orden de esas preguntas.

Del módulo 2 del **ISTQB** suelen aparecer 6 preguntas y suelen ir después de las preguntas del módulo 1 pero no te fíes pueden estar en orden aleatorio.

Del módulo 3 del **ISTQB** suelen aparecer 4 preguntas y suelen ir después de las preguntas del módulo 2 pero no te fíes pueden estar en orden aleatorio.

Del módulo 4 del **ISTQB** suelen aparecer 11 preguntas y suelen ir después de las preguntas del módulo 3 pero no te fíes pueden estar en orden aleatorio.

Del módulo 5 del **ISTQB** suelen aparecer 9 preguntas y suelen ir después de las preguntas del módulo 4 pero no te fíes pueden estar en orden aleatorio.

Del módulo 6 del **ISTQB** aparecen 2 preguntas siempre y suelen ser las últimas.

Como puedes observar los módulos 1, 4 y 5 son los más importantes, apréndelos bien porque si aciertas todas las preguntas con eso solo ya tendrás 28 preguntas acertadas y con 26 ya aprobaste el examen.

El examen para aprobarlo debes sacar un *65% de aciertos* o *26 preguntas correctas*.

El certificado ISTQB Foundation Level 4.0 se puede realizar en diferentes idiomas según donde te certifiques, pero los comunes son:

- Español.
- Alemán.
- Inglés.
- Francés.
- Portugués brasileño.

El tiempo para hacer el examen es de 60 minutos, es decir, una hora, pero si eliges para el examen un idioma que no es tu idioma nativo te darán 25 minutos más.

Esto se basa, me imagino, en que si tú estás en España y lo haces en inglés se supone que tu idioma nativo es el español y por lo tanto si lo haces en inglés te dan 25 minutos más para realizar el examen.

El precio depende desde donde compres el examen y si eliges unas opciones extra.

Si compras el examen en *https://isqi.org* el precio será de **233 dólares** y si quieres certificado impreso te vale eso **35 dólares más** y si quieres el **digital badge** que es como un icono que representa este certificado vale **20 dólares más** en total con todo eso **288 dólares.**

Si compras el examen en ***https://www.brightest.org*** te valdrá 200 euros.

Yo hice mi examen en **Brightest** y pague eso, así que te recomiendo hacerlo ahí y, además, la siguiente sección la reserva del examen se realiza por ahí utilizando **Parsue Vue** que es un ente para realizar exámenes por ordenador.

Los modos de examen son los siguientes si lo haces en **iSQI**:

Centro de examen

Los exámenes son tomados en los Pearson Vue Test Center. En todo el mundo, hay 5.200 test centers para que elijas. Puedes realizar el examen en la fecha y hora que elijas. El examen se toma digitalmente y puede saber sus resultados inmediatamente después de haberlo realizado.

Sesión de examen público (examen en papel)

Actualmente se ofrece en: Holanda, Reino Unido, Alemania y Ucrania por lo que si estas en España y Latinoamérica no podrás hacerlo en esta modalidad de examen.

Las sesiones de examen público son sesiones de examen abiertas organizadas por **iSQI** o uno de sus socios. Como candidato individual, puedes programar tu examen preferido. Uno o más personas pueden tomar varios exámenes simultáneamente.

Examen FLEX

Disponible sólo para ciertos exámenes. Exámenes digitales en su propio dispositivo, en su hogar, en cualquier momento de su elección. Supervisión de exámenes en línea en vivo. Resultados preliminares inmediatamente después del examen. Resultados detallados y definitivos en 3 días hábiles.

En **Brightest** puedes hacerlo online o en un centro **Person Vue**, que es como lo hice yo y como te lo recomiendo porque online te pedirán mil requisitos, tantos que te pondrás nervioso y puede que no apruebes el examen.

9.2 CÓMO RESERVAR UN EXAMEN

El examen lo vamos a reservar por la web de *https://brightest.org/es/* siguiendo los siguientes pasos:

Vamos a esta web, seleccionamos español para verla en ese idioma y nos registramos dando en la zona con el icono de usuario marcada en rojo.

Accedemos a la siguiente página y pulsamos en crear una cuenta de usuario.

Escribes tu correo electrónico, tu contraseña, aceptas términos y condiciones y haces clic en el enlace que te envía al correo la página para verificar el correo electrónico.

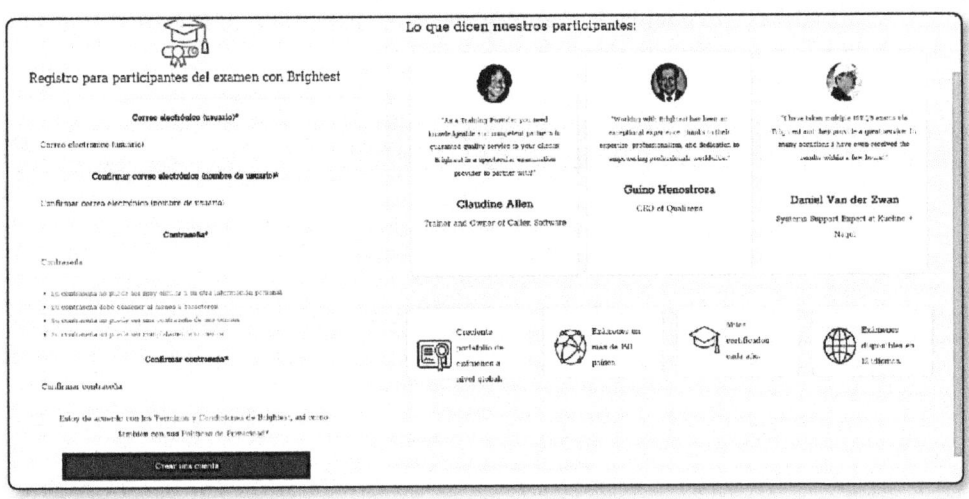

Una vez activada la cuenta vas a la zona de inicio de sesión y escribes tu correo y contraseña.

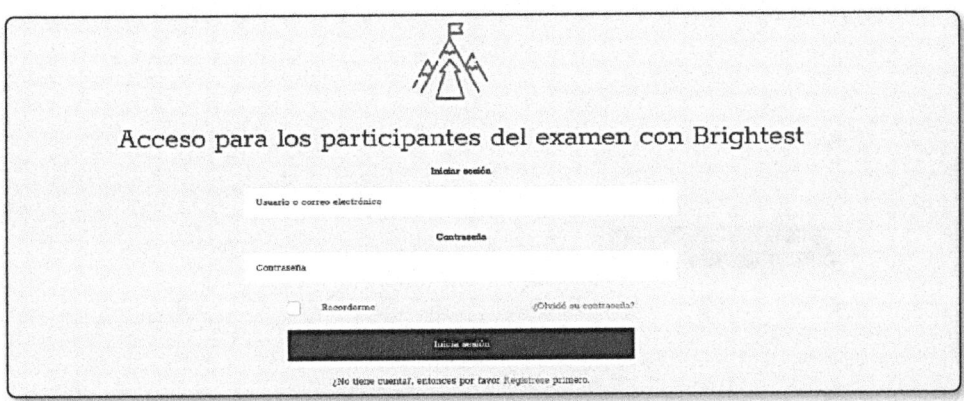

Accederás a tu página de inicio de usuario y para reservar el examen haz clic encima de reservar un examen.

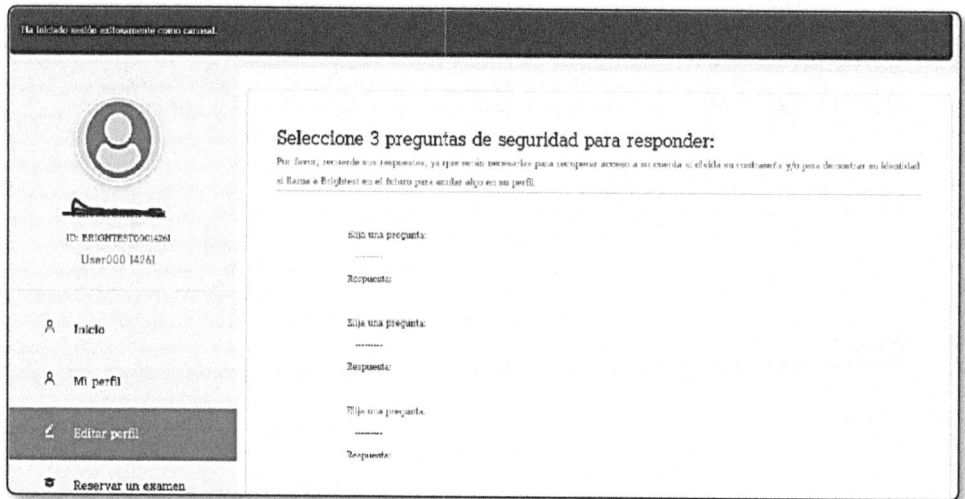

Te pedirá que respondas estas 3 preguntas antes de reservar el examen.

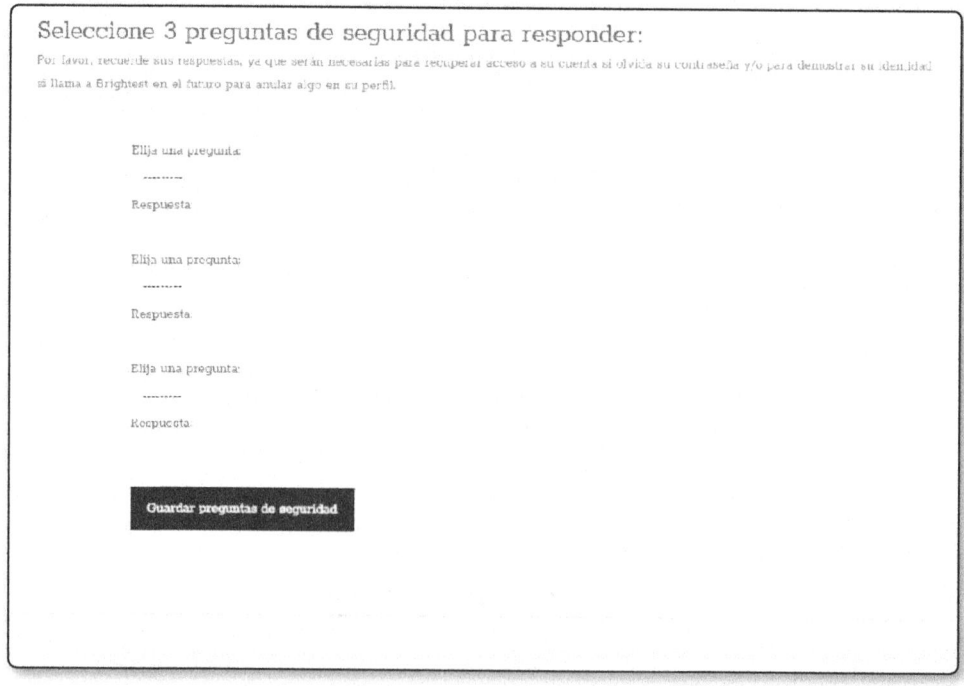

También te pedirá que rellenes los siguientes campos.

Después reserva un examen y vete hasta donde está **ISTQB** y dale clic.

DESIGN SPRINT alliance	Design Sprint Alliance
DevOps United	DevOps United
IFPUG	International Function Point Users Group
iSAQB	International Software Architecture Qualification Board
ISTQB	International Software Testing Qualifications Board
PtU United	Performance Testing United
SeU Selenium United	Selenium United
UNITED Certifications	United Certifications

Seleccionas español en el **examen ISTQB Foundation Level Version 4.0.**

ISTQB® Certified Tester Foundation Level (Version 4.0)	Seleccionar Idioma del Examen ⌄
ISTQB® Certified Tester Foundation Level (2018) ISTQB CTFL Version 3.1 (2018) in ENGLISH is officially retired. All other languages are available until November 9th, 2024. For English, you must now book version 4.0 for this exam.	Seleccionar Idioma del Examen ⌄
ISTQB® CT - Test Automation Engineer	Seleccionar Idioma del Examen ⌄
ISTQB® CT - Gambling Industry Tester	Seleccionar Idioma del Examen ⌄
ISTQB® CT - Security Tester	Seleccionar Idioma del Examen ⌄

Te preguntara como te preparaste el examen y pondrás el nombre de mi libro.

ISTQB® Certified Tester Foundation Level (Version 4.0)
Paso 2: Responde las siguientes preguntas
Complete las preguntas informativas para continuar con su reserva.

¿Cómo se preparó para su examen de certificación con Brightest?	🖵 Con un proveedor de capacitación	📖 Autopreparación

¿Cómo se preparó para su examen de certificación con Brightest?	🖵 Con un proveedor de capacitación	📖 **Autopreparación**
¿Qué materiales utilizó para prepararse para este examen?*		
¿Cómo se enteró de Brightest?	buscador ej, Google ⌄	
¿Es este un examen de repetición? *	◯ Sí ◯ No	

Rellenas los campos y le dices que el español es tu idioma nativo si lo es.

¿Cómo se preparó para su examen de certificación con Brightest?	🔊 Con un proveedor de capacitación	📑 **Autopreparación**

¿Qué materiales utilizó para prepararse para este examen?*	el libro Aprueba la certificación ISTQB Foundation Level

¿Cómo se enteró de Brightest?	buscador ej, Google ⌄

¿Es este un examen de repetición? *	○ Sí ⦿ No

Es Español Tu Idioma Nativo *

👍 Sí	🗣 No	💬 ¿Por qué?

Pulsas encima de Iniciar programación para reservar un examen en **Pearson Vue**.

Usted ha seleccionado Español Tu idioma nativo es

Programe su examen a través de Pearson Vue

Ahora tenemos la información para registrar su examen en Pearson Vue

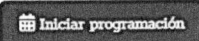

Hay varias opciones yo te recomiendo en persona en un centro examinador.

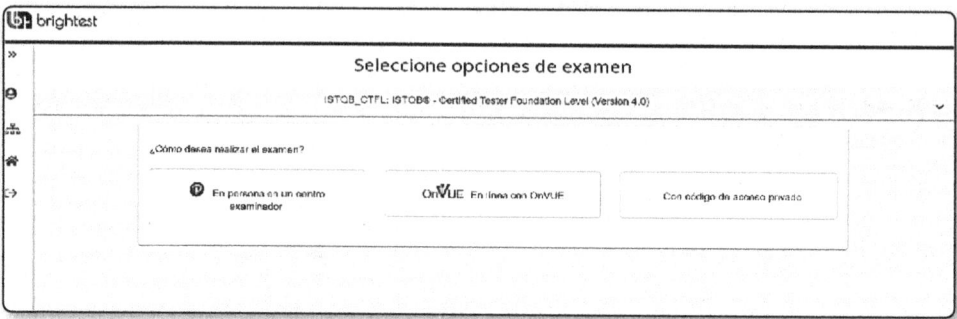

Te indica una serie de recomendaciones para cuando vayas a realizar el examen al centro examinador y pulsas en el botón Siguiente.

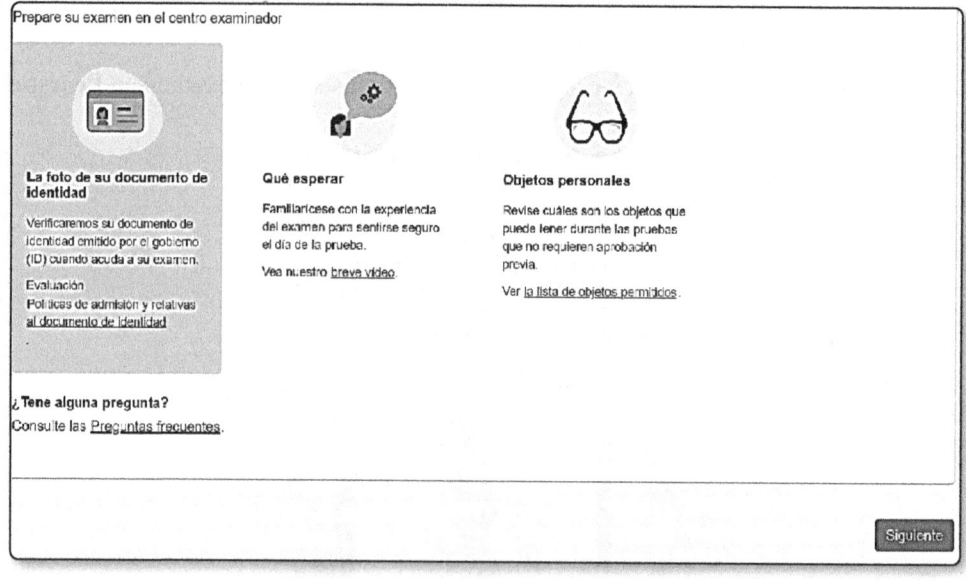

Aceptas las políticas de **Brightest** dando en el botón Aceptar del final de la página.

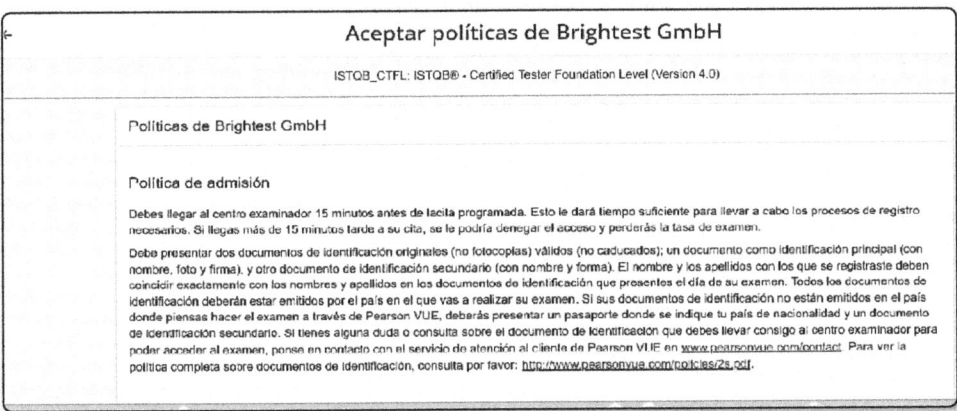

Pones la dirección de tu casa y buscas el centro más cerca a tu casa y pulsas en el checkbox asociado y le das al botón Siguiente.

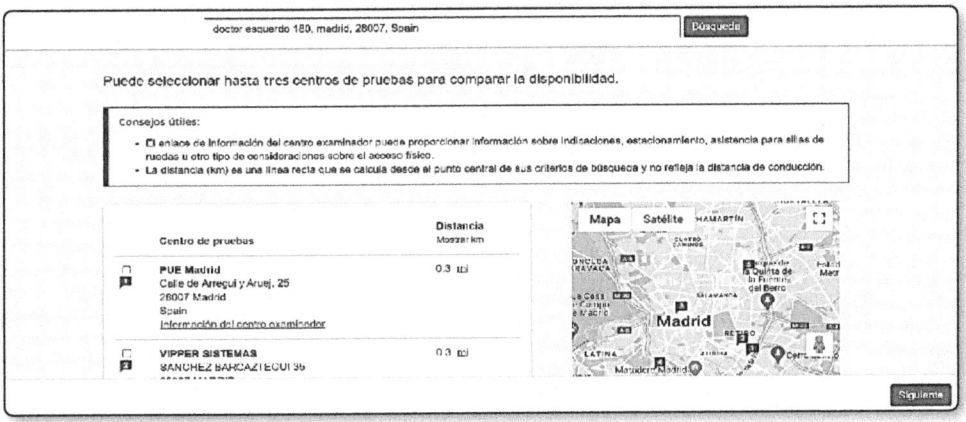

Seleccionas el día que te interesa y la hora y pulsar en el botón Reservar esta cita

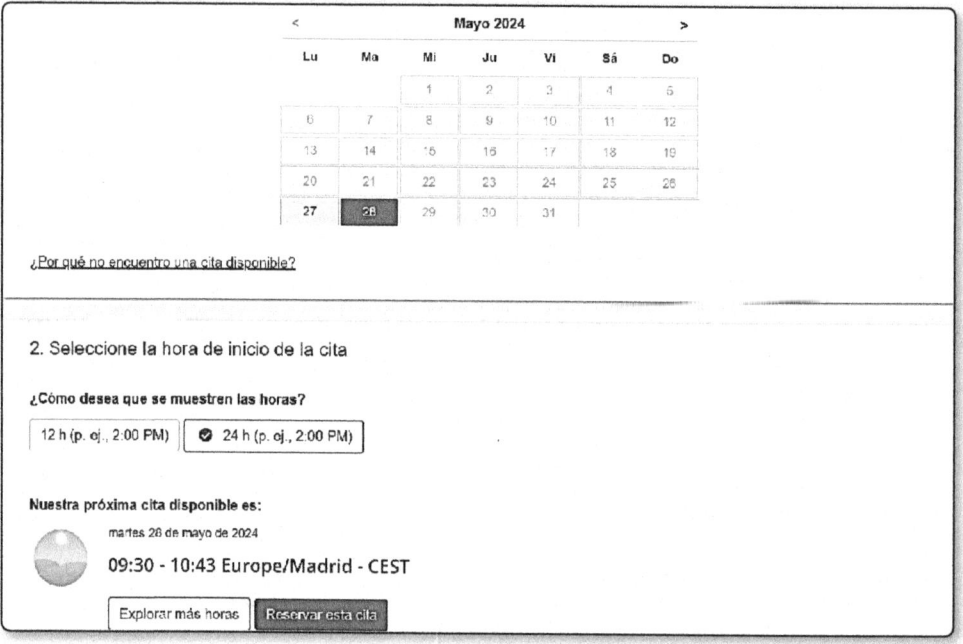

Pulsar en el botón Continuar para pagar, en la pantalla de facturación puedes introducir códigos promocionales/cupones si los tienes.

Introduces el cupón o código promocional y tus datos, en mi caso lo conseguí por un curso de Udemy, el método de pago, pulsas el botón siguiente y pagas.

Introducir pago y facturación

Total del pedido

Subtotal: 200.00

Impuesto estimado: 0.00

TOTAL A PAGAR ESTIMADO: **EUR 200.00**

Añadir vale o código promocional   ^
¿Qué es esto?

Vale/Código promocional:

Aplicar

Te llegara un email a tu correo electrónico indicando que el pago se hizo correctamente y con los datos de tu reserva del examen, el centro donde es, su dirección y la hora, mira bien tu hora local para no confundirte y a aprobar el examen.

9.3 CONSEJOS PARA EL EXAMEN

El examen como yo lo hice fue presencial y te diré todo lo que yo hice para aprobar el examen, saqué un 70% de aciertos que para prepararme el examen en 14 días está muy bien, aquí van todos mis consejos:

- ► Estudia mi libro del tema 2 al 7, haz una primera lectura para coger conocimientos generales.

- ► Vete estudiando cada tema que entra en el examen que son del 2 al 7 detenidamente, estudiando las secciones como te pongo, las que son de memorizar, memoriza las partes grises, son las más importantes, las que sean de comprender entiende los conceptos bien y las que sea de aplicar entiende y práctica los ejemplos que te pongo en el libro; hay muchos ejemplos en todas las secciones para que entiendas bien cada sección.

- ► Una vez estudies cada módulo haz el examen al final de ese módulo, te ayudara a reforzar conceptos y a ver si vas entendiendo y aprendiendo todo.

- Si lo suspendes el examen del módulo vuelve a estudiarlo.

- Estudia mínimo al día 6 horas sino no creo que puedas aprobar en 2 semanas a no ser que ya tengas mucha experiencia, quizás con la mitad de las horas retengas conceptos.

- Una vez apruebes los exámenes de los 6 módulos, vete a los exámenes resueltos, veras preguntas típicas de examen y podrás practicar y entender todo el contenido.

- Después haz los dos exámenes sin resolver con las indicaciones que te doy al principio del examen, no mires el libro, no mires apuntes, hazlo como si fuera un examen real, te ayudará a no ponerte nervioso cuando vayas a hacer el examen. Los exámenes sin resolver tienen las respuestas después de esos exámenes

- **Cuando apruebes los exámenes sin resolver reserva el examen.**

- El día del examen haz un último repaso, mira exámenes, contenido, etc.

- Llega media hora antes de la hora de comienzo del examen, tendrás que dejar todo en una casilla, incluido móvil y cartera, leer el documento de privacidad, firmar un documento.

- **No se te olvide el DNI o NIE o documento acreditativo**, sin eso no podrás identificarte ni hacer el examen.

- No llegues tarde, porque tendrás menos tiempo para hacerlo, la hora es inamovible.

- Te darán un papel y un rotulador para pintar o escribir por si tienes que hacer cálculos.

- No tomes bebidas excitantes, seguramente ya estarás muy nervioso.

- No lleves chuletas, hay cámara y cada poco una persona irá a ver qué haces.

- Cuando empieces el examen si una pregunta no te acuerdas, márcala para repasar y pasa a la siguiente.

- Si es una pregunta de recordar deberías hacerla en 1 minuto, si es de listas, que tienes que ver varias para seleccionar cuales son las correctas 2 minutos, haz esto o cuando tengas que hacer las preguntas de aplicar te pondrás nervioso y no podrás hacer todas.

- Deja 5 minutos para repasar las marcadas.

- Estate tranquilo, se positivo y no seas catastrófico, en estos exámenes siempre creemos que nos salió peor de lo que nos salió.

- Si haces todos los pasos que te dije aprobaras al 99.9% a no ser que haya un terremoto o te rapten los alienígenas jaja.

¿Qué encontrarás en esta obra?

- **Información confiable y actualizada:** basado en el programa de estudios oficial, te ofrece conocimiento de calidad contrastada, evitando errores o información desfasada que puedas encontrar en internet.

- **Explicación profunda de conceptos clave:** amplía y detalla aspectos que el programa de estudios trata de forma superficial, proporcionándote una comprensión completa de los temas relevantes.

- **Ejercicios prácticos y ejemplos de exámenes:** incluye ejercicios, cuestionarios y ejemplos de exámenes similares a la prueba.

- **Preguntas de examen tipo test:** pon a prueba tus conocimientos con preguntas similares a las del examen real, permitiéndote autoevaluarte y reforzar tu aprendizaje.

En esta obra el autor vuelva su propia experiencia en la preparación del examen aportando las técnicas para aprender los conceptos, los trucos para gestionar los tiempos y todo lo necesario para aprobar.

MATERIAL ADICIONAL

El material adicional de este libro puede descargarlo en nuestro portal web: *https://www.ra-ma.es*.

Debe dirigirse a la ficha correspondiente a esta obra, dentro de la ficha encontrará el enlace para poder realizar la descarga.

Cuando descomprima el fichero obtendrá los archivos que complementan al libro para que pueda continuar con su aprendizaje.

INFORMACIÓN ADICIONAL Y GARANTÍA

▶ RA-MA EDITORIAL garantiza que estos contenidos han sido sometidos a un riguroso control de calidad.

▶ Los archivos están libres de virus, para comprobarlo se han utilizado las últimas versiones de los antivirus líderes en el mercado.

▶ RA-MA EDITORIAL no se hace responsable de cualquier pérdida, daño o costes provocados por el uso incorrecto del contenido descargable.

▶ Este material es gratuito y se distribuye como contenido complementario al libro que ha adquirido, por lo que queda terminantemente prohibida su venta o distribución.

SÍGUENOS EN INSTAGRAM Y ACCEDE GRATIS A NUESTRA BIBLIOTECA DIGITAL DURANTE 30 DÍAS.

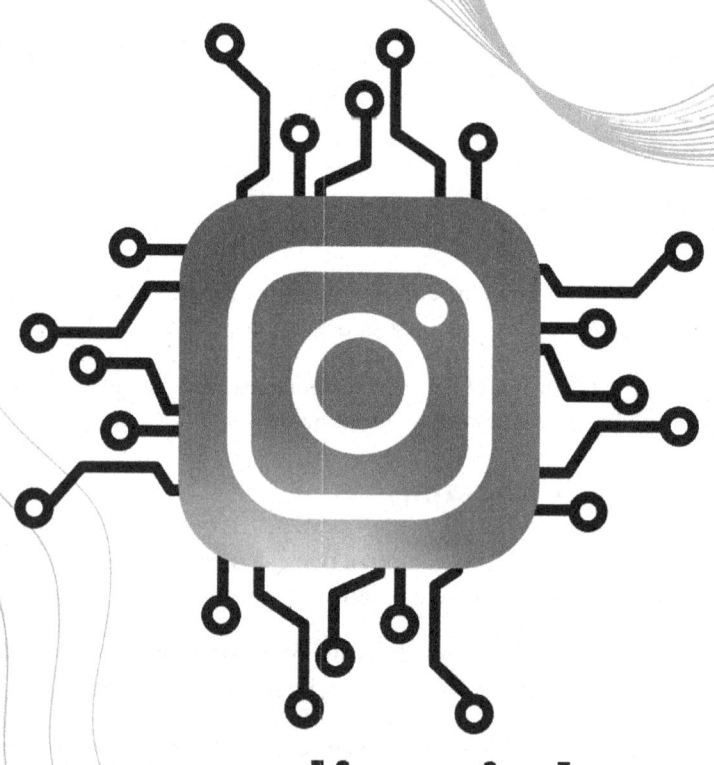

@grupoeditorialrama

¡ENVIANOS TU MAIL POR PRIVADO!